2023 年度湖南省社会科学基金一般项目（项目编号：23YBA2_

2023 年度湖南省教育厅科学研究重点项目（项目编号：23A0583）

2024 年度湖南省社科成果评审一般自筹项目（项目编号：XSP24YBC126 ）

公共体育服务研究

王丽萍　著

吉林文史出版社

图书在版编目（CIP）数据

公共体育服务研究 / 王丽萍著 . — 长春 : 吉林文史出版社 , 2024.1

ISBN 978-7-5752-0052-3

Ⅰ . ①公… Ⅱ . ①王… Ⅲ . ①群众体育 – 社会服务 – 研究 – 中国 Ⅳ . ① G812.4

中国国家版本馆 CIP 数据核字 (2024) 第 015071 号

公共体育服务研究
GONGGONG TIYU FUWU YANJIU

著　　者：王丽萍
责任编辑：钟　杉
出版发行：吉林文史出版社
电　　话：0431-81629359
地　　址：长春市福祉大路 5788 号
邮　　编：130117
网　　址：www.jlws.com.cn
印　　刷：河北万卷印刷有限公司
开　　本：710mm×1000mm　1/16
印　　张：16.5
字　　数：220 千字
版　　次：2024 年 1 月第 1 版
印　　次：2024 年 1 月第 1 次印刷
书　　号：ISBN 978-7-5752-0052-3
定　　价：98.00 元

序 言

　　健康，作为人类最基本和根本的需求，早已超越了生物学意义上的存在，演变成为社会文明进步的一项基本人权。在全球范围内，人们对于健康和福祉的关注日益增长，各国政府也越来越意识到发展体育运动、增进健康福祉是保障公民权益、履行政府职能的基本内容之一。公共体育服务在此背景下成为一项关键议题。作为公共服务体系的重要组成部分，它不仅满足了人民群众日益增长的体育需求，而且成为促进人民身心健康的重要载体。它跨越了纯粹的运动参与，涵盖了公共政策、社区发展、教育普及、人力资源建设等多个层面，与社会经济的可持续发展紧密相连。在我国，公共体育服务体系的建设已逐渐引起了广泛关注。政府、社区、企业及非营利组织等都在努力探索如何将公共体育服务更好地融入社会结构，如何使之成为一种强有力的社会权力与保障凝聚力。这一进程需要科学的指导和持续的创新，需要将国际经验与本土实际相结合，需要体育、管理、法律、社会学等多学科的综合研究。

　　本书旨在为我国公共体育服务体系的构建和完善提供科学指导，汲取了国内的先进理念和实践经验，力求为我国公共体育服务的研究和实践者提供有益的参考和建议。笔者不仅是一部学术著作，更是一项社会责任的体现。它反映了这个时代对于公共体育服务重要性的认识，体现了我们对于促进人民身心健康、增进社会福祉的坚定承诺。希望笔者能在我国公共体育服务体系的建设进程中发挥积极作用，引领更多的人理解、支持和参与，共同为创建一个更加健康、和谐和美好的社会而努力奋斗。

湖南师范大学体育学院 杨明

前　言

公共体育服务是社会进步与发展的重要体现，反映了一个国家文化素质和公民健康水平的综合指标。随着经济的不断增长和社会文明的不断提高，人们对身心健康和生活质量的要求也日益提高，这使得公共体育服务成为现代社会不可或缺的一部分。本专著立足于公共体育服务的全面研究，旨在为学者、政府部门、企业以及广大公民提供一个全面、深入的理解和分析框架。

第一章"公共体育服务概述"为读者揭示了公共体育与公共体育服务的基本概念，探讨了公共体育服务的理论基础和影响因素，为后续章节铺垫了坚实的理论基础。

第二章集中分析了"公共体育服务的组织与管理"，探讨了公共体育服务的组织体系、标准化建设的管理保障机制以及创新管理策略，为公共体育服务的有效运营提供了方向。

第三章"公共体育服务均等化研究"深入解读了均等化的基本概论、实施原则及推进途径，对于促进公共体育服务的均等化具有重要的理论和实践意义。

第四章着重关注了"公共体育服务人力资源队伍建设"，从人力资源的概述、队伍建设的成就及对策等方面，深入剖析了人力资源在公共体育服务中的核心地位。

第五章"公共体育服务体系建设与实现路径"分析了公民参与、体系建设与标准化及体系实现路径，为公共体育服务体系的建设和实现提供了系统的理论支撑。

第六章"公共体育服务供给模式与市场化运作"探讨了供给模式、政府监管以及市场化运作的深层机制，为公共体育服务的供给和市场化运作提供了全新的视角。

第七章"公共体育服务供给主体多元发展"从理论、社会转型和多元发展的优化选择等方面，全面展示了公共体育服务多元供给的发展。

本专著力图通过多角度、多维度的深入探讨，为公共体育服务的理论研究和实践应用提供全面的指导。希望能激发更多的学者和实践者对公共体育服务的关注和研究，共同推动公共体育服务的健康、持续和均等化发展。由于作者水平有限，书中可能存有不足之处，望广大读者批评指正。

目 录

第一章　公共体育服务概述

第一节　公共体育与公共体育服务

一、公共体育概述

（一）体育的公共属性

1. 普及性和包容性

体育的普及性体现在体育可以跨越语言、文化、性别和年龄的障碍，成为人类共享的活动。体育可以追溯到人类文明的起源，是社会文化的重要组成部分，无论在哪个国家或文化中，都有一套共享的体育活动和体育价值观。从奥林匹克运动会到其他全球体育赛事，体育的普及性都得到了充分的体现。

体育的包容性体现在它的多元化和适应性上。无论是团队运动还是个人运动、竞技运动还是休闲运动、室内运动还是室外运动，体育都能以其多样的形式和丰富的内容，适应不同人群的需求和偏好。体育活动的参与者可以根据自己的身体状况、技能水平、时间空余和兴趣爱好，选择适合自己的体育活动，从而在体育中找到乐趣和满足感。

同时，体育的普及性和包容性还体现在它的公开性和平等性上。体育活动不仅对所有人开放，而且对所有参与者平等。在体育领域里，没有阶级、性别、年龄、种族和宗教的差异，每个人都有平等参与的权利和机会。这种平等性使得体育活动成为社会的公共空间，是人们进行互动、交流和分享的场所。

体育的普及性和包容性不仅使得体育活动成为大众化的休闲活动，而且也使得体育成了促进社会和谐、增进人际关系、培养公民素质的重要手段，还使得体育能够成为公民社会的重要组成部分，起到连接个人和社会、促进社会团结和公民参与的作用。

2. 社会价值

体育作为一种文化和社会现象，既有其内在价值，也具有广泛的外部价值。体育不仅提供了保持身体健康和激发竞争精神的场所，而且还在社区中建立了社会联系，推动了经济发展。

体育的社会价值首先表现在其对个人发展的贡献上。通过参与体育活动，人们可以提高自身的身体素质，陶冶情操，培养团队精神和竞争意识，提升自我信心和自我效能感。此外，体育还可以帮助人们释放压力，提升情绪，获得成就感和满足感。这些对个人发展的贡献，无疑增强了体育的社会价值。

体育的社会价值还表现在其对社会和谐和团结的促进上。体育活动为人们提供了一个进行社交、建立友谊、增进理解的平台。无论是在团队运动中的合作，还是在竞技比赛中的互动，都可以帮助人们建立和维护社会联系，促进社会团结与和谐。

此外，体育的社会价值还体现在其对经济发展的贡献上。体育产业是世界经济的重要组成部分，提供了大量的就业机会，创造了巨大的经济效益。同时，体育赛事和体育旅游也能够带动相关产业的发展，推动地方经济的繁荣。

（二）公共体育的概念及发展原则

1. 公共体育的概念

公共体育，通常是指由政府或其他公共机构组织提供的，对全体公民开放的，旨在提高公民的身体素质、增强公民的身心健康、提高社区的生活质量、促进社会和谐的体育服务。

公共体育关注的核心是全民身体素质的提高。这涵盖了从儿童到老年人、从学生到工作人员的所有群体。政府和公共机构通过提供公共体育设施和活动，鼓励所有人积极参与体育运动，改善身体素质，预防疾病，提高生活质量。这包括但不限于组织各类体育活动。除了提升身体素质，体育活动还被视为一种减轻压力、提高精神健康的有效方式。参与体育活动可以帮助人们减轻工作和生活压力，增强抗压能力，提升生活满意度。同时，体育也是一种社交活动，可以帮助人们建立社交关系，增进社会凝聚力，从而提高公民的心理健康。公共体育也是推动社区发展和社会和谐的有效途径。公共体育活动能够拉近社区成员之间的关系，构建健康积极的社区氛围。公共体育活动还可以提供就业机会，推动体育产业和相关产业的发展，从而对经济社会发展产生积极影响。

2. 公共体育的发展原则

公共体育的发展原则具有深远意义，为公共体育服务的规划、实施与管理提供了重要的指导。详见图 1-1。

图 1-1　公共体育的发展原则

（1）普及性原则。普及性保证所有公民都能获得这些服务。体育对于保持身体健康、提升生活质量具有重要意义，因此，所有的公民，不论他们的年龄、性别、身体状况、经济状况或社会地位如何，都应享有平等的体育权利。普及性原则的体现不仅在于对所有公民的公平待遇，也在于对特定群体如残障人士、老年人、儿童等的特殊照顾，确保他们能够获得符合自身需要和能力的体育服务。

（2）公平性原则。公平性要求公共体育平等对待所有的公民，消除任何形式的歧视。这意味着所有人都能平等享受公共体育设施、体育活动，及相关的体育资源和服务。公平性原则的实现需要公共体育政策的公正制定与执行，包括公平分配体育资源、公平设置体育项目、公平提供体育机会。

（3）服务性原则。服务性要求满足公众的体育需求，提供优质服务。这包括根据公众的体育需求提供适当的体育设施和项目，提供专业、友好的服务，以及定期评估和改善服务质量。服务性原则不仅要求公共体育服务的高效率和高质量，也要求对公众的需求和反馈的高度重视和响应。

（4）可持续性原则。可持续性需要有长期的规划和管理，确保公共体育的可持续发展。公共体育的可持续性需要政策的稳定性和连续性，需要对体育设施的维护和更新，以及对体育资源的合理使用和保护。这包括对公共体育设施的长期投入、对体育项目和活动的规划和调整、对体育资源的保护和开发等。

二、公共体育服务概述

（一）公共服务与公共体育服务

1. 公共服务的概念

从公共服务的角色分析，政府是公共服务的核心，而社会参与则是另一重要的元素，公共服务的目标是为了社会大众的福祉与进步。基本的参与角色包括供应者、生产者以及消费者。政府扮演着服务的提供者角色，同时，非营利组织和企业等也能成为公共服务的生产者。全体国民作为公共服务的消费者，平等地享受公共服务的成果。公共服务的内容，主要提供的是具备非竞争性和非排他性的公共产品，包括但不限于公共教育、公共安全、医疗卫生以及文化体育等领域的服务，同时还包括混合型的公共物品。以公共服务的形态为切入点，可以看到公共服务既有物质形态，如公共基础设施、公共交通系统等，也有非物质形态，如基础教育（主要是义务教育）服务、就业服务、社会保障相关服务、医疗卫生服务以及公共文化体育服务等。

尽管政府是公共服务的主导者，但由于公共服务与其他商品和服务相比，有着明显的区别和特性，所以公共服务的提供不能仅仅依赖于政府，而需要通过国家与市场两种机制的有效结合，以提高公共服务的供给效率。基于上述视角，笔者认为公共服务是以政府主导、社会参与，公平地惠及社会公众生存与发展，满足社会共同利益需求的公益性服务。

从公共服务的概念出发，可以归纳出公共服务的内涵，主要体现在以下五个方面：

（1）公众享有公共服务的权利。这种权利的存在，揭示了社会公众在公共事务中的主体地位，体现了每一位公民的价值和尊严。公民的权利并不仅仅局限于生存权，更包括在社会公共生活中享有必要的社会保障和基础服务的权利，如教育、卫生、环保、文化和体育等。

（2）公共服务是政府的基本职能。无论是在社会经济发展初期，还是在社会经济发展更为成熟的现阶段，政府都需要通过提供公共服务来满足社会公众的基本需求，维护社会公众的基本权利，同时也通过提供公共服务来推动社会经济的可持续发展。

（3）人人平等享有基本公共服务。这就要求公共服务的提供必须消除各种社会不平等因素的影响，让每一个公民都能在享受公共服务时感受到公平和尊严。

（4）公共服务供给主体多元化。尽管政府是公共服务的主要提供者，但在社会经济发展的进程中，越来越多的非政府组织和私人企业也开始参与公共服务的提供，形成了多元化的供给主体。这种多元化的供给主体不仅可以满足社会公众多元化的需求，同时也能够通过竞争机制提高公共服务的提供效率。

（5）公共财政是公共服务的基本保证。通过合理的税收制度和公共支出安排，可以保证公共服务的稳定供给，同时也能够通过公共财政对公共服务供给进行合理规划和调控，以实现公共服务供给的公平和效率。

2. 公共体育服务的概念

对于公共体育服务的概念并没有明确的界定，大多数的国内学者在对公共体育服务的概念进行分析的过程中，往往侧重于对其上位概念——公共服务概念的研究。我国学者王浦劬等人将公共服务理解为政府运用公共权利和公共资源为公民（以及被其监护的未成年人等）所提供的各类服务[①]；王静宜等人强调，受国情影响，中国政府在公共体育服务价值判断上与外国政府存在客观差异，外国更倾向于以政府介入、游说协商的逻辑对公共体育服务概念内涵进行拓展[②]。对于公共体育服务概念的内涵，尽管"公共体育服务"与"体育公共服务"在用词上存在分歧，但如果深入比较这两者的定义，便可发现其本质上的相同性。因此，笔者在此并不打算详细讨论这两者的区别，而是选择使用"公共体育服务"这一术语。参考陈振明等人的《公共服务导论》对"公共服务"的解读，将学者们在界定"公共体育服务"概念中的不同侧重点作为分类标准，将国内学术界对公共体育服务概念的观点大体上划分为几种不同的视角。

（1）物品解释法。物品解释法源于萨缪尔森（Samuelson）的公共物品理论。从这个角度看，公共服务被理解为公共物品的提供，并基于此理论来推导和诠释"公共体育服务"的概念。例如，刘艳丽等人定义公共体育服务为满足社会共同需求、具备非竞争性和非排他性的公共物品

---

① 王浦劬，萨拉蒙.政府向社会组织购买公共服务研究：中国与全球经验分析 [M].北京：北京大学出版社，2010：85.

② 王静宜，刘璐.国内外公共体育服务概念内涵的比较与启示 [J].云南行政学院学报，2016（5）：4.

性质的体育服务[①]；而肖林鹏等人的观点是，公共体育服务是公共组织为满足公共体育需求而提供的公共物品或混合物品[②]。

（2）利益解释法。其立足点是新公共行政学派理论。这一视角强调，只有当某种物品具有公共利益时，该物品才能被称为公共物品，进而具有公共服务的属性。周爱光认为公共体育服务是满足公民需求的公共服务，通过提供各类体育产品来实现[①]；刘亮的理解是，公共体育服务是以政府为核心的公共部门为实现和保障社会公众或社会共同体的体育公共利益，以及其体育权益的目标实现所进行的公共行为的总和[④]；石伟伟则将公共体育服务定义为：为了满足公众的公共体育需求而提供的各种公共产品和服务的总和[⑤]。

（3）主体解释法。主体解释法依据登哈特夫妇提出的"新公共服务"理论，强调政府应持续追求"以人为本"的公共服务导向，致力于发展多元主体供给模式，并加速实现从公共体育服务控制者向服务者的角色转变。范冬云的观点是，公共体育服务是由政府、企业及第三部门等供给主体提供的，目的在于满足社会成员的体育需求，提供体育公共产品的过程[⑥]；王静宜等人则认为，公共体育服务是由政府主导的，其中政府和公共组织作为供给主体，通过政府部门与公共组织间的协作来产出公

①　刘艳丽，苗大培.社会资本与社区体育公共服务 [J].体育科技文献通报，2005（12）：27-28.

②　肖林鹏，李宗浩，杨晓晨.公共体育服务概念及其理论分析 [J].天津体育学院学报，2007（2）：5.

①　周爱光.从体育公共服务的概念审视政府的地位和作用 [J].体育科学，2012（5）：7.

④　刘亮.我国体育公共服务的概念溯源与再认识 [J].体育学刊，2011（3）：7.

⑤　石伟伟.政府购买体育公共服务行为的研究 [D].苏州：苏州大学，2015.

⑥　范冬云.我国体育公共服务研究中几个问题的探讨 [J].成都体育学院学报，2010（2）：4.

共体育产品[①]。

（4）职能解释法。在解析公共体育服务概念的多元视角下，"公共性"和"服务性"是公共体育服务的两个主要特点，而职能解释法在对公共体育服务概念进行界定时较少强调这两大特点。如戴永冠等人提出，公共体育服务本质上是一种职能，基于此，他们将公共体育服务定义为政府或非政府组织在提供人民共享或消费的体育产品或服务过程中所承担的职能[②]。

纵观公共体育服务事业的发展历程，其核心特性可归纳为以下几个维度：其一，它的存在目的在于满足公众的公共体育需求，以及保障公众的体育权益；其二，公共体育服务的提供主体是围绕政府为中心的多元主体；其三，公共体育服务的受众即客体是广大的社会公众；其四，公共体育服务形态多样，包括有形体育产品和无形体育服务等多种形态。基于这些特征，笔者赞同冯欣欣对公共体育服务的定义，即政府部门为满足公众的公共体育需求，实现公民体育权利和公共体育利益，向全体社会公众提供的公共体育产品和服务的总称[③]。公共体育服务的产生，依托于特定的政治、经济和文化环境，因此，在定义公共体育服务的概念时，必须保持开放和发展的视角。

（二）公共体育服务的服务形式

公共体育服务的形式多样，根据其性质和内容，可以大致划分为三大类：硬性服务、软性服务以及体育社区服务。

1.硬性服务

硬性服务，也被称为"硬件"服务，是公共体育服务的基础和先决

---

① 王静宜，刘璐．国内外公共体育服务概念内涵的比较与启示 [J]．云南行政学院学报，2016（5）：4.

② 戴永冠，林伟红．公共体育服务概念、结构及人本思想 [J]．武汉体育学院学报，2012（10）：6.

③ 冯欣欣．政府购买公共体育服务的模式研究 [J]．体育与科学，2014（5）：6.

条件。这种类型的服务涉及公共体育设施的建设和提供，包括但不限于体育场馆、公园、健身径、体育休闲广场等。这些设施的存在为公众提供了体育运动所需的场地，满足了大众参与体育活动的基础需求。

体育场馆，如体育馆、体育场、游泳馆、健身房等，是公众开展体育活动的重要场所。这些场馆的规模、设施和功能多样，能够满足各类体育活动的需求。他们为各类体育比赛提供场地，让公众有机会观看高水平的体育赛事，也为大众健身提供了条件。公园和运动健身径是城市公共空间的重要组成部分，它们提供了户外运动和休闲的场所。公园通常配有健身器材、跑步道、篮球场等设施，供公众免费使用。运动健身径则为跑步者、骑行者等提供了安全、舒适的运动环境。体育休闲广场则是一个开放的、供大众聚集和进行各种体育休闲活动的场所。在这里，人们可以进行篮球、乒乓球、羽毛球等休闲运动，也可以参与健身操、瑜伽、太极等集体活动。

以上这些设施的建设、维护和使用，都需要政府的规划和管理。一方面，政府需要合理规划和分配体育资源，确保设施的均衡分布和公众的平等使用。例如，体育设施应该遍布城乡，服务各个年龄段和社会阶层的人群。另一方面，政府还需要对公共体育设施进行持续的投资和维护，确保其良好运行和服务水平。例如，定期对设施进行检查和修复，提升设施的安全性和使用寿命。硬性服务的优质化和公平化，是推动公共体育服务发展的关键。公众对硬性服务的满意度直接影响到他们参与体育活动的意愿和频率，进而影响到整个社会的体育活动水平和公众健康状况。因此，公共体育服务的提供者必须致力于提供优质、便利、公平的硬性服务，以满足公众日益增长的体育需求。

2. 软性服务

软性服务，也被称为"软件"服务，是公共体育服务的另一重要组成部分。它主要包括体育活动的组织与策划、体育信息的发布与传播，以及体育培训等。软性服务的提供离不开专业的体育教练、活动策划人员、运动医疗人员等。

体育活动的组织与策划是软性服务的核心组成部分。活动策划人员需要具备一定的体育知识和活动组织能力,他们负责设计、组织和执行各种体育活动,如运动比赛、健身课程、户外探险等。他们还需要考虑活动的规模、参与人群、安全因素等,以确保活动的顺利进行和参与者的安全。体育信息的发布与传播是软性服务的重要环节。信息发布人员负责收集、整理和发布各种体育信息,包括活动通知、健身知识、运动技巧、运动员动态等。这些信息可以通过各种渠道传播,如社交媒体、电视广播、报纸杂志等。准确、及时的体育信息可以帮助公众了解最新的体育动态、学习健身知识、增强运动技能。体育培训是软性服务的重要组成部分。体育教练和运动医疗人员是体育培训的主要提供者。他们用专业知识和技能指导公众进行体育运动,如瑜伽、游泳、篮球等。他们还可以教授运动技巧,提供运动伤害的预防和治疗方法。好的教练可以帮助公众提高运动技能,提高运动效果,降低运动伤害的风险。

软性服务的优质化和公平化是公共体育服务的关键。一方面,公众对软性服务的满意度直接影响他们的运动体验和运动效果。优质的软性服务可以增强公众的运动乐趣,提高他们的运动效率,降低他们的运动风险。另一方面,公众对软性服务的平等享用是社会公平的体现。公共体育服务的提供者应该确保软性服务的公平提供,不因公众的年龄、性别、收入、地域等而有所差别。

3. 体育社区服务

体育社区服务代表了公共体育服务的新兴形式,它融合了传统的硬性服务和软性服务的特点,并针对社区居民的特殊需求进行优化。这种服务形式强调了社区居民的便利性和参与性,也因此在近年来受到了广泛的重视和实施。

首先,体育社区服务提供的是一种便捷性。以往的体育服务可能需要公众前往特定的体育场馆或者健身房才能享用。然而，体育社区服务则是在社区内设立健身设施，如公园的健身器材、社区的游泳池、体育场所等，使得社区居民可以在家门口享受到这些服务。这大大节省了居民的通勤时间，也使得他们更容易养成持续的运动习惯。其次，体育社区服务注重的是全民参与。传统的体育服务可能更多面向具有特定体育需求或者特定运动技能的公众。而体育社区服务则更加注重全体社区居民的参与，无论年龄、性别、体能状况如何，都可以找到适合自己的体育活动。这些活动不仅包括常规的运动训练，还有一些增进社区凝聚力的活动，如亲子运动会、社区马拉松等。最后，体育社区服务也在塑造社区文化上起到了重要的作用。通过各种形式的体育活动，可以加强社区内的交流和凝聚力。运动是一种很好的交流方式，不同的社区成员在运动中可以互相了解，建立深厚的社区关系。同时，共同的运动目标也会增强社区成员的凝聚力，形成积极向上的社区文化。

三、公共体育与公共体育服务的关系

（一）公共体育的目标与公共体育服务的功能

推动全民健康是公共体育的核心目标之一，也是公共体育服务的重要功能所在。公共体育服务通过提供各类健身设施和场地，为公众创造了锻炼的环境，同时也通过提供各类体育项目和活动，引导公众积极参与体育锻炼，让公众乐在其中。这些活动的举办，不仅有利于提升公众的体质，也有助于传播健康生活方式、塑造健康生活习惯。因此，公共体育服务在推动全民健康这一目标的实现过程中，起着无可替代的作用。

公共体育的重要目标体现在增强国民体质、提高生活质量、推动社会和谐发展，其中公共体育服务在增强国民体质目标的实现过程中，扮演着关键角色。通过公共体育服务，公民可以方便地参与各种体育锻炼，不仅有助于提升自身的体质，也有助于形成积极的体育锻炼习惯。此外，公共体育服务还可以提供各类体育课程和训练，如瑜伽、太极等，以专业的指导和科学的方法，更有效地帮助公众提升体质。在实现提高生活质量目标方面，公共体育服务不仅提供了丰富的体育活动，让人们在忙碌的生活中找到休闲和娱乐的方式，也为人们提供了锻炼身体、提升健康水平的机会，从而直接提高了公众的生活质量。同时，参与体育活动也能够让人们感到快乐和满足，从而提升生活的幸福感。公共体育服务在推动社会和谐发展目标方面的作用也是显而易见的。公共体育服务能够吸引不同年龄、性别、身体状况的人们参与，通过共享体育资源、参与体育活动，人们之间的交流和互动也会增加，从而增强社区的凝聚力和社会的和谐度。此外，公共体育服务还能通过举办各类体育赛事活动，增强社区和社区之间的交流和联系，从而进一步推动社会的和谐发展。

（二）公共体育的资源与公共体育服务的供应

体育设施、体育场地和体育器材是公共体育的基础硬件资源，这些资源的数量、质量和分布情况，直接影响到公共体育服务的质量和效果。如何合理配置和有效利用这些硬件资源，是公共体育服务需要面对的重要问题。例如，需要充分考虑社区的地理位置、人口密度、运动需求等因素，进行科学规划，建设符合社区需求的体育设施和场地。同时，也需要定期对体育设施和器材进行维护和更新，确保其在供给过程中的安全和功能。

在软件服务方面，体育指导和体育活动组织是公共体育的重要资源。优质的体育指导能够让公众更好地了解和掌握体育运动的规则和技巧，从而更安全、更有效地进行体育锻炼。体育活动的组织，则可以引导公众积极参与体育运动，提升公众的体育兴趣和运动习惯。因此，公共体育服务应该着力提升体育指导和体育活动组织的专业性和品质，为公众提供更好的体育服务体验。

（三）公共体育的需求与公共体育服务的满足

公共体育的需求源自公民对体育活动的各种需求，包括身体健康、休闲娱乐、社区交往、技能提升等多个方面。公共体育服务作为需求的满足者，需要充分理解和考虑到这些需求的多元性和差异性，以便提供更具针对性和效率的服务。

公民的体育需求具有显著的差异性。不同的年龄段、性别、职业、身体状况等因素都会影响公民的体育需求。例如，青少年可能更喜欢团队运动和竞技运动，老年人可能更倾向于健身和休闲运动，劳动密集型工作者可能需要疗养和恢复型的体育活动，身体残疾的公民则需要专门设计的适应性运动。因此，公共体育服务需要细分服务对象，根据不同群体的特性和需求，提供差异化的体育服务。除了满足基本的运动需求，公共体育服务还应关注公民的高级体育需求。例如，有些公民可能希望通过体育活动来提升自我，实现个人价值；有些公民可能希望通过体育活动来加强社区交往，建立社交网络；还有些公民可能希望通过体育活动来享受生活，追求精神满足。对于这些需求，公共体育服务应提供更多样化、个性化的服务选项，如举办体育竞赛、推出体育教育课程、提供体育旅游项目等。

在需求满足的过程中，公共体育服务还应注重公民的参与和反馈。公民作为服务的接受者，他们的体验和意见对于服务的优化和改进至关重要。因此，公共体育服务应建立有效的反馈机制，及时收集和处理公民的意见和建议，以便更好地满足公民的需求。公共体育的需求是多元化和差异化的，公共体育服务需要在理解需求的基础上，提供差异化和多样化的服务，同时注重公民的参与和反馈，以更好地满足公民的体育需求，服务于公众，促进社会和谐发展。

第二节　公共体育服务的理论基础

一、公共体育服务的需求理论

（一）公民体育需求的差异性理论

差异性理论的核心观点在于尊重并应对每个公民的体育需求的独特性。这种独特性来源于公民的生理属性、心理倾向、社会角色和生活环境等方面的不同。在实际的公共体育服务中，差异性理论为我们提供了重要的指导思想，那就是要注意因人制宜，提供个性化的体育服务。

体育需求与个体的生理属性密切相关，不同的生理状态决定了人们对体育活动的选择和需求。以年龄为例，公民的年龄阶段可以大致分为儿童、青少年、成年和老年，不同的年龄阶段对应不同的体育需求。在儿童时期，因为生长发育的需要，他们更倾向于参与一些可以帮助提升身体协调性、灵活性以及心肺功能的体育活动，比如跳绳、游泳等。此外，儿童时期也是形成体育兴趣的关键阶段，因此公共体育服务需要提供各种有趣的体育项目，激发儿童的运动兴趣，培养他们长期参与体育活动的习惯。进入青少年阶段，由于身体的发育和性别的差异，青少年的体育需求也会有所不同。男性青少年可能更倾向于力量和耐力型的体育活动，如篮球、足球等，而女性青少年可能更喜欢有节奏、柔和并具有舞蹈元素的体育活动，如瑜伽、舞蹈等。此时，公共体育服务需要提供更多样化的体育项目，满足青少年的个性化需求。对于成年人，由于工作压力、家庭责任等原因，他们的体育需求往往更注重舒缓压力和保持健康。他们可能更偏好一些能够帮助放松的体育活动，比如跑步、健身等。此外，他们可能也需要一些能够在工作之余参与的体育活动，比如公司的篮球比赛、羽毛球比赛等。至于老年人，他们的体育需求更倾向于改善健康状况和预防疾病。因此，一些低强度且有益于身心健康的体育活动，如太极、散步等，可能会更受老年人的欢迎。同时，老年人也可能需要一些特殊的体育服务，比如健康咨询、疾病预防讲座等。基于上述分析，公共体育服务需要根据公民的不同生理属性，提供差异化的体育服务，满足他们的特定需求。只有这样，公共体育服务才能真正达到提高公民身体健康和生活质量的目标。

公民的心理倾向对其体育需求的影响是不可忽视的。公民的心理倾向可以从两个主要维度来理解，即社交倾向和自我实现倾向。社交倾向的公民可能更喜欢团队运动，他们在参与这类运动的过程中，不仅可以锻炼身体，还可以提升他们的团队合作能力和社交技能；而自我实现倾向的公民则可能更倾向于个人运动，他们在参与这类运动的过程中，可以提升自我价值和自我效能感。在公共体育服务的提供中，不同的体育项目可以满足公民不同的心理倾向。例如，团队运动如足球、篮球等，既有利于培养公民的团队精神和协作能力，也可以提供一个社交的平台，增进公民间的互动和交流；而个人运动如长跑、游泳、瑜伽等，不仅有益于公民的身心健康，也有助于提升他们的独立性和自我控制能力。此外，一些新兴的体育项目，如户外探险、极限运动等，也能够满足公民追求刺激和挑战的心理需求。当然，公民的心理倾向并不是固定不变的，而是会随着个人经历和社会环境的变化而变化。因此，公共体育服务在提供服务时，需要随时关注公民的心理需求变化，并相应地调整服务内容和形式。只有这样，公共体育服务才能真正满足公民的需求，提升服务的效益和满意度。

社会角色对于个体的体育需求具有显著影响。各种职业群体因其特定的生活工作模式和生活节奏，对体育活动的需求也各不相同。例如，白领工作人群由于大部分时间坐在办公室，可能更需要增强心肺功能和改善坐姿的体育项目，如瑜伽、普拉提或跑步等；而体力劳动者则可能更倾向于通过体育活动来放松身心，比如篮球、足球或者简单的伸展运动等。家庭主妇或者全职夫妻，他们可能更需要的是能够在日常生活中方便参与的，比如步行、晨练或者社区团体活动等。这些活动不仅能够满足他们的体育需求，也为他们提供了社交的机会，丰富了他们的生活。同时，公民的生活环境也会影响其体育需求。在城市中，由于公共设施完善，公民们可以选择的体育项目多样，如健身房、游泳池、羽毛球馆等；而在乡村，公民可能更倾向于选择贴近大自然的体育活动，如徒步、田径等。对于生活在城市的公民，他们可能更需要的是能够提供放松和休息的体育活动，帮助他们缓解都市生活的压力；而生活在乡村的公民，则可能更倾向于能够提供社交机会的体育活动，帮助他们增进社区关系。

（二）公民体育需求的层次性理论

根据亚伯拉罕·马斯洛（Abraham H. Maslow）的需求层次理论，人们的需求可以分为生理的需要、安全需要、归属与爱的需要、尊重的需要、认知需求、审美需求、自我实现的需要、超越需要八个层次，详见图1-2。同样，公民的体育需求也有其层次性。

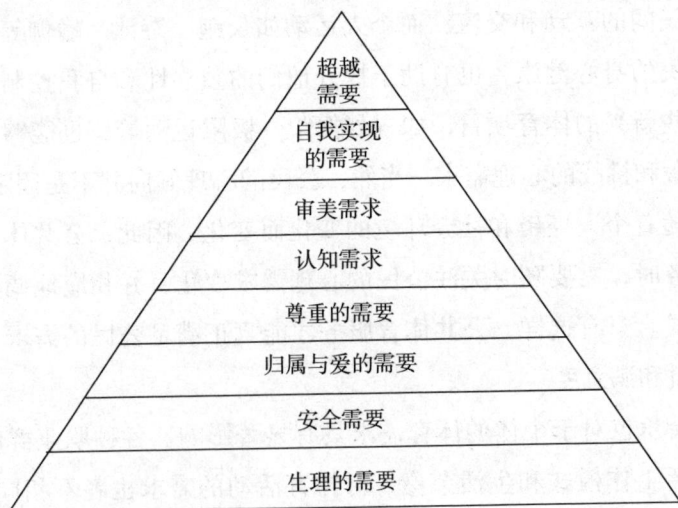

图1-2 马斯洛八阶段需求层次理论（八阶段模型）

基础的生理需求，源于公民对于保持身体健康的基本需求。一方面，基础的体育设施如公园、运动场、健身房等是公民进行日常体育锻炼的主要场所。这些设施的完备性、舒适性和便利性直接影响公民的运动体验和参与意愿。因此，公共体育服务部门须着力提升体育设施的质量和数量，比如，建设多功能体育场、改善公园的跑步道和绿化环境、设置更多的体育器材等。同时，也需要定期对设施进行维护和更新，以保证其长久的使用寿命和良好的使用条件。另一方面，公共体育服务也要为公民提供必要的体育指导和教育。有些体育活动需要正确的技巧和方法，才能达到预期的锻炼效果，避免运动伤害。例如，跑步需要正确的步伐和呼吸方式，游泳需要掌握水性和划水技巧等。公共体育服务部门可以通过开设体育课程、发布运动指南、邀请体育专家举办讲座等方式，帮助公民掌握正确的运动技巧，增加运动的有效性。

公共体育服务在满足公民安全需求方面，可从多个角度入手。首先是提供安全的体育设施和器材。公共体育设施和器材需要定期进行安全检查和维护，保证其在使用过程中不会出现损坏和故障，防止发生可能导致伤害的事故。例如，公园里的健身设施、运动场的地面材料、游泳池的水质等，都需要定期进行安全检查和清理。其次是加强体育活动的规范管理。无论是组织体育赛事还是公众的自由活动，都应遵循一定的安全规范，以确保活动过程中的安全。这包括合理的活动组织、合适的活动时间和地点选择，以及对可能出现的风险因素的预防和控制。例如，在体育赛事中，应有专业的裁判和监督人员来保证比赛的公正和安全；在公众自由活动中，应有警示标识和管理人员来提醒公众注意安全。最后，加强公民的体育安全教育也是重要的一环。公共体育服务可以通过各种方式提升公民的安全意识，比如开设安全教育课程、发布安全指南、举办安全讲座等。这不仅能帮助公民了解体育活动中可能出现的安全问题，学习应对方法，还能提醒他们在参与体育活动时要注意安全，避免不必要的伤害。以上几方面的工作，都能有效提高公共体育服务满足公民安全需求的能力，使公民在享受体育活动的乐趣的同时，也能得到安全的保障。通过满足公民的安全需求，公共体育服务也能进一步提升公民的体育参与度和满意度，推动公共体育事业的发展。

归属与爱的需要主要涉及人与人之间的关系，包括友情、家庭和爱情。人们有与他人建立情感联系的需求，希望得到他人的关心、接纳和支持。在这一层次的需求中，结交朋友是非常重要的一部分。公共体育，也就是面向大众的体育活动，它不仅仅是为了锻炼身体、提高身体素质，更重要的是它为人们提供了一个社交的平台。在这里，人们可以结交到志同道合的朋友，共同参与体育活动，分享运动的乐趣，建立深厚的友情。这种社交需求与马斯洛的归属与爱的需求是高度契合的。通过公共体育活动，人们可以在轻松愉快的氛围中与他人互动，分享彼此的经验和感受，增进了解和信任。这种深度的人际交往，不仅能够满足人们的社交需求，还能够帮助人们建立稳定的友情和情感纽带。

在满足公民的尊重需求方面，公共体育服务的角色则体现在提供公民提升体育技能、获得他人尊重和认可的机会。例如，开设各种体育技能课程，如游泳课程、篮球技巧课程等。这些课程可以帮助公民提升自己的体育技能，增强自身的自信心。同时，公共体育服务还可以通过举办各类体育比赛，如马拉松比赛、游泳比赛等，给公民提供一个展示自我、挑战自我的平台。在比赛中获得好成绩的公民，可以得到他人的认可和尊重，从而满足其尊重需求。再者，推行体育成就的公开认可和奖励，也是满足公民尊重需求的重要方式。比如设立体育成就奖项，对在体育活动中表现出色的公民进行表彰和奖励，这既能鼓励公民积极参与体育活动，也能帮助他们得到社会的尊重，满足其尊重需求。

从认知需求来看，公共体育为人们提供了一个了解和学习体育知识的平台。通过参与公共体育活动，人们可以了解到各种体育项目的规则、技巧和策略，从而增强自己的体育知识和理解。此外，公共体育还可以帮助人们了解到体育对身体健康的好处，从而增强人们的健康意识。同时，公共体育为人们提供了一个尝试和探索新的体育项目的机会。在公共体育场所，人们可以尝试各种不同的体育项目，如篮球、足球、羽毛球等，从而满足自己的好奇心和探索欲望。此外，通过参与公共体育活动，人们还可以挑战自己的极限，实现自我超越，从而满足自己的自我实现需求。

审美需求主要涉及人们对美的追求和欣赏，这种追求不仅仅是对物质美的追求，更多的是对精神美的追求。公共体育作为一种社会现象，其存在的意义不仅仅是满足人们的生理健康需求，更多的是满足人们的精神需求。从审美的角度来看，公共体育具有很强的审美价值。首先，体育运动本身就是一种美的体现，无论是优美的体操动作，还是流畅的篮球运球，都是人们对美的追求和体现。其次，体育运动中的团队合作、竞技精神等也是一种美的体现，它展现了人类的精神风貌和道德风尚。

公民的自我实现需求在体育领域内，通常表现为追求更高水平的技能、更好的竞技成绩，或是更深度的运动体验。这种需求源于内心深处对挑战的渴望、对超越自我限制的期待，以及对最大限度发挥潜力的追求。满足这类需求是公共体育服务面临的挑战，但也是其发展的机遇。

为满足公民的自我实现需求，公共体育服务可以提供各种具有挑战性的体育项目和活动。例如，可以开设各种高难度的体育课程，如攀岩课程、马术课程等，这些课程可以帮助公民提升技能、挑战自我。同时，还可以举办高水平的体育竞赛，比如马拉松比赛、铁人三项比赛等，这些比赛可以提供公民与他人竞技、挑战自我的机会。公共体育服务还可以提供专业的体育训练和指导，以帮助公民提升自己的体育技能和竞技水平。例如，可以聘请专业的教练，提供一对一的训练服务，也可以开设体育训练营，提供集训的机会。这些专业的训练和指导，可以帮助公民理解和掌握更高级的技巧和策略，进一步提升其体育表现，满足其自我实现的需求。此外，公共体育服务也可以鼓励公民进行体育创新和探索。例如，可以设立体育科研基金，资助公民进行体育相关的科研和创新，也可以举办体育创新大赛，鼓励公民发展新的体育项目或者探索新的运动方法。通过以上的各种方式，公共体育服务不仅可以满足公民的自我实现需求，也可以进一步提升其服务质量，推动体育事业的发展。

公共体育的需求不仅仅是为了满足个人的身体健康，更是为了追求更高的社会价值。这种价值观强调的是集体的利益高于个人的利益，追求的是整个社会的健康和和谐，而不仅仅是个人的健康。这种价值观与马斯洛的超越需要是一致的，都是追求更高的意义和目标。在这个层面上，公共体育可以被看作是一个超越个人自我的活动，它追求的是整个社会的健康和和谐。

（三）公民体育需求的满足理论

满足理论的核心观点是公共体育服务必须围绕满足公民体育需求这一核心目标展开。这就要求公共体育服务必须准确掌握公民的体育需求，从而提供符合需求的服务。调查研究是掌握公民体育需求的重要途径，它可以通过问卷调查、访谈、观察等方式，系统地收集公民的体育需求信息。了解了公民的体育需求后，公共体育服务需要提供相应的服务。这包括提供必要的体育设施和设备，如运动场地、运动器材等，保证公民能够进行体育活动。此外，还需要提供专业的体育指导，如健身教练、体育培训课程等，帮助公民提升体育技能，提高体育活动的效果。

满足公民的体育需求并非一次性的任务，而是一个持续的过程。公共体育服务需要定期评估服务效果，根据评估结果反馈调整服务内容和方式。评估可以通过满意度调查、服务使用情况统计、公民反馈等方式进行。通过评估，公共体育服务可以了解自身服务的优点和不足，从而进行有效的改进。同时，满足公民的体育需求也应成为评价公共体育服务质量的重要标准。公共体育服务的目标是提高公民的体育需求满足度，这需要通过公民的满意度、参与度、健康状况等指标进行评价。这样，公共体育服务可以根据评价结果调整服务方向和策略，以更好地满足公民的体育需求。

二、公共体育服务的供给理论

（一）公共体育服务的供给决策理论

公共体育服务供给决策理论始于对公民体育需求的理解和评估。需求分析是一个关键步骤，它涉及深入了解公民体育活动的需求，包括对具体体育项目、频率、时长、时间、地点等各个方面的需求。这通常需要进行大规模的调查研究，包括问卷调查、访谈、观察等方法，以获取全面、准确、客观的需求信息。需求分析的结果将为后续的决策提供重要的依据。

在资源评估阶段，需要全面了解和评估可供使用的资源。这包括人力资源、物质资源、财力资源、信息资源等。人力资源主要是指提供体育服务的人员，如教练、指导员、管理员等；物质资源主要是指用于体育活动的设施和设备，如体育场馆、器材、服装等；财力资源主要是指用于体育服务的资金，如运营经费、维护经费、发展经费等；信息资源主要是指用于体育服务的信息，如体育知识、技能、规则、动态等。方案设计阶段则是根据需求分析和资源评估的结果，设计出具体的供给方案。这包括确定要提供哪些体育项目、以何种方式提供、需要多少资源、需要多长时间等。在这个过程中，可能需要进行多轮的讨论、研究、比较和选择，以确保方案的可行性、有效性和公正性。决策制定和执行阶段则是将供给方案转化为具体的行动。这包括确定执行的人员、任务、时间、地点、方式等，以及制订详细的执行计划和步骤。在执行过程中，可能需要进行多次的协调、调整和监控，以确保顺利执行。效果评价阶段是对供给决策的结果进行评价。这包括评价服务的质量、效果、影响等，以及公民的满意度、参与度、反馈等。效果评价的结果将为下一轮的供给决策提供重要的反馈和经验。

整个供给决策的过程是一个动态的、迭代的、适应性的过程。每一轮的供给决策都是在前一轮决策的基础上进行的，需要根据新的需求、资源、环境等进行调整和改进。通过不断的决策、执行和评价，公共体育服务的供给能够持续地改进和优化，更好地满足公民的体育需求。

（二）公共体育服务的资源优化理论

公共体育服务的资源优化理论是一个复杂的、系统的过程，需要对资源进行全面、深入的理解和管理。优化资源的目标是使得在有限的资源条件下，实现公共体育服务的最大化效益。

在资源的识别阶段，需要全面了解并确认所有可用的资源。资源不仅包括物质资源，如体育设施和设备，也包括人力资源，如体育教练和管理人员，还包括信息资源，如体育知识和信息，以及财务资源，如投资和资助。这需要通过各种方式，如调查、研究、统计等，收集和整理全面、准确、详细的资源信息。资源的分类阶段是根据资源的性质、功能、价值等进行分类和分级。例如，体育设施可以分为体育场馆、训练设施、比赛设施等；体育教练可以分为初级教练、中级教练、高级教练等；体育知识可以分为基础知识、进阶知识、专业知识等。资源的分类有助于更好地理解和管理资源，为资源的优化配置提供基础。资源的优化阶段是通过科学的方法，如数学建模、系统分析、优化算法等，找出资源配置的最优方案。最优方案应该能够在满足公民的体育需求的同时，实现资源的最大利用和最小浪费。这可能需要多次试验、模拟、分析和调整，以达到最优的效果。资源的分配阶段是根据优化的结果，将资源按照特定的规则和标准，分配给不同的体育服务项目和对象。分配的过程需要公正、公开、透明，避免资源的浪费和滥用。同时，也需要灵活、动态，能够根据需求和环境的变化进行调整和改变。资源的利用阶段是确保资源的有效利用。这包括对资源的维护和保养，避免资源的损失和破损；对资源的使用和管理，避免资源的闲置和浪费；对资源的改进和更新，提高资源的性能和效率。这需要有一套科学的资源管理制度和流程，以及专门的资源管理人员和机构。资源的回收阶段是对使用过的资源进行回收和处理。这包括对可再利用的资源进行清洗、修复、再利用；

对不可再利用的资源进行妥善处理，避免对环境和人的健康造成损害。这需要有一套完善的资源回收制度和机制，以及专门的资源回收人员和设施。

通过上述的流程，公共体育服务的资源优化理论可以实现资源的最大化利用，提高公共体育服务的效率和效果，满足更多公民的体育需求。

（三）公共体育服务的持续性供给理论

公共体育服务的持续性供给理论强调了服务的连续性和稳定性。为了实现这一目标，需要对服务的各个环节进行持续性的管理和保障，确保服务的质量和效果。

1.资源的持续获取是持续供给的基础

在公共体育服务中，资源包括了物质资源、人力资源、信息资源和财务资源。

物质资源主要包括体育设施和设备，其获取和管理对公共体育服务的提供起到基础性作用。保持体育设施和设备的数量和质量，需要明确长期和短期的发展计划，这包括设施的维护和更新，以及新设施的建设。在设施维护中，除了日常保养，还应及时进行大修，避免因设备老化而影响服务的正常提供。在设施建设中，应考虑公众的需求、地理位置、环境因素等，确保新建设施的使用效率和使用效益。人力资源是提供公共体育服务的核心，包括教练、教师、管理员、志愿者等各种角色。在人力资源的持续获取过程中，关键在于吸引和保持有技能和热情的人才。这需要一套完整的人力资源管理系统，包括招聘、培训、考核、激励等环节。其中，激励策略的设计，如薪酬制度、晋升制度、工作环境等，对于人才的吸引和保持有着重要的影响。信息资源是提供公共体育服务的关键，包括各种体育知识和信息。为了保持信息的准确和新颖，需要建立一个持续的信息更新和发布系统。系统需要有专门的人员负责信息的收集、整理、审核和发布。同时，应充分利用现代信息技术，如互联网、大数据等，提高信息处理的效率和效果。财务资源是提供公共体育服务的保障，包括来自政府、企业、公众的各种投资和资助。在财务资源的获取过程中，重要的是充分利用各种资金来源，有效管理和使用资金。这需要一个完善的财务管理系统，包括资金的筹集、分配、使用、审计等环节。

2. 服务的持续提供是持续供给的关键

在公共体育服务中，服务包括了体育活动的组织、体育教育的开展、体育设施的提供、体育资讯的传播等。

体育活动的组织包括体育赛事和体育培训，需要定期、稳定地进行。体育赛事作为一种重要的群体体育活动，不仅能够满足人们对体育竞技的需求，也能够激发大众的体育热情，进一步推动公民的体育参与。定期举办体育赛事，可以形成稳定的体育文化，让公众形成有规律的体育锻炼习惯。而体育培训，如运动技能的训练、运动器材的使用培训等，是提高公众体育参与水平和安全性的重要方式，定期、稳定地开展培训，能有效提升公众的体育技能，增强其参与体育活动的信心和动力。体育教育的开展，如体育课程和体育讲座，需要系统、连贯地进行。体育课程是通过系统化的教学，帮助公众了解和掌握体育知识和技能，增强体育素养。体育讲座则可以深化公众对于体育理论、健康理念、运动伤害预防等多方面知识的理解。系统、连贯地开展体育教育，能够帮助公众建立科学的体育观念，提高体育参与的自我效能感。体育设施的提供，如体育场馆和体育设备，需要全天候、全方位地进行。体育设施是公众进行体育活动的重要场所，对于体育活动的便利性和舒适性有重要影响。全天候、全方位地提供体育设施，能够满足公众不同时间、不同地点、不同形式的体育需求，提高公众的体育参与度。体育资讯的传播，如体育新闻和体育指南，需要实时、准确地进行。体育新闻可以传播体育文化，激发公众的体育热情，体育指南可以提供体育活动的参与指南，提升公众的体育参与效果和满意度。实时、准确地传播体育资讯，能够及时满足公众的体育信息需求，提高公众的体育知识水平。

3.需求的持续监测是持续供给的导向

公民的体育需求是多元化的，包括对各种体育活动、体育设施、体育教育和体育信息的需求。这些需求可能受到年龄、性别、身体条件、生活习惯、工作性质、地理位置等多种因素的影响，且可能随着时间、经济条件、社会文化、科技发展等的变化而变化。因此，公共体育服务需要持续监测公民的体育需求，以便及时了解需求的变化，调整和改进服务的内容和方式。

问卷调查是一种常用的需求监测方法。通过设计科学、合理的问卷，可以从大量的公民中获取关于体育需求的定量数据，如需求的种类、程度、频率等。问卷调查的结果可以进行统计分析，得到较为客观、准确的需求信息。深度访谈则可以获取关于体育需求的定性数据。通过一对一或者小组的方式，深入访谈公民，了解其体育需求的内涵、特点、原因等深层信息。深度访谈的结果可以进行内容分析，得到较为丰富、细致的需求信息。社区论坛是一种集体的需求监测方法。通过组织社区论坛，可以让公民集体讨论、表达体育需求，同时也可以让公共体育服务的提供者直接听到公民的声音，更好地理解公民的需求。网络反馈则是一种实时的需求监测方法。通过建立网络反馈系统，公民可以随时提出体育需求和服务反馈，公共体育服务的提供者可以实时获取需求信息，及时调整服务。通过这些需求监测方法，公共体育服务可以持续、全面地了解公民的体育需求，从而提供更符合需求、更满足公民的服务。同时，需求的持续监测也可以评估公共体育服务的效果，反馈服务的问题和不足，指导服务的改进和发展。

三、公共体育服务的平衡理论

（一）需求与供给平衡理论

在公共体育服务领域中，需求与供给平衡理论阐述了如何在服务的供给端与公众需求之间找到一个恰当的平衡点。这种平衡需要基于对公众体育需求的准确把握，包括需求的性质、程度、动态变化等因素，同时也需要对体育服务供给的资源、能力、效率等因素有深入了解。

在公众需求的考量中，除了满足最基本的体育活动需求，还要注意个体差异、年龄、性别、区域等因素对体育需求的影响。这要求公共体育服务能够提供多样化的服务，以适应不同公众群体的需求。在此基础上，需求的动态性也是需要关注的重要因素，随着社会经济、科技、文化等因素的变化，公众的体育需求也会发生变化，公共体育服务需要具有良好的应变能力，对变化的需求进行及时有效的响应。在供给端，公共体育服务要优化资源配置，提高服务效率，使有限的资源能够更好地满足公众的体育需求。这需要公共体育服务有科学的资源管理机制，合理调配各类资源，提高资源利用率。同时，公共体育服务也需要保持服务的创新和更新，不断提升服务质量，增强服务的吸引力和满意度。

需求与供给的平衡，需要通过多种方法和手段来实现，如需求调查、资源审计、服务评估、反馈机制等。这些方法和手段需要结合公共体育服务的实际情况，进行科学设计和有效应用，才能真正实现需求与供给的平衡，推动公共体育服务的持续发展。

（二）公平与效率平衡理论

公平与效率平衡理论在公共体育服务中的应用，关注如何在满足公民平等接受体育服务的权利与提高体育服务效率之间找到一个合理的平衡点。在许多情况下，公平与效率可能出现冲突，如何协调这种冲突，使得公平与效率可以在公共体育服务中得到兼顾，是公共体育服务管理中需要解决的重要问题。

平等接受体育服务是公民的基本权利。这就要求公共体育服务在服务的提供上，不因公民的性别、年龄、身体状况、社会经济地位等因素的不同而存在差异。这意味着公共体育服务需要对服务的覆盖面、接入性、质量等方面进行控制，确保所有公民都能够在公平的条件下享受到公共体育服务。平等接受体育服务的权利深刻地反映在服务的覆盖面、接入性和质量这三个关键要素中。服务覆盖面是指公共体育服务应该覆盖所有的社区和个人，不因他们的社会地位、经济能力或是居住地的不同而存在差异。在这一点上，需要强调体育设施的分布必须公平。不同地区的公共体育设施和活动应该得到均衡的布局和投入，确保从城市到乡村，从富裕区域到经济较为落后的区域，每个人都能在附近找到合适的体育场所和活动。接入性关注的是公共体育服务的可获取性。服务的提供应当减少门槛，使其对每一位公民都易于接入，无论其年龄、性别、健康状况如何，也无论是否存在其他潜在的障碍。这需要保证体育设施的无障碍设计，提供符合不同人群需求的活动，以及尽可能地降低费用，使得每个人都有机会参与。质量则是衡量公共体育服务的另一个重要指标。公平的服务质量意味着，无论公民身处何种社会经济条件，他们都应享受到高质量的公共体育服务。这既包括设施的质量和活动的质量，也包括教练员的素质和服务态度。在公共体育服务中实现公平，不仅要求政府在政策制定和资源分配上做出努力，也需要社会各界的积极参与和持续关注。只有这样，才能真正实现每个公民都能平等接受到体育服务的目标。

效率则是公共体育服务运行和发展的关键。高效的公共体育服务可以更好地满足公众的体育需求，促进体育事业的发展。为提高公共体育服务的效率，需要优化服务的流程、改进服务的方式、利用先进的科技手段、提升服务人员的专业水平等。服务流程优化主要是指公共体育服务的设计和执行流程。一个有效的服务流程可以使服务的提供更加顺畅，降低无效的等待和重复的工作，节省时间和资源。例如，通过在线预约系统预订体育设施，可以减少现场排队等待的时间，提高使用效率。通过分时段提供服务，可以避免在高峰期的过度拥挤和在低峰期的资源浪费。服务方式改进关注的是公共体育服务的提供方式。根据公众的需求和习惯，采用更加适合、更加便捷的服务方式，可以提高公众的使用体验，增加服务的利用率。例如，提供多样化的体育活动，可以满足不同群体的需求；提供移动服务，可以使那些不能前往体育设施的人也能享受到服务。科技手段的利用是提高效率的重要手段。通过信息技术、网络技术、人工智能技术等，可以实现服务的数字化、网络化、智能化，提高服务的精准度、即时性和便捷性。例如，通过大数据分析，可以精确了解公众的需求，提供个性化的服务；通过云计算和移动互联网，可以实现服务的远程提供和实时反馈。服务人员的专业水平是影响服务质量和效率的重要因素。专业、熟练的服务人员，不仅可以提供高质量的服务，而且可以提高工作效率、节省时间和成本。因此，对服务人员进行专业培训，提高其业务能力和服务水平，是提高公共体育服务效率的重要措施。

公平与效率的平衡需要建立在对公平与效率的深入理解和科学分析的基础上。公平是一种价值目标，体现了社会公正和人权尊重的理念。效率是一种运行机制，体现了资源配置的合理性和服务质量的优劣。两者都是公共体育服务的重要目标，既有可能存在冲突，也有可能实现互动和融合。在实践中，需要依据具体情况，通过合理的政策设计和创新的服务方式，实现公平与效率的最佳平衡。

（三）短期与长期平衡理论

在公共体育服务中，短期与长期平衡理论主要关注如何在满足当前需求与考虑未来发展之间取得平衡。这个理论的重要性在于，它强调了在满足现在的体育需求时，必须同时考虑到对未来体育事业发展的影响，努力使两者达到平衡。

短期内，公共体育服务的主要任务是满足公民当前的体育需求。这就要求公共体育服务需要有高效的服务流程和优质的服务内容，以满足公民对体育活动的多元化需求。同时，公共体育服务还需要注意公民的体育需求可能会随着社会经济发展和文化变迁而变化，因此需要对公民的体育需求进行持续的监测和研究，以保证服务的即时性和精确性。长期来看，公共体育服务的关键任务是促进体育事业的持续发展和体育文化的传承。这就要求公共体育服务在服务的提供上，既要注重满足公民的体育需求，也要注重培育公民的体育习惯、提高公民的体育素养、发展体育的社会功能。同时，公共体育服务还需要保证资源的可持续利用，避免过度消耗或浪费资源，以保证体育事业的长期发展。

在实际操作中，短期与长期的平衡需要在政策规划、资源配置、服务提供等多个层面上得到体现。具体的做法可能包括制定有远见的体育政策、采用灵活的资源管理方式、实施全民参与的服务模式等。通过这些方式，可以在满足当前需求的同时，也考虑到未来的发展，实现公共体育服务的短期与长期平衡。

第三节　公共体育服务的影响因素

一、社会经济因素的影响

（一）社会结构变化的影响

在社会结构变化中，特别值得关注的是城市化和老龄化两个重要趋势。城市化的推进，使得人口逐渐集中于城市地区，产生出更加复杂和多样化的体育需求。对于公共体育服务来说，一方面需要提供多元化的体育活动，满足城市居民对于体育娱乐、体育锻炼、体育竞赛等多方面的需求；另一方面，需要在城市规划中合理配置体育设施，解决城市地区体育设施供不应求的问题。

老龄化的推进，使得老年人口比例逐渐增大，产生出更多的适老化体育需求。对于公共体育服务来说，一方面需要提供适合老年人的体育活动，如太极、健步走、舞蹈等，帮助他们保持健康和活力；另一方面，需要在体育设施的设计和改造中考虑到老年人的特殊需求，如安全、舒适、便捷等，保障他们能够方便地参与体育活动。同时，社会结构中的其他因素也对公共体育服务产生影响。比如教育水平的提高，可能会增加公众对于体育知识和技能的需求，对公共体育服务的教育和培训功能提出了更高的要求；收入差距的扩大，可能会导致体育需求的两极化，对公共体育服务的公平性和包容性提出了更大的挑战。因此，公共体育服务必须从宏观的社会结构变化中洞察公众的体育需求，适应和引导这些需求的变化，通过服务的创新和改进，实现与社会结构变化的良性互动。同时，也需要公共政策的引导和支持，形成一个健康的体育服务生态，让所有公民都能享受到高质量的公共体育服务。

（二）经济发展水平的影响

经济发展水平的提升对公共体育服务的影响是多维度的。宏观层面上，经济增长为公共体育服务注入了更为丰富的资源。由于公共财政收入的增加，政府能够提供更多更好的体育设施，如体育馆、运动场、游泳池等，让更多的公众能够方便地参与各种体育活动。此外，政府还可以增加体育活动的举办次数，如定期举办群众性的体育比赛、健身活动等，让更多的公众能够享受到体育的乐趣。同时，政府也可以提升体育教育和培训的质量和范围，通过体育教育，培养公众的体育素质，提高公众的体育能力，使更多的公众能够在体育活动中获取成功和成就感。体育文化的传播也是政府公共体育服务的重要任务，通过各种方式，如体育节目、体育公益广告、体育明星宣传等，可以传播体育精神，提高公众的体育意识，形成积极健康的社会体育氛围，推动整个社会的体育事业的发展。微观层面上，随着经济水平的提高，公众的收入也得到了提升。这使得公众有更多的经济能力去消费体育服务，如购买体育器材、参加体育健身会所、购买体育比赛门票等。此外，公众对体育服务的需求也更加多样化和个性化。他们不仅需要基本的体育设施和活动，还需要更专业的体育指导、更高级的体育设备、更丰富的体育体验等。这就要求公共体育服务能够提供更高质量、更多样化的服务，以满足公众的需求。这可能涉及体育设施的升级改造、体育活动的创新举办、体育人员的专业培训、体育服务的科技应用等多个方面。只有这样，公共体育服务才能真正满足公众的需求，提高公众的满意度，推动社会体育事业的发展。

经济发展水平的提高不仅意味着资源的增加，也预示着挑战的出现。尤其在经济发展不均衡的情况下，公共体育服务的差距可能进一步扩大。一方面，在经济发展较快的地区，公共体育服务得到了快速的发展，提供了丰富多样的体育活动和优质的体育设施，满足了公众的体育需求。另一方面，在经济发展较慢的地区，公共体育服务却面临着严重的资源短缺问题。体育设施的数量和质量无法满足公众的需求，体育活动的举办也无法保证。这种公共体育服务的差距，无疑会影响公众的体育权益。因此，公共体育服务必须在面对经济发展不均衡的挑战时，采取有效的措施来解决这个问题。一是精细化的管理。通过精细化的管理，可以对公共体育服务的提供进行更精确的控制，确保公共体育服务的公平性。例如，可以根据各地区的经济发展水平，制定相应的公共体育服务策略，以满足不同地区公众的体育需求。二是合理的资源配置。通过合理的资源配置，可以把有限的资源用在最需要的地方，以减少公共体育服务的差距。例如，可以优先将资源投入经济发展较慢的地区，提升这些地区的公共体育服务水平。三是公平的服务提供。公共体育服务必须保证公平性，确保所有公众都能享受到公共体育服务。这就需要在公共体育服务的提供过程中，遵循公平原则，确保所有公众，无论居住在哪个地区，都能享受到相同的公共体育服务。只有这样，才能在经济发展水平提高的同时，解决公共体育服务差距大的问题，让更多的公众享受到公共体育服务的福利，推动全社会体育事业的发展。

对于公共体育服务而言，不仅要关注经济发展水平的影响，也要关注经济发展方式的转变。在新的经济发展模式下，公共体育服务需要注重绿色发展，提高服务的效率和质量，通过科技创新，推动服务的智能化和个性化，以适应经济社会发展的新要求。

（三）社会文化环境的影响

社会文化环境会对公共体育服务产生深远影响，这一影响主要表现在两个方面：公众对体育服务的接受度和公共体育服务的供应策略。

在公众接受度方面，社会文化环境塑造了公众对体育的理解和价值观。对于将体育视为竞技活动的社会，公众可能更看重体育的竞争和成就感。在这种情况下，公共体育服务的供给可能更倾向于提供竞技体育的培训和活动，包括专业的体育教练、竞技性强的体育项目，以及具有挑战性的体育比赛等。同时，也可能注重体育精神的培养，通过体育活动来弘扬公平竞争、尊重对手、追求卓越等体育精神。而对于将体育视为健康和娱乐的一部分的社会，公众可能更关注体育的娱乐性和健康效益。在这种情况下，公共体育服务的供给可能更倾向于推广和普及大众体育。这可能表现为提供更多种类的体育项目，以满足不同公众的兴趣和需求，如健身、瑜伽、羽毛球、乒乓球等。同时，也可能注重体育的健康效益，通过推广体育活动来增强公众的健康意识、改善公众的生活方式、提高公众的生活质量。这两种不同的体育观念和价值观在很大程度上影响了公共体育服务的形式和内容，同时也反映了不同社会文化环境下公众的体育需求和期望。这对于公共体育服务的提供者来说，提供了有价值的信息，能帮助他们更好地满足公众的体育需求，提供更优质的体育服务。

在供应策略方面，社会文化环境影响了公共体育服务的供应策略。例如，对于性别平等的社会要求可能推动公共体育服务更加关注女性的体育需求。这可能会导致公共体育服务在规划和供应中更加重视女性的参与，提供更多的女性体育项目和服务。同样，对于福利主义的社会理念，它强调为所有人提供平等的机会和权益，特别是那些在社会和经济上处于不利位置的弱势群体。在公共体育服务中，这可能表现为对弱势群体体育需求的重视，包括对残障人士、老年人、低收入人群等特殊群体的体育需求。为了满足这些群体的需求，公共体育服务可能需要设计和提供特殊的体育项目和服务，例如，设置无障碍体育设施、开设适合老年人的体育课程，以及提供体育活动的经济支持等。这些社会文化环境的影响，使得公共体育服务在规划和供应中需要更加关注公众的多元化需求，采取更灵活和包容的策略，以适应不断变化的社会文化环境，满足不同公众的体育需求。因此，公共体育服务在规划、供给和评估过程中，必须全面考虑社会文化环境的影响。这包括了对社会文化环境中的体育价值观、体育观念和社会要求的理解，以及对这些因素在公共体育服务中的应用。只有这样，公共体育服务才能有效地满足社会和公众的体育需求，推动社会体育事业的健康发展。

二、政策环境的影响

（一）公共体育服务政策的影响

公共体育服务政策是指国家或地方政府针对体育服务领域所制定的政策，包括体育设施建设、体育活动组织、体育资源配置等各个方面。这些政策对公共体育服务的供给、质量、可达性和公平性等具有重要影响。

在过去的几年中，为了提升体育设施的优化，并推动体育产业向着高质量的发展方向前进，我国逐渐推出了一系列政策。例如，体育总局于 2021 年发布的《"十四五"体育发展规划》。该规划旨在提升体育市场监管体制的完善程度，具体化监管措施，并持续优化公共体育设施、体育赛事活动、运动技能培训、体育中介服务等重点领域的监管制度体系。同时，还将加大事中事后监管的力度。这份规划的推出，无疑对中国体育市场的监管体制进行了积极的推动，通过细化监管举措，既能增强对公共体育设施、体育赛事活动、运动技能培训、体育中介服务等领域的有效管理，也能够保证其公平性、公正性和透明性。事中事后的监管力度的加大，则意味着对于任何可能出现的问题和违规行为，都能进行即时的发现和及时的处置，有利于维护市场的正常运行秩序。表 1-1 为我国体育设施行业相关政策。

表 1-1 我国体育设施行业相关政策

发布时间	发布部门	政策名称	主要内容
2021 年 2 月	国务院	国务院关于新时代支持革命老区振兴发展的意见	提升公共文化和公共体育设施建设运营水平，优化广播电视公共服务供给和基层公共文化服务网络，建设一批体育公园，鼓励革命老区承办全国性、区域性文化交流和体育赛事活动
2021 年 3 月	全国人民代表大会	中华人民共和国国民经济和社会发展第十四个五年规划和2035年远景目标纲要	完善全民健身公共服务体系，推进社会体育场地设施建设和学校场馆开放共享，提高健身步道等便民健身场所覆盖面，因地制宜发展体育公园，支持在不妨碍防洪安全前提下利用河滩地等建设公共体育设施
2021 年 8 月	国务院	全民健身计划（2021—2025 年）	开发国家社区体育活动管理服务系统，建设国家全民健身信息服务平台和公共体育设施电子地图，推动省、市两级建立全民健身信息服务平台，提供健身设施查询预定、体育培训报名、健身指导等服务，逐步形成信息发布及时、服务获取便捷、信息反馈高效的全民健身智慧化服务机制
2021 年 10 月	中共中央	国家标准化发展纲要	制定公共体育设施、全民健身、训练竞赛、健身指导、线上和智能赛事等标准，建立科学完备、门类齐全的体育标准
2021 年 10 月	体育总局	"十四五"体育发展规划	完善体育市场监管体制，细化监管举措，不断完善公共体育设施、体育赛事活动、运动技能培训、体育中介服务等重点领域的监管制度体系，进一步加大事中事后监管力度
2022 年 1 月	国务院	计量发展规划（2021—2035 年）	加强体育设施和器材计量技术研究和测试服务，促进体育产业高质量发展
2022 年 1 月	国务院办公厅	"十四五"城乡社区服务体系建设规划	支持引导驻区单位向社区居民开放停车场地、文化体育设施、会议活动场地等资源

续 表

发布时间	发布部门	政策名称	主要内容
2022 年 5 月	中共中央办公厅、国务院办公厅	关于推进以县城为重要载体的城镇化建设的意见	优化文化体育设施，根据需要完善公共图书馆、文化馆、博物馆等场馆功能，发展智慧广电平台和融媒体中心，完善应急广播体系。建设全民健身中心、公共体育场、健身步道、社会足球场地、户外运动公共服务设施，加快推进学校场馆开放共享。有序建设体育公园，打造绿色便捷的居民健身新载体
2022 年 9 月	中共中央办公厅、国务院办公厅	关于新时代进一步加强科学技术普及工作的意见	充分利用公共文化体育设施开展科普宣传和科普活动
2023 年 2 月	中共中央、国务院	质量强国建设纲要	积极培育体育赛事活动、社区健身等服务项目，提升公共体育场馆开放服务品质

（二）宏观经济政策的影响

宏观经济政策，如财政政策和货币政策，也对公共体育服务有重要影响。这些政策可以影响到公共体育服务的财政来源，进而影响到服务的供给。

据《2023—2028 年中国社区体育产业投资规划及前景预测报告》显示，在 2020 年，中国体育产业的总规模（即总产出）达到了 27372 亿元，增加值达到了 10735 亿元。与 2019 年相比，总产出和增加值均出现了下降，分别降低了 7.2% 和 4.6%。其中，体育服务业的增加值为 7374 亿元，占体育产业增加值的比重达到了 68.7%，相较于上一年度提升了 1 个百分点。然而，情况在 2021 年得到了明显改善。全国体育产业的总规模（即总产出）增长到了 31175 亿元，增加值提升至 12245 亿元。与 2020 年相比，体育产业的总产出和增加值分别增长了 13.9% 和 14.1%。在产业内部构成方面，体育服务业的增加值进一步增加至 8576 亿元，占体育产业增加值的比重上升至 70.0%，比上一年度提升了 1.3 个百分点 ①。

2021 年 7 月 18 日，国务院发布了《全民健身计划（2023—2028 年）》。这项计划旨在通过更完善的全民健身公共服务体系，使得人民群众的体育健身更便利，激发人们的健身热情，提高各运动项目的参与人数，并设定了到 2025 年经常参加体育锻炼的人数比例达到 38.5% 的目标。计划还提出在县（市、区）、乡镇（街道）、行政村（社区）三级全面覆盖公共健身设施，建设完备的 15 分钟健身圈。每千人应有 2.16 名社会体育指导员，并设定全国体育产业总规模达到 5 万亿元的发展目标。随后的 2021 年 10 月，国家体育总局发布了《"十四五"体育发展规划》。该规划由 15 个部分组成，分为三大板块，对"十四五"期间的体育改革发展进行了全面部署。该规划以建设体育强国为目标，力求推动"十四五"期间体育重点领域实现高质量发展。2022 年 7 月，国家体育总局又发布了《关于体育助力稳经济促消费激活力的工作方案》。该方案从加大助企纾困力度和加大体育产品供给两个维度出发，提出了 42 项具体举措，如落实纾困政策、减免相关费用、加快资金执行、优化政府采购、降低融资成本、加大示范支持、加大赛事供给、丰富健身活动、吸引群众参与、推动场馆开放、优化体育彩票品种结构、加快投资建设、深化融合发展、促进体育消费、带动体育就业等。这些政策和规划的发布，无疑对中国的公共体育服务和体育产业发展提供了全面的指导和强大的政策支持，为实现高质量的体育发展铺平了道路。同时，它们也表明了政府对全民健身和体育产业发展的高度重视，显示出政府在体育领域的决心和行动力。

（三）社会福利政策的影响

社会福利政策是政府为保障公民基本生活权益、提高生活水平、推

---

① 2023— 2028 年中国社区体育产业投资规划及前景预测报告 [EB/OL]. (2023-06-29) [2023-07-26].https://www.baidu.com.

动社会公平和稳定所采取的一系列政策措施。这些政策的制定和执行，对公共体育服务也产生了深远影响。例如，杭州发布迎亚运惠民政策：公共体育场馆免费、低收费向社会开放，具体表现在：从2022年7月1日开始，所有亚运比赛场地和训练设施在公共利益的考虑下，按照全民健身、专业主导、学校开放和市场运营的模式向社会开放。这是对提高公众健身活动参与率和利用专业体育设施的新尝试，也是为了更好地服务社会和人民群众，将高质量的体育资源普及到广大群众中去。同时，政府也加大了对公众利益的保障力度，通过实施一系列惠民措施，如保证亚运场馆和公共体育场馆每周有不少于70小时的免费或低收费（收费标准不超过当地市场价格的70%）开放时间，全年免费或低收费向社会开放时间不少于330天。此外，公共体育场馆所属的户外公共区域及户外健身器材也实现了全天候开放。这些政策的实施，旨在促进公众的体育参与度，提高公众健身活动的便利性，且能够更有效地利用和管理体育资源，充分体现了公共体育服务的社会价值和公共属性。从2023年2月20日开始，全市共有1184所学校的体育场地（馆）对外开放，这些资源的开放进一步增加了公众健身的便利性。在这些设施中，有905个学校的室外体育场地全部实行免费对外开放，另有279个室内场馆也实施免费或低收费对社会开放的政策。这一政策的出台不仅充分利用了现有的体育设施，减少了公共体育设施的使用压力，同时也为公众提供了更多、更方便的健身选择。与此同时，还通过利用城市的"金角银边"区域建设"10分钟健身圈"。这种健身圈的建设，通过优化空间布局、完善设施配备，使得公众在10分钟内就可以到达健身设施，大大提高了公众的健身便利性。这一政策旨在使每个公民都能便捷地享受到体育健身的乐趣，增强公民的身体素质，促进全民健身活动的发展。这种全方位、多层次的体育服务供给，无疑是对公共体育服务理念的深刻体现。

为了响应国家《公共体育场馆基本公共服务规范》的要求，并推动公共体育场馆向社会免费或低收费开放，黑龙江省依据国家资金管理办法，制定了《黑龙江省公共体育场馆向社会免费或低收费开放补助资金实施办法》。该办法的制定为公共体育场馆向社会免费或低收费开放提供了清晰的制度保障。黑龙江省根据该办法下达了 2023 年第二批公共体育场馆免费或低收费开放补助资金，金额为 294 万元。这笔补助资金将继续支持全省 70 家公共体育场馆的免费开放。这不仅有助于公共体育场馆的运营，降低其运营压力，同时也进一步推动了公共体育服务的社会化、普及化，使更多的公众有机会接触到各类体育活动，享受到体育带来的乐趣和健康。这种补助资金的提供形式，既体现了政府对公共体育服务的高度重视，又以切实的行动保障了公共体育场馆的免费或低收费开放政策的落实，为公共体育服务的发展提供了有力的支持。

三、技术进步的影响

（一）信息技术的影响

信息技术对公共体育服务的影响可见一斑，特别是在群众层面上。互联网的普及与移动设备的广泛使用为大众提供了一种新的获取体育信息和服务的方式。这一变化使得体育活动不再受限于特定的场地和时间，大大增加了人们参与体育锻炼的便利性。例如，云健身作为一种新的公共体育服务形式得到应用和普及。通过智能手机或其他移动设备，用户可以方便地获取到各种在线健身课程，包括但不限于瑜伽、力量训练、有氧运动等。这些健身课程提供了丰富的选择，满足了不同年龄、性别和健身需求的人群，无论是初级健身者还是资深运动爱好者，都能找到适合自己的课程。

虚拟现实（VR）和增强现实（AR）技术的应用，提供了一种新颖的公共体育服务模式，使得用户能够跨越物理界限，体验到各种运动场景。例如，通过 VR 眼镜，用户可以感受到置身于专业健身房的体验，进行全方位的健身训练。这种体验不仅真实，而且是沉浸式的，有助于增强用户的运动动力和乐趣。此外，AR 技术能够将虚拟的运动教练、运动指南等信息融入实际的环境中，为用户提供实时的运动指导和反馈。这不仅可以帮助用户更好地掌握运动技巧，提高运动效率，也可以在一定程度上避免因为动作不准确导致的运动伤害。另一方面，信息技术的发展对公共体育服务的形式和内容提出了新的挑战。传统的公共体育服务通常依赖于固定的场地和设施，而在现代社会，用户对于体育服务的需求更为多元和个性化。他们希望能够随时随地进行健身活动，享受到个性化的运动指导和服务。这就需要公共体育服务进行创新和改革，利用信息技术提供更加灵活和便捷的服务。例如，一些体育服务提供商已经开始采用人工智能和大数据技术，根据用户的个人特征和健身习惯，为他们提供定制化的健身计划和建议。这种服务既能满足用户个性化的需求，又能提高他们的健身效果和满意度。

信息技术的发展为公共体育服务带来了新的可能性，通过创新和应用，未来的公共体育服务将会更加贴近用户的需求，为他们提供更加丰富和高效的体育体验。

（二）体育科技的影响

在 21 世纪，体育科技的进步正在深刻地改变公共体育服务的提供方式和使用者的体验。其中，智能健身器材和可穿戴设备的应用为公众提供了更为便捷、个性化和高效的体育服务。

智能健身器材以其高科技、个性化的特点，引领着体育健身的新趋势。这些器材通常集成了传感器和智能算法，能够实时监测并记录使用者的运动数据，如运动时间、运动强度、消耗的卡路里等。通过对这些数据的分析，器材可以为使用者提供科学、合理的运动建议，帮助他们更有效地达到健身目标。比如，一些高级的跑步机可以根据使用者的体质和健身目标，自动调整运行速度和坡度，以保证运动的效率和安全性。

可穿戴设备，如智能手环、智能运动鞋等，更是将科技与体育紧密结合在一起。这些设备通过内置的传感器，可以实时监测使用者的运动状态和健康状况，如心率、血压、睡眠质量等。通过这些数据，使用者可以更深入地了解自己的身体状况，对自己的健身活动进行更好的规划和调整。此外，这些设备还可以通过与智能手机的连接，为使用者提供更多的服务，如运动数据的追踪、运动成果的分享等。同时，体育科技的发展还带动了大数据技术在公共体育服务中的应用。通过收集和分析大量的运动数据，服务提供者可以更精准地了解公众的体育需求，为他们提供更个性化、满意的体育服务。例如，一些体育中心已经开始利用大数据技术，对会员的健身习惯和效果进行深入分析，为他们提供更个性化的健身计划和指导。

（三）创新型技术的影响

新兴的创新型技术如人工智能（AI）、物联网（IoT）和区块链技术正在逐渐改变公共体育服务的面貌，它们的应用不仅提高了体育活动的效率，还为公众提供了更加多元化和个性化的体育服务。

人工智能在体育训练和比赛中的应用，特别是在数据分析和战术策划方面，已经得到了广泛的认可。例如，一些足球队利用人工智能技术，对比赛数据进行深度分析，提出优化队员配置和比赛策略的建议，从而提高了球队的竞技水平。在公共体育服务中，人工智能也可以用于运动数据的收集和分析，帮助服务提供者了解公众的运动习惯和需求，为他们提供更为个性化的服务。物联网技术也正在改变公共体育服务的提供方式。通过将各种体育设施和设备连接到互联网上，服务提供者可以实时监控设备的使用情况，进行智能化的管理和调度。例如，通过分析健身房的使用数据，可以优化器材的配置，提高健身房的使用效率。此外，通过物联网技术，公众也可以更方便地预约和使用体育设施，提升了体育服务的便利性和满意度。区块链技术在体育产业中的应用虽然还处于初级阶段，但其潜力已经开始显现。例如，区块链技术可以用于运动员的数字身份认证和体育赛事的票务管理，保证公共体育服务的公平性和透明性。另外，通过区块链技术，也可以建立一个去中心化的体育社区，让公众可以参与体育活动的组织和管理，增加了公众的参与感和归属感。

　　创新型技术的发展正在深刻地影响公共体育服务的提供方式和使用者的体验。在未来，随着这些技术的进一步发展和应用，公共体育服务将更加智能化、个性化和民主化，更好地满足公众的需求，提升他们的健康水平和生活质量。

第二章 公共体育服务的组织与管理

第一节 公共体育服务的组织体系

一、公共体育服务的组织体系的演进历史

（一）政府投入一元化

中华人民共和国成立之初，我国模仿苏联及东欧国家的体育组织模式，塑造出了集中型的行政体育管理体系，即政府管理型体育体系。此体系的特征是，从中央到地方，设立了各级的政府体育机构，包括体育行政管理机关和体育事业单位。这种行政型体育管理体制决定了我国体育组织的基础架构。在此体制下，中央和地方政府体育部门负责制定和实施国家体育政策，监督和管理全国性和地方性的体育事业规划以及发展，并投资建设全国性和地方性的体育基础设施。与此同时，各级体育事业单位在同级政府体育主管机关的领导和监督下，为社会提供公共体育服务，扮演着政府的体育生产"车间"的角色。在计划经济体制下，体育主管机关及其下属的体育事业单位成为提供公共体育服务的唯一主体，因此公共体育服务的组织体系表现出了一元化的特征。在这个阶段，政府全权承担了所有的体育事务，包括管理和服务的职能。体育社团的数量有限，缺乏实质性的职权，只是名义上的组织。体育事业被视为一

项纯福利性的事业，体育经营组织几乎不存在①。这个阶段的公共体育服务体系充分体现了计划经济体制下的特点，政府是唯一的体育服务提供者，体育社团和体育经营组织的功能和作用被严重削弱。

在中华人民共和国成立初期，由于经济的相对落后，政府选择了公共体育服务的一元化组织体系。这个体系在短时间内为我国的体育事业发展奠定了基础，构建了众多的体育组织和基础设施。这种模式的采用既是社会主义计划经济体制的决定，也是对这种体制的适应。政府的这种单一行政命令方式，保证了体育领域的意识形态同质性，强有力地控制了体育投资的主体，集中力量处理重大问题②。然而，这种模式也有其局限性。例如，政府过度追求规模化、轰动式的体育活动，忽视了公众对体育的实际需求。此外，政府对体育事业的独家投资也抑制了体育多元化的形成和发展，使得公共体育服务处于较低水平的发展阶段。我国的地理环境、自然条件、经济发展水平各异，因此公共体育服务产品既有共同性，也有一定的差异性。政府的一元化管理虽然有利于公共体育服务发展的统一性，但是抑制了公共体育服务的供应主体、内容和方式的多样性。因此，这种政府包办的公共体育服务组织体系，使得公众享受的公共体育服务处于较低的水平③。

可以看出，虽然政府一元化的公共体育服务组织体系在短时间内推动了体育事业的发展，构建了一系列的体育基础设施，但是也存在一些问题，如忽视了公众的实际需求，抑制了体育的多元化发展，限制了公共体育服务的水平等。因此，改革和完善公共体育服务的组织体系，提

---

① 张燕，郭修金，杨斌．我国公共体育服务组织体系的演进历程及模式建构[J]．上海体育学院学报，2015（3）：5．

② 张燕，郭修金，杨斌．我国公共体育服务组织体系的演进历程及模式建构[J]．上海体育学院学报，2015（3）：5．

③ 高红香．苏州市全民健身公共服务体系建设的研究[D]．苏州：苏州大学，2023．

高公共体育服务的水平，满足公众日益增长的体育需求，成为我国体育事业发展的重要课题。

（二）探索社会化、市场化

中华人民共和国的第二个公共体育服务组织体系发展阶段可以被定义为社会化、市场化的探索阶段。随着党的十一届三中全会的召开，我国开始了改革开放，公共体育服务的社会化改革步伐也随之加快[①]。在1986年，《国家体委关于体育体制改革的决定（草案）》提出，需要重视体育的社会化环节，克服体育过分依赖国家集中办的弊端，形成全社会办体育的新格局。由于我国地域广阔，东西部及城乡的发展不平衡，全国性和地方性公共体育服务的供给方式存在显著差别。这种差别是由我国独特的国情所决定的。根据社会化的内涵和改革要求，需要打破政府部门垄断公共体育服务的局面，形成以政府为主导，各种社会主体共同参与的公共体育服务供给格局。一方面，需要让传统的体育事业单位回归社会，成为在法律规范下从事公共体育服务的独立主体，发挥主体作用在公益性体育服务领域。另一方面，需要进一步调动各类社会组织办体育的积极性，使之成为一般性公共体育服务的供给主体。[②] 公共体育服务的社会化改革能够缓解广大人民群众日益增长的体育需求与供给不足之间的矛盾，激发各种社会主体参与公共体育服务的积极性，有效保证向公众提供内容丰富、优质高效的公共体育服务。这种社会化、市场化的改革模式有利于提升公共体育服务的质量和效率，满足人民群众多样化的体育需求，推动我国体育事业的全面发展[③]。

---

① 谭淼.我国体育产业发展审视及其与大众健身互动关系探讨[J].沈阳体育学院学报，2015（4）：5.

② 郭惠平，唐宏贵，李喜杰，等.对我国公共体育服务社会化改革的再思考[J].武汉体育学院学报，2007（11）：6.

③ 任波，戴俊."双循环"新发展格局下中国体育产业高质量发展：逻辑，动力与路径[J].体育学研究，2021（2）：10.

公共体育服务的市场化改革被视为利用市场规律对公共体育资源进行优化配置的重要策略，而非将公共体育服务供给一味地推向市场。在此过程中，政府主导的角色至关重要，其中包括加强市场监管、规范市场秩序，并为不同人群的不同体育需求提供更丰富多样、个性化的体育服务。在寻求政府公共体育服务职能和市场机制有效结合的市场化改革过程中，西方发达国家已形成了各具特色的市场化形式。这些形式包括合同出租、公私合作、完全商业化、凭单制等[1]。这些丰富的市场化手段是发达国家公共体育服务市场化成功的重要基础，并对中国公共体育服务的市场化改革具有重要的参考价值和借鉴意义。在鼓励公共体育服务社会化、市场化的过程中，政府体育部门也在不断进行职能转变。其一方面组织和发动体育社会组织丰富了公共体育服务内容，另一方面引入市场机制以提高公共体育服务的供给效率。然而，也应注意到，在推行公共体育服务社会化、市场化改革过程中，政府在制定和执行法规政策的能力上有所削弱，对加强市场监管的职责也有所忽视。在这一背景下，我国在追求公共体育服务市场化的同时，也需要关注并解决市场化改革过程中可能出现的问题，包括市场监管不足、体育资源分配不均等问题。只有通过全面、深入的市场化改革，才能实现公共体育服务的优化，提升其效率和质量，以满足人民群众的多元化体育需求[2]。

（三）政府、市场、社会多元化

中国特色社会主义市场经济体制的确立与完善，已经逐步渗透到文化教育、医疗卫生等公共服务领域。在公共体育服务领域，公共体育服务的组织体系也经历了从政府一元化到社会化、市场化，再到多元化的过程。这意味着公共体育服务的组织体系由政府一元体系发展为政府、

① 刘玉.发达国家体育公共服务社会化改革经验及启示[J].西安体育学院学报，2011（3）：294-300.

② 张燕，郭修金，杨斌.我国公共体育服务组织体系的演进历程及模式建构[J].上海体育学院学报，2015（3）：5.

市场和社会组织共同构成的三元体系。这一转变实质上是公共领域治理结构的多元化。多中心治理模式强调了政府的作用是有限的，并主张在政府、市场和社会三维框架下建立多中心治理模式。这一模式形成了一个具有多个决策中心的治理网络，包括公共体育服务在内的公共服务领域的改革，都需要在调整政府与市场、社会的关系时，充分利用市场和社会力量，提高公共部门提供公共服务的质量和效率。公共体育服务的提供，既需要发挥政府的主导作用，又需要适当引入市场竞争，建立政府主导、社会参与、适度竞争、监管有力的公共体育服务体制。具体来看，政府主要是提供具有普遍意义的基本公共体育服务，包括制定相关政策和服务标准、保护各类人群的体育权益、建立公正合理的基本公共体育服务体系等；市场组织主要是提供具有个性化、商业化特征的公共体育服务；社会组织则主要提供具有志愿性质的公共体育服务，以填补政府和市场供给的不足和盲区[①]。在此背景下，政府、市场和社会三元体系下的公共体育服务领域需要继续完善其运行机制，建立和强化政府、市场和社会三者间的合作关系，以确保公共体育服务的持续、高效提供。同时，还需要在提高公共体育服务效率的同时，保持其公益性，满足不同群体的体育需求，促进体育公平与公正。

在公共体育服务运行过程中，政府不仅需要负责政策的制定和资金的保障，也需负责具体服务的生产。然而，随着社会主义市场经济体制的不断完善，市场上的相关企业开始进入公共体育服务领域。这使得公共体育服务供应主体的筹资方式和渠道日益多样化，而市场内部的良性竞争则提高了体育资源的配置效率。其中，可实现产业化的公共体育服务部分，主要通过体育企业或其他提供体育服务的企业采用市场运作的方式进行提供。这些企业除了提供基础的公共体育服务外，还根据市场

---

① 张燕，郭修金，杨斌．我国公共体育服务组织体系的演进历程及模式建构[J]．上海体育学院学报，2015（3）：5．

规律自主运营，以满足公民对更高、更多体育需求的追求。政府会通过制定相关政策，鼓励并引导这些企业为社会提供丰富、优质的公共体育服务产品。同时，体育社会组织的主动参与，能在一定程度上弥补政府和市场难以覆盖的领域，满足广大群众多元化的体育需求，降低政府的行政成本，并提升体育社会组织的能力。因此，政府应当充分放权，建立一个由政府、市场和社会组织共同构成的公共体育服务组织体系多元模式[①]。在这个模式下，政府、市场和社会组织都有其独特的作用。政府的作用主要在于制定政策、提供资金保障和提供基本服务；市场主体，包括体育企业和其他相关企业，通过市场运作方式，提供具有商业价值的体育服务；而社会组织则通过志愿服务等形式，弥补政府和市场无法覆盖的服务领域，满足社会多元化的体育需求。

这种多元模式能够更好地满足社会各类人群的体育需求，提高公共体育服务的质量和效率，同时也有助于推动公共体育服务的创新和发展。但在实施过程中，也需要注意维护公共体育服务的公平性和公正性，防止市场化和社会化进程中可能出现的问题，如服务质量下降、价格上涨、服务覆盖不均等问题。同时，政府还需要通过加强监管和立法，规范市场行为，保护消费者权益，促进公共体育服务的健康发展。

二、公共体育服务的组织体系的模式构建

（一）政府与市场：掌舵者与划桨者

全面深化改革的关键问题在于如何确定政府和市场在公共体育服务中的角色。《中共中央关于全面深化改革若干重大问题的决定》明确指出，政府应强化对发展战略、规划、政策、标准的制定和实施，增强对市场活动的监管，以及各类公共服务的提供。同时，政府应推动政府购

---

① 沈克印.政府与体育社会组织协同治理的地方实践与推进策略——以常州市政府购买公共体育服务为例[J].武汉体育学院学报，2017（1）：8.

买服务的方式，引入竞争机制，通过合同、委托等方式向社会购买服务。历来，政府的体育部门一直承担着公共体育服务的供给，全程参与从投资、生产到供给、评估的整个过程，然而，这种"政企不分"的模式效率低下，已无法满足人民群众日益增长的公共体育需求①。因此，将公共体育服务外包给市场运作，已成为体育领域的常见做法。在这一过程中，政府的角色应从全程参与转变为"掌舵者"，集中精力和时间，牢牢把握公共体育服务的目标性和根本性任务，而不是过于关注具体性、细节性的事务，这些任务应由市场来完成。在这个模式下，政府和市场分别扮演着"掌舵者"和"划桨者"的角色。政府作为"掌舵者"，负责制定和实施发展战略、规划、政策和标准，监管市场活动，保证公共体育服务的质量和公平性，以满足人民群众的基本体育需求。同时，政府通过购买服务的方式，引入市场竞争机制，以提高公共体育服务的效率和满意度②。而市场作为"划桨者"，负责具体的公共体育服务的生产和提供，根据市场规律进行自主经营，以满足人民群众日益增长的公共体育需求。市场的参与，不仅能够提高公共体育服务的效率和满意度，还可以通过市场竞争，推动公共体育服务的创新和发展。然而，政府和市场在公共体育服务中的角色定位，也需要根据具体情况进行灵活调整③。在一些领域，政府可能需要直接参与服务的提供，以保证服务的公平性和公正性；在其他领域，市场可能需要在政府的监管下，承担更多的服务提供任务。因此，政府和市场在公共体育服务中的角色并不是固定不变的，而是需要根据实际情况和发展需求进行适时调整的。

---

① 张燕，郭修金，杨斌.我国公共体育服务组织体系的演进历程及模式建构[J].上海体育学院学报，2015（3）：5.

② 林子.非营利体育组织参与体育公共服务的路径选择[J].体育与科学，2012（3）：4.

③ 孙锋.发达国家全民健身公共体育服务供给及启示[J].冰雪体育创新研究，2022（4）：3.

公共体育服务的运营和管理模式需要进行适应性的变革。为更高效地满足公众的体育需求，政府需要从过度烦琐的具体事务中解脱出来，更加关注于公共体育服务法律法规和政策环境的建设。此外，也需要充分调动市场主体的积极性和专业性，引入竞争机制，以提高公共体育服务的满意度和绩效。一种有效的方式就是通过委托生产、合同外包、特许经营等方式，将体育民生项目交由市场化的公司承担。这种模式不仅节约了人力资源和经费，提高了公共体育服务的效率，同时也能确保公共体育服务的社会效益。利用市场机制，政府可以充分发挥其自身在政策制定和监管方面的优势，而企业则可以发挥其在运营管理和专业技能方面的优势。例如，从 2012 年底开始，慈溪市探索将学校体育场馆向社会开放，并委托宁波文化广场华体体育发展有限公司慈溪分公司进行第三方管理。该公司作为国有企业，具备丰富的体育场馆运营管理经验和良好的社会信誉。其负责学校体育场馆对外开放的日常管理、器材设施维护、开放时段水电费等支出，并配备必要的设备，如市民身份证读卡器、刷卡机等，建立第三方信息管理平台，确保市民能够凭"慈溪市全民健身卡"有序地进入校园进行健身。为了支持这项改革，慈溪市财政部门投入了 370 多万元资金，对体育场馆进行改造升级，主要用于安全隔离、灯光改造、地胶铺设等。对于相关场地的开放情况，政府按照人次进行经费补助，而收费则低于市场价的一半①。这种政府和市场相结合的方式，既保证了公共体育服务的质量和普及性，又提高了服务的效率和满意度，充分展现了政府和市场在公共体育服务中各自的优势。

在公共体育服务中，政府和市场的互动应当实现适当的均衡，从而满足公共需求并提高整体服务效率。政府需要调整其角色，转变从过度干预到促进市场机制的作用，与市场形成良性互动关系。而市场在参与

---

① 钱学峰，田茵，罗冰婷.学校体育场馆向社会开放的协同治理机制探析——以体育社会组织的功能释放为视角 [J].沈阳体育学院学报，2019（1）：8.

公共体育服务时，需要克服现有的障碍，无论是体育设施的建设、体育场馆的经营，还是政府委托的体育项目推广、业务培训和群众性体育竞赛的组织，都存在巨大的市场拓展空间。首先，应建立有效的激励机制，以增强企业参与公共体育服务的积极性，并提高政府公共体育服务的行政效率。通过合理的奖惩制度和市场机制，企业可以得到应有的回报，从而积极投身公共体育服务。同时，政府的效率也可以得到提高，更好地服务于公众。其次，政府需要科学研制公共体育服务的标准和规则，强化过程监管，以确保公共体育服务的效率和公平性。标准和规则的制定和实施不仅可以保证公共体育服务的质量和效率，还能规范市场的自发性和盲目性，保护消费者的权益。再次，政府在公共体育服务市场中的干预应适度，应尊重市场规律，尽可能减少对公共体育服务市场的决策性干预，除非市场自身无法调整。过度的政府干预可能会扭曲市场机制，对公共体育服务的效率和公平性产生负面影响。最后，政府和市场应实现互相依存的关系。政府的规划和监管以及市场的自主运作和创新是公共体育服务质量提高和市场拓展的双重动力。通过这种方式，公共体育服务的建设才可能成为现实。

政府与市场在公共体育服务中的协作关系应当是基于对各自角色的准确理解和适度调整的[①]。政府需要制定合理的政策和标准，以引导和规范市场行为；市场需要积极响应并适应政策引导，扩展服务范围和提高服务效率。这样，政府和市场才能实现在公共体育服务中的良性互动，更好地满足公众的体育需求，推动公共体育服务的持续发展。

（二）政府与社会：官民合作与共同治理

公共体育服务的供应应该是政府、市场和社会组织的协同合作。在西方发达国家，社会体育组织展现了其独特的优势，这些优势是政府和

---

① 李李，钟翔.全面建成小康社会目标下农村体育公共服务政府供给研究 [J].渭南师范学院学报，2021（11）：59-63,73.

市场无法取得的。由于更接近民众，社会体育组织能更好地理解公众的体育需求，并灵活多样地提供公共体育服务。政府在公共体育服务中的角色更偏向于提供基本性、公共性和普惠性的服务。这种角色定位使政府在基本公共体育服务的供应方面有优势，能够发挥规模经济和资源动员的优势。然而，当服务需求更个性化、特定人群的需求更明确时，政府的服务可能会出现信息不通、定位不准的问题。相比之下，社会体育组织由于接近民众，更容易获取需求信息，更容易做到定位精准，能够提供更加个性化的服务。

公共体育服务供应的多样性和差异性被政府部门式供应忽视，导致服务的错位和缺位。企业追求最大利润和市场最大效益，使得它们在公共体育服务的生产和供应方面缺乏积极性和主动性。体育社会组织的多样性、广泛覆盖和灵活性使其能够填补公共体育服务供应的空白，并发挥其独特的作用。一方面，需要树立官民合作共治的理念。政府可以在某些公共体育服务领域有选择性地、部分地退出，并主动寻求与体育社会组织的合作，以形成一个优势互补、相得益彰的发展格局①。这将需要政府根据地区和群体的需求多样性，制定针对性的政策，以允许体育社会组织在供应公共体育服务的过程中发挥其独特的作用。另一方面，需要明确政府与体育社会组织的权责关系。虽然体育社会组织有追求自身利益的冲动，并且在公共体育服务供应的过程中存在志愿失灵的潜在风险，但是政府可以通过采取委托、购买体育社会组织公共体育服务等方式进行规章制度的顶层设计，防止体育社会组织供给出现偏差。政府需要界定其管辖范围，设计委托、购买、评估、问责等相关程序，并明确公共体育服务项目和标准，以确保公共体育服务的质量和效率。

除此之外，积极培养和发展体育社会组织也是非常有必要的。当政

---

① 董逢伟.山西省城乡基本公共体育服务均等化现状与实施路径[J].运城学院学报，2021（5）：85-89.

府强化对体育社会组织的支持时，也需要借助政策、经济和法律手段对这些组织进行规范和管理，以保证体育社会组织能向广大群众提供高质量的体育服务，并满足其多样化的体育需求。例如，江苏省常州市在建设基本公共体育服务体系的过程中，充分发挥了体育社会组织的作用，并建立了"政府主导、社会参与、全民共享"的机制。成功的实践证明，应推行"3+2"模式，即在每个乡镇（街道）设立体育总会、老年人体育协会和社会体育指导员协会，以及至少2个单项体育协会，以实现体育社会组织在乡镇（街道）的全覆盖。为了进一步推动体育社会组织的专业化和规范化，可以通过等级评估、购买服务、免费培训等措施，促使这些组织为居民提供丰富多彩的公共体育服务。这种方法的优点在于，它鼓励并利用社区层面的资源和能力，促进公共体育服务的普及和多样性，提高了公众参与体育活动的机会。此外，此方法也提供了一个有效的方案，以解决政府部门对公共体育服务需求多样性和差异性的忽视，以及企业在公共体育服务的生产和供应方面的积极性和主动性不足的问题。

公共体育服务的有效提供需要政府、企业和社会组织的共同努力和合作。在此过程中，政府的角色不仅仅是服务的提供者，而且是市场和社会力量的组织者和协调者，要确保公共体育服务的普及性、公平性和高质量。同时，政府需要借助各种政策工具，如经济激励、法律规定和行政规章，来调动与引导市场和社会力量，以提供多样化、个性化和高质量的公共体育服务。

（三）政府与体育事业单位：管办分离与政事分开

长久以来，中国的体育事业单位承担了大量的公共体育管理和服务功能，甚至包括公共体育产品的生产和供给。然而，随着市场经济体制的不断完善和改革的深入，这种政府几乎掌握全部社会资源的体制已经发生了根本性的变化。在此背景下，政府、市场和社会已经开始出现分化，政府对体育组织和机构的控制和支配能力已经不再是绝对的。1989

年，全国体委主任会议首次提出了体委职能转变的观念，要求实行行政和事业分开的原则。从中央到地方，各级政府开始对此进行探索。1993年，地方政府体育行政"管办分离"进入了具体的操作阶段。其中最主要的标志是设置了事业单位社会体育指导中心，形成了"政府管、单位办"的模式，即主管部门与事业单位之间形成了直接的对接关系。这个模式的主要特点是，政府通过行政管理机构负责制定体育政策和规划，对体育服务进行监管和指导，而具体的体育服务的提供和运营则由具有专业技能和能力的体育事业单位来完成。这样，政府和体育事业单位的关系更加清晰，各自的职责和任务也更加明确。这种"管办分离"模式对于推动我国公共体育服务的改革和发展具有重要的意义。首先，它有助于政府将更多的精力和资源集中于体育政策的制定和监管工作上，而不是直接参与体育服务的运营和管理，这对于提高政府工作效率和效果具有重要作用。其次，通过将体育服务的提供和运营工作交给体育事业单位，可以充分发挥这些单位的专业技能和能力，提高体育服务的质量和效率。同时，这种模式还有助于促进体育市场的竞争和创新，提高体育服务的多样性和满意度。

1998年的政府机构改革中，国家体委被改为国家体育总局，且体育总局内只设立了竞技体育司，负责对运动项目的宏观管理，而所有的99个正式运动项目全部被划归到运动项目管理中心，实行管办分离的模式。例如，篮球、排球、足球等运动项目管理中心，除了组建国家队参加各级国际比赛、建设各级运动队和培养后备人才之外，也承担着在全社会推广和普及篮球、排球、足球等运动项目的公共体育服务[①]。这是各运动项目管理中心应尽的职责，但目前这方面的工作仍有待提升。另外，《全民健身计划纲要》要求在县级以上的体育部门设立社会体育指导中心。

---

① 张燕，郭修金，杨斌.我国公共体育服务组织体系的演进历程及模式建构[J].上海体育学院学报，2015（3）：5.

该中心的主要任务是根据国家的体育方针、政策、法规，全面管理和指导全国社会体育指导员、老年人、企业职工等人群的体育活动。这些改革措施表明，我国政府正在寻求更为科学、高效的体育服务管理模式，同时强调体育机构要承担起公共体育服务的责任，推广和普及各类运动项目。这一方向符合国家提倡全民健身、提高全民健康水平的大政方针。同时，县级以上设立的社会体育指导中心，通过组织和指导全国社会体育指导员和各类人群的体育活动，起到了引导和推动公众参与体育活动，积极享受体育带来乐趣和健康的作用。

在 2004 年修订的《事业单位登记管理暂行条例》中，事业单位被定义为以社会公益为目的，由国家机关举办或者其他组织利用国有资产举办，从事教育、科技、文化、卫生等活动的社会服务组织。体育事业单位作为事业单位的一种，其核心职责就是提供公共体育服务。在构建新型公共体育服务组织体系以适应社会主义市场经济体制时，一方面要明确政府和体育事业单位之间的权利与义务关系，以及政府对体育事业单位的管理办法和内容。在这里，体育主管部门应承担起制定相关公共体育服务的政策法规、行业规划、标准规范和监督指导等职责，切实落实体育事业单位法人治理。另一方面，要不断强化体育事业单位的公益属性，按照政事分开、管办分离原则进行科学分类，依据体育事业单位的职能分工与产出性质，推动体育事业单位的改革。最后，政府部门需要创新管理方式、改进管理手段、提高行政效能，运用行政、经济、法律、技术等多种管理手段，提升政策调节、市场监管、社会管理和公共服务能力，为体育事业单位提供公共体育服务创造条件。

以上的观点反映了政府在公共体育服务领域的主导地位，同时也显示了体育事业单位在提供公共体育服务过程中的重要角色。为了更好地执行这一职责，政府和体育事业单位需要加强合作，明确各自的角色和责任，创新管理方式，提高管理效率，最终推动公共体育服务的发展。同时，政府需要通过法规和政策的制定和执行，为体育事业单位提供一个有利的运营环境，以便更好地满足社会对公共体育服务的需求。这种需求既包括具体的体育活动和服务，也包括对提高全民健康水平和生活质量的期待。

第二节　公共体育服务标准化建设的管理保障机制

一、落实公共体育服务标准化建设的政策保障

（一）加快标准的制定、颁布与实施

公共体育服务的标准化建设是一项重要的政策工作，其实施的有效性和影响力取决于标准的制定、颁布与执行。《国家标准化体系建设发展规划（2016—2020 年）》已经清晰地指出了标准化战略的全面实施和增强标准的有效性、先进性和适用性的重要性。这样的重要性使得国家和地方体育行政部门对于制定公共体育服务标准的工作投入了更大的精力，且采用立法形式进行颁布实施，使之具备法律效力，保障标准的执行与落地。这是通过制度设计与法律手段相结合的方式，赋予标准以权威性，使得公共体育服务能够在明确的标准指引下发展，降低运作中的模糊性与不确定性，提高服务质量与效率。单一的体育行政部门或是地方政府并不能完成这项庞大的工作，这需要跨部门、跨领域的合作。在实施过程中，体现系统化原则至关重要，需要将各部门、各领域的专业知识与实践经验整合，统筹考虑各个因素，进行全方位的优化，使标准的实施既能满足程序性的要求，也能实现效益最大化。在内容上，公共体育服务标准需要广泛覆盖各类服务，每一项标准都具备特定功能，需要细致入微的工作以满足不同层次、不同领域的需求。因此，标准的协调性就显得至关重要。为此，需要对每一项标准都进行科学、合理的定位，使得各项标准能够相互配合、互相支持，共同构建起完整、高效的公共体

育服务体系。此外，公共体育服务标准的制定必须始终坚持以社会公众需求为导向。只有真正满足社会公众的需求，才能使标准的制定与实施发挥出最大的效益。因此，公共体育服务标准的研发和改进，应该以满足社会公众的体育需求为主要目标，以此引领我国公共体育服务标准化工作的发展。

公共体育服务标准的实施依赖于严谨的制定要求、编写要求和程序流程。这一制度化的过程旨在保障标准的科学性、权威性和实施的可行性。而对于这些要求和流程的遵守，制度化的监督则发挥了至关重要的作用，确保标准制定与实施的准确性和高效性。实施公共体育服务标准是一个系统化的过程，它涉及公共服务的各个环节，需要集中多个部门和领域的专业力量。这样的工作任务超越了任何一个部门或组织单独能力的范畴，因此在执行过程中，必须恪守系统化的原则，全面统筹各个环节和各个领域的资源，以实现流程和效益的最优化。在推进公共体育服务意识和服务行为的健康发展方面，公共体育服务标准扮演了核心角色。每一项标准都是为了满足特定的功能需求，而所有的标准则构成了一个有机的整体，互相联系、互相制约。因此，对于标准间的协调工作极为重要，以确保各项标准能够协同工作，最大限度地发挥公共体育服务标准的效用。为了保证公共体育服务标准的有效性，其研发过程必须进行精准的定位，以社会公众的体育需求为导向。社会公众的需求是标准制定的基础，也是评价标准是否有效的重要标准。因此，在围绕社会公众的体育需求进行公共体育服务标准化工作的发展过程中，需要对公众需求进行深入研究，准确把握公众的体育需求变化，使得标准化工作始终保持与社会公众需求的高度匹配。

（二）调整优化体育经费使用的结构

公共体育服务标准的实施与持续发展，依赖于政府的经济支持。在这方面的投入，应遵循公平与效率兼顾的原则，将体育经费的结构进行优化与调整。在这一过程中，必须均衡考虑各重点区域体育资源的配置，同时也应该顾及社会责任以及公民利益的相关诉求。优化体育经费的使用结构，需要保障标准经费的投入。这包括公益性的公共体育活动、体育指导、体育组织、体质监测、信息咨询以及公共体育服务基础设施的建设等各个方面。尤其是这些公益性活动与服务，它们为社会公众的体育生活提供了必要的支撑，因此，保障这些方面的经费投入显得尤为重要。此外，还需尽可能达到或超过所设定的公共体育服务指标标准额度，以更好地满足社会公众的体育需求。如何实现经费使用的最优化并不是一个简单的问题。这需要从多个角度进行考虑。首先，需要对公共体育服务的具体需求进行深入理解与研究，明确各类体育活动与服务的实际需求情况。其次，要针对这些需求制定合理的经费分配方案，确保各项体育活动与服务能够得到充足的资金支持。最后，需要建立一套有效的经费管理与监督机制，确保经费使用的透明性与公正性。

　　国家和地方级别的政府以及相关财政部门必须将公共体育服务的经费需求按照标准的要求纳入国民经济和社会发展的整体预算中。这要求公共财政发挥其主导作用，以便弥补市场资源配置中的不足。作为提供公共产品和服务的国家财政工具，公共财政能够通过对资源的合理分配，改善市场的不完善之处。政府和财政部门应作为公共财政分配的主体，改变以往政府财政职能在公共服务领域的"缺位"和"越位"现象。要突出政府财政的公共性特征，将社会体育需求作为导向，建立标准投入的更新机制或稳定增长机制。这样可以确保公共体育服务经费的增长在总体经费中占据一定的比例。为了实现公共体育服务标准化的目标，必须增加对其的投入，积极争取政府财政资金，包括申请设立公共体育服务标准化建设的科研经费、专项补助经费以及农村专项发展基金等。同时，政府应注意转变资金的投入方式，逐渐从主要依赖人力资源投入转向事务投入，即财政投入由"养人"向"养事"转变。同时，从一般投入为主转向以项目投入为主，这样可以提高资金的使用效率①。除了公共财政的投入外，还可以通过多种方式获得额外的经费。例如，可以鼓励企业、社区和个人投资公共体育服务项目，通过这些方式吸引更多的资源投入公共体育服务的发展中。另外，可以引入公私合作模式，这既能降低政府的经济压力，又能利用私营部门的经营效率和创新能力，推动公共体育服务的发展。同时，可以设立相关的奖励机制，鼓励和激励各级政府和社会组织积极参与公共体育服务的提供。

二、健全公共体育服务标准化建设的法治保障

（一）推行标准化相关的新法律法规

为保障公共体育服务标准化建设的有效实施，必须在现有体育法规制度的基础上，加快公共体育服务标准化相关新法律法规的制定和推行。此举要求通过制度创新，以提升体育法规制度的完善度。对于此种创新，一种可行的方式是借鉴国内外公共体育服务标准化建设的成功案例，根据国情，转化为适应本国需求的制度并加以实施。这将为公共体育服务标准的实施提供法律支持，确保法规符合公众的需求。近年来，尽管出台了一系列重要的体育发展政策文件，但公共体育服务标准化建设方面的法律法规仍存在短缺。在制度层面，政府对公共体育事业的支持制度、社会体育组织的培育与支持制度、社会体育指导员的培养制度，以及体育场馆设施的建设管理制度等，均是当前亟须解决的问题。因此，以加快推进公共体育服务标准实施，提高公共体育服务水平和效率为原则的立法工作应被加快。通过立法形式，确定有关发展公共体育服务的国家政策，从而明确公共体育服务标准化相关单位的法律地位和义务职责，保障公共体育服务建设的投入。

①　陈小平，张宗云.建设文化强省的财政政策研究[J].福建论坛：人文社会科学版，2007（3）：4.

参考国际做法，可以制定公共体育服务的基本法，明确政府以及体育行政部门在公共体育服务标准实施过程中的职责。考虑到公共体育服务在区域间的发展不平衡，可以选择在经济较发达的地区先行制定和实施《公共体育服务标准保障条例》，以此来推动全国基本法的制定和实施。除立法工作外，还必须坚持依法管理，健全跨部门联合执法，为公共体育服务标准的顺利实施和高效运行提供良好的法治环境。例如，建立体育服务标准监督机构，负责公共体育服务标准的制定、修订、执行和监督工作，保证公共体育服务标准在各级体育行政部门和其他相关部门中的落实。同时，社区、企事业单位和个人也应当遵守公共体育服务标准，通过法律手段确保公共体育服务的公正、公平和公开。应建立公共体育服务诉求反馈机制，保障公众的知情权和参与权，实现公共体育服务与公众需求的最大符合。

（二）加强标准化建设过程中的监督检查

为保证公共体育服务标准化建设的有序进行，进行监督检查是至关重要的任务。这里的监督保障主要指通过监督行为纠正法治过程中的偏差，确保标准化建设按照预定方向进行。在此过程中，主要关注的是国家强制性公共体育服务标准的执行情况，以及各地区推荐性标准的实施情况。

公共体育服务标准实施的监督方式的四个核心部分包括标准制定者自我监督、公众监督、主管部门监督以及社会监督。每一个部分都具备特定的重要作用，并在推动公共体育服务标准化建设过程中扮演重要角色。标准制定者自我监督是指标准制定机构或个人对自身工作的评估与纠正。这不仅是对制定的标准进行内部评估，更包括对标准执行情况进行自我检验和纠正，以便及时发现和解决问题。通过内部监督，标准制定者可以对标准制定的完整性、公正性和实用性进行反思和调整，从而进一步优化公共体育服务标准。公众监督起到了客观评价和公正评估的作用。公众作为服务的最终接受者，其反馈和评价对于服务标准的实施及其效果的评估至关重要。公众可以通过多种方式表达对服务标准实施情况的观察和看法，如社交媒体反馈、满意度调查等。这样的信息反馈可以帮助标准制定者了解实施标准的实际效果，及时进行修正和优化。主管部门监督指的是由政府或相关主管部门对公共体育服务标准的实施进行检查和评估。这些部门通常拥有更多的资源和专业知识，能对服务标准的实施进行全面、深入的评估。这种监督不仅能够及时发现和纠正问题，还能通过对标准执行情况的详尽报告，为政策决策者提供重要的决策依据。社会监督是整个监督体系的重要补充。它包括来自各种社会组织和个人的监督。社会监督能够进一步扩大监督范围，对公共体育服务标准的实施情况进行更广泛、更多元化的评估。这也有助于在社会层面上形成对公共体育服务标准实施的共识，增强其实施效果。建立健全社会监督机制也是十分重要的一环，主要是加强社会力量对政府公共体育服务标准化工作的监督。可采用听证会、论证会或社会公示等方式收集公众意见，确保公共体育服务标准的实施规范有序进行。另外，利用现代化的网络技术，实现全民对公共体育服务标准的在线监督，也是一种有效的社会监督形式。此外，社会媒体、公众论坛和民意调查等方式，也能起到广泛的社会监督作用。在监督公共体育服务标准实施的过程中，这四类监督方式相互关联、相互作用，形成了一个动态的、全方位的监督体系。通过多元化的监督方式，可以更全面地把握公共体育服务标准实施的状况，有效推进公共体育服务标准化建设。

公共体育服务标准化建设过程中的监督内容可被细分为四个主要部分，包括权力的运用、公共体育服务管理者的守法问题、工作评价体系的完善，以及构建全民参与的网络监管平台。关于权力的运用，主要涉及对权力过度集中和行政委托权滥用的防范。过度集中的权力可能导致决策偏差，妨碍公正公开的体育服务标准的实施。对此，监督机制需设定一套透明、公正的权力分配原则，确保标准制定和实施的决策过程符合公众利益。同时，防止行政委托权的滥用也是监督的重要内容。公共体育服务需要有效的行政委托来运作，然而，如果未经恰当的监督，委托权可能被滥用，这就需要严密的监管体系来防范。公共体育服务管理者的守法问题也是监督的重要内容。管理者是体育服务标准制定和执行的关键人员，他们的行为直接影响公共体育服务的质量和效率。因此，需要严格要求管理者遵守法律法规，且通过持续的培训和教育提高他们的法治意识。通过建立健全的工作考核评价标准，以及实行抽查、信用评价、投诉举报等手段，可以强化督促检查和考核奖惩机制，使服务提供者始终保持对服务标准的高度关注，积极提升服务质量。此外，委托第三方机构对公共体育服务的实施进行监督管理也是一种有效的监督方式。构建全民参与的公共体育服务标准监督网络监管平台是第四个监督内容。通过网络监管平台，标准制定者、公众、主管部门以及社会各界都能参与公共体育服务标准的监督。这种全民监督的模式能够提升监督效率和公信力，使公共体育服务标准化工作更具透明性和公正性。

三、构建公共体育服务标准化建设的组织保障

（一）行政组织发挥主导作用

行政组织在公共体育服务标准化建设中发挥着至关重要的主导作用。它的主要职责是对标准执行过程中遇到的重大问题进行决策和部署，并在公共体育设施建设、财政拨款、经费来源等方面进行有效协调。由纵向和横向两种结构组成的行政组织，为公共体育服务标准化的实施提供了组织保障。

行政组织的纵向结构，即由市政府、市辖区政府以及区政府的派出机关街道办事处组成的"两级政府三级管理"模式，为公共体育服务标准化的执行提供了良好的组织架构。通过这种模式，公共体育服务标准能够在各级政府间得到有效的协调和执行，保证标准的顺利执行。市政府作为最高行政级别，对公共体育服务标准化提供总体方针和政策支持，制定统一的执行标准和政策，对下级政府进行督导和监督。同时，市政

府还负责协调各方面的资源，以保证公共体育服务标准化的顺利进行。市辖区政府作为中间级别，负责具体的执行工作，将市政府的政策和指导方针落地，保证标准化工作在区域内得以实施。这一级别的政府需要在执行过程中处理具体问题，协调各个街道办事处的工作，确保公共体育服务标准化的质量和效率。街道办事处作为基层管理机构，直接面对公众，是标准化服务的直接提供者。他们需要按照上级政府的要求，实施公共体育服务标准化工作，处理日常运营中的问题，收集公众的反馈，以便不断改进和提升服务水平。

行政组织的横向结构，即由不同功能部门构成的组织结构，为公共体育服务标准化的实施提供了一种多元化的、相互协作的机制，确保了在各个职能部门之间的协调和互补。以这种方式构建的组织，其各部门的角色和地位相同，管辖范围也相同，有利于形成协调一致的工作格局。在公共体育服务标准化的过程中，可以设立专门负责公共体育的职能部门，以便集中处理相关的问题。这个部门可以负责制定和维护公共体育服务的标准，协调其他相关部门的工作，例如教育部门、卫生部门、城市规划部门等，共同推进公共体育服务的标准化进程。此外，行政组织横向结构中的其他部门也有其独特的作用。例如，财政部门负责为公共体育服务的运行提供经费支持；教育部门可以推广公共体育服务，提高公众的身体素质和运动意识；城市规划部门负责为公共体育设施的建设和使用提供规划和指导。

为了提高公共体育服务标准的执行效率，行政组织需要根据工作要求，合理调整职能，明确各相关政府部门的职责分工，并明确与其他工作的关系。一方面，对职能定位进行优化，明确各相关政府部门的职责分工，这样可以减少不必要的工作交叠和重复，让每个部门都能够专注于自己的工作领域。例如，可以设定专门负责公共体育服务标准执行的职能部门，同时与其他相关部门（如教育部门、城市规划部门等）建立清晰的工作联系，形成互补协作的工作模式。另一方面，行政组织也应积极对现有的工作模式进行审视和调整。公共体育行政部门的管理虽然是核心，但在日常工作中，不应忽视其他部门对公共体育服务标准化工作的辅助和支持。对此，行政组织需要不断完善指导、统筹、协调、代管及挂靠等方面的制度和方式，以确保所有的工作流程都能够顺畅进行。在调整职能的同时，行政组织还需要对公共体育服务标准执行的进程持续关注。这不仅包括对标准实施的进度进行跟踪，还包括对标准实施效果进行评估，以便及时发现问题并进行改正。

（二）社会组织履行执行者角色

社会组织，通常指非政府组织或营利性企业之外的组织，根据其内部的结构和成员关系，可进一步分为正式和非正式的社会组织。在公共体育服务标准化的实施和管理中，社会组织扮演着重要的执行者角色，处于主体地位。

在公共体育服务标准化的推广和实施中，正式的社会组织和非正式的社会组织起着重要的作用。正式的社会组织有其固定的工作单位和正式的规章制度，这使其在推广和实施公共体育服务标准化工作中有更强的执行力和规范性，能够保证标准化工作的顺利进行。而非正式的社会组织则更具有灵活性和自由性，能够更好地适应各种复杂多变的环境和情况，为公共体育服务标准化的推广和实施提供更广阔的空间。正式的社会组织和非正式的社会组织应积极参与公共体育服务标准化的专业化和网络化建设，推动各级各类公共体育组织和健身网点实施公共体育服务标准，确保公众能够享有公共体育服务标准化工作的实施成果，提高公众对公共体育服务的满意度，从而提升公共体育服务的效率和整体水平。

在这个体系中，行政组织的纵向和横向结构，以及社会组织的正式和非正式组织，共同构成了推广和实施公共体育服务标准的重要组织保障体系。在公共体育服务标准化工作的推广和实施过程中，行政组织和社会组织需要协同工作，各层次的行政结构和不同功能的行政部门需要进行有效的协调和配合，正式和非正式的社会组织也要发挥自身的优势，共同推动公共体育服务标准化工作的进展。

四、探索公共体育服务标准化建设的信息保障

（一）构建公共体育服务标准"平台"与"通道"

公共体育服务标准化建设的成功需要信息化保障，构建公共体育服务标准的"平台"与"通道"具有重要的实践意义。通过这一机制，可以稳定公众对公共体育服务的预期，提升政府公信力，并且建立与国内外公共体育服务标准的交流与借鉴机制。此外，还可以实现公共体育服务标准高效、经济地传播，缩短新标准发布和未知标准的公众知晓周期，与其他区域的公共体育服务建立资源共享网络，以及与各级公众保持联系，构建直接的交流机制。构建这样的信息保障系统，以政府体育行政部门的公共体育服务标准资源服务平台为核心，分为三个层面。

1. 汇集并整合国内外公共体育服务标准化的信息资源

汇集并整合国内外公共体育服务标准化的信息资源是信息保障构建的首要步骤，这需要构建一个包容且开放的服务平台。该平台的设立旨在解决公共体育服务标准信息传播的分散与不畅问题。这个过程必须尽可能地使用互联网和新媒体技术，确保信息的广泛传播和快速反馈。此类平台通常包含多个子模块，其中包括但不限于新闻发布、文件下载、交流论坛、数据查询和用户反馈等。新闻发布子模块主要发布相关的政策法规、学术研究、最新标准和国内外公共体育服务动态等。文件下载子模块则为用户提供了一个方便的场所，可以在此处下载各种公共体育服务标准、相关的政策法规和学术论文等。交流论坛子模块是公众、专家学者和相关工作人员之间进行交流的场所。在这里，他们可以分享各自的看法和经验，发表建设性的意见，对公共体育服务标准进行深入的讨论。数据查询子模块则为用户提供了一个方便的工具，可以在此处查询各种公共体育服务标准的相关数据。用户反馈子模块是收集公众对公

共体育服务标准的反馈的重要场所。在这里，公众可以提交对公共体育服务标准的建议和意见，也可以对平台提出改进的建议。收集并整理这些反馈，将有助于公共体育服务标准化工作的进一步改进。为了进一步提升服务质量，该平台还可以与国外类似的平台进行链接，从而实现信息资源的共享。通过引进国外先进的公共体育服务标准和管理经验，以及分享我国在公共体育服务标准化工作上的成果和经验，既可以提升我国公共体育服务标准的国际影响力，也可以通过跨文化的交流和学习，促进我国公共体育服务标准化工作的进一步提升。

以上所述的各个子模块和功能，旨在打造一个包容、开放、高效、实用的公共体育服务标准化信息服务平台，不仅可以提升公共体育服务标准化工作的效率，也可以让更多的人了解和参与公共体育服务标准化工作，共同推动公共体育服务标准化工作的进步和发展。

2. 监测软件应具备数据采集、分析和展示功能

数据采集需要具备多元性，包括但不限于问卷调查、在线反馈、社交媒体的数据抓取等。数据分析则需要对所得数据进行统计分析，生成易于理解和操作的信息，如满意度指数、主要问题和改进建议等。数据展示则应设计成直观易懂的图表，以供管理者、执行者和公众查看。同时，建立监控服务平台是为了更好地展现这些数据，提供实时反馈，让管理者和执行者了解公众对公共体育服务的满意度和需求。该平台应包含服务监控、问题处理、数据分析和反馈模块。服务监控模块主要负责监测公共体育服务的运行状态，问题处理模块则需要快速响应公众的问题和投诉。数据分析模块是对收集到的数据进行深度挖掘和分析，以便从中获取有用信息并提供决策支持。反馈模块则需要将问题处理结果及时反馈给公众，同时也将数据分析结果以可视化的方式展示出来。此外，设立专门的问题投诉处理机构是为了更好地解决公众的问题和投诉，提升公共体育服务的满意度。这需要建立一套完善的投诉处理机制，包括投诉接收、分类、转交、处理和反馈等环节。对于重大或者复杂的问题，

还需要设置专门的问题处理小组，对问题进行深入研究并提出解决方案。

在此基础上，完善社会公众投诉机制，通过舆论监督规范公共体育服务标准的管理者和执行者的行为。这需要公共体育服务部门保持高度的公开透明度，接受公众和媒体的监督。对于违反公共体育服务标准的行为，应该有严格的处罚机制，通过罚款、警告、停业整顿等方式，严肃处理违规行为，以此保障公共体育服务标准的执行和公众的权益。

3. 建立公共体育服务标准动态监测体系的公开查询制度

建立公共体育服务标准动态监测体系的公开查询制度，充分利用各地方政府体育行政部门的公共体育服务标准资源服务平台。

公共体育服务标准动态监测体系，可以收集、分析和反馈标准的实施效果，同时为新的需求和改进建议提供依据。此系统应依托互联网，构建包含实时动态、历史记录、统计数据等内容的数据库。此外，还可以设计可视化界面，让用户可以直观地了解各项标准的执行情况，进一步提升其使用体验。公开查询制度，是为了让公众更便捷地了解和使用公共体育服务标准。制度的设计应基于公众的实际需求，如对标准的了解、使用、反馈等，提供相应的查询和互动服务。比如，提供在线查询、反馈评价、提问解答等功能，让公众可以随时随地得到需要的信息和帮助。

在充分利用各地方政府体育行政部门的公共体育服务标准资源服务平台基础上，通过多种方式和渠道建立信息沟通网，进一步加强公众获取和使用标准的便利性。这些渠道可以包括但不限于电话热线、网络平台、公众信箱、广播电视、报刊、市民论坛等。电话热线可以提供及时的人工服务，解决公众的疑问和问题；网络平台可以提供全天候、全方位的信息服务，包括标准查询、在线反馈、知识普及等；公众信箱可以收集公众的意见和建议，及时反馈给管理者和执行者；广播电视、报刊可以进行广泛的宣传和普及，增加公众对标准的了解和认识；市民论坛则可以组织线上或线下的讨论和交流，激发公众对标准的关注和参与。

（二）加大公共体育服务标准化实施的宣传与推广力度

广泛的宣传和推广可以提高公众对公共体育服务标准的认知度，进一步推动标准化的进程。这种影响力通过不同的传媒形式，如报纸、电视、广播、网络、微博和微信等，深入社会各个角落，提升公众的标准化意识，并在全社会范围内提升对公共体育服务标准的遵守度。

传媒作为公众信息获取的重要渠道，对公共体育服务标准化宣传推广起到了至关重要的作用。报纸、电视和广播等传统媒体，由于其广泛的覆盖面和高度的公信力，能够向社会各层面的公众传播公共体育服务标准的知识。而微博和微信等新媒体，因其实时性、互动性和个性化的特点，可以让公众更快速、更便捷地了解和学习公共体育服务标准，从而形成对标准的自觉遵守。同时，实施过程中应重视公共体育服务标准化的试点与示范作用。在试点阶段，应选择公共体育服务标准化基础较好的区域进行试点，以便观察和研究标准在实施过程中的效果，收集和总结试点经验，对标准进行改进和优化。这样的试点工作既能提供对标准实施的反馈，也能为标准的进一步改进和完善提供实证依据。试点成功后，可以在更大范围内推广公共体育服务标准，使更多的人群享受到标准化服务的益处。在推广过程中，通过对实践情况的持续观察和分析，可以发现新的公共体育服务标准化需求，从而进一步推动标准的更新和发展。

第三节　公共体育服务的创新管理策略

一、技术驱动的管理创新

（一）智能化体育设施的管理创新

在科技快速发展的今天，智能化体育设施的管理创新正在逐步显现。这一新型管理方式主要是依靠人工智能、大数据等技术，使得体育设施的管理更加智能和便捷，大大提升了公共体育服务的效率和质量。

在预约体育设施方面，借助自动化的预约系统，公众能够随时随地通过手机、电脑等设备进行预约，这种高效便捷的方式提高了公共体育设施的使用效率。而且，自动化预约系统还可以实现设施使用的精准匹配，根据公众的需求，为他们提供最合适的预约时间和地点，减少了资源的浪费，提升了服务的满意度。大数据分析技术也在体育设施的管理中起到了关键作用。运用大数据分析技术，不仅可以对体育设施的使用情况进行深度分析，还可以通过对历史数据的研究，预测未来一段时间内体育设施的使用趋势，从而提前进行合理的调度和规划。此外，对体育设施的维护和升级也提供了有力的决策支持。例如，根据设施的使用情况，可以适时对设施进行维护和升级，以满足公众日益增长的体育需求。物联网技术在体育设施管理中的应用也不容忽视。利用物联网技术，可以实时监控体育设施的使用情况和设备状态，及时发现并处理可能出现的问题，保证体育设施的正常运行。此外，物联网技术还可以实现体育设施的远程管理，大大减少了人力物力的投入，降低了管理成本。除此之外，智能化体育设施的管理创新还体现在设施的智能化建设上。例如，通过安装智能传感器，可以实时获取设施的使用数据，进一步提升设施的使用效率和服务质量。或者，通过智能化的运动设备，可以为公众提供更加科学和个性化的运动指导服务，满足他们对高质量体育服务的追求。

（二）数字化服务的提供创新

随着信息科技的飞速发展，数字化服务正在公共体育领域取得突破性的进展，为公众提供更加高效、个性化的体育服务，从而满足了公众多样化和个性化的体育需求。数字化服务的创新主要体现在以下几个方面：

首先，从服务模式的角度看，体育服务已经从传统的线下服务逐步转变为线上线下相结合的服务模式。传统的线下服务虽然直观且能够实时满足公众的需求，但是受到时间和空间的限制，而线上服务通过互联网和移动互联网的普及，打破了这些限制，使得公众可以随时随地获取到最新的体育信息，参与线上的体育活动。此外，线上线下相结合的服务模式不仅可以提供更加丰富多元的服务内容，还可以大大提高服务的效率和便捷性。其次，从服务内容的角度看，数字化服务的提供扩大了公共体育服务的内容范围。通过移动应用程序，公众可以随时获取到最新的体育信息，如比赛结果、运动员动态等，增强了公众的体育文化素养。此外，公众还可以通过这些应用程序参与线上的体育活动，如在线健身课程、运动竞赛等，丰富了公众的体育生活，提升了公众的运动水平。最后，从服务质量的角度看，数字化服务的提供也提升了公共体育服务的品质。传统的体育服务往往无法满足公众日益增长的个性化需求，而数字化服务则能够通过大数据分析等技术，对公众的体育需求进行精准的定位和满足。例如，根据公众的运动数据，可以为其推荐最适合的运动项目和运动计划，提供更加个性化的体育服务。此外，数字化服务的提供也大大降低了公共体育服务的成本。通过数字化的方式，可以实现服务的规模化、标准化和自动化，大大降低了服务的成本，使更多的公众能够享受到高质量的体育服务。

（三）云技术在公共体育服务管理中的应用创新

云技术已经深入公共体育服务管理的各个方面，实现了信息技术和体育服务的深度融合，使得体育服务的管理更加智能、精细和便捷。

从信息管理的角度来看，云计算的发展使得大量的信息数据得到高效地处理和存储。对于体育服务的管理者来说，可以将各种体育服务的信息数据存储在云端，实现信息的快速处理和高效利用。这不仅大大降低了信息管理的复杂度，而且还使得信息的获取和使用变得更加便捷，提高了体育服务的管理效率。从数据分析和决策的角度看，云技术的发展也提供了新的可能。利用云技术，可以对体育服务的各种数据进行深度分析，发现数据中的规律和趋势，为体育服务的管理提供有力的决策支持。此外，利用云技术的大数据分析和机器学习等功能，还可以实现智能决策，使得体育服务的管理更加科学和精细。从服务提供的角度看，云技术的发展打破了地域和时间的限制，实现了体育服务资源的共享。无论公众身处何地，只要有互联网连接，就可以通过云平台获取到体育服务资源，享受到便捷和高效的体育服务。这无疑大大提高了公共体育服务的可获取性和便利性。从活动管理的角度看，云技术的发展使得体育活动的在线管理成为可能。通过云平台，管理者可以实时监控体育活动的进行，及时调整活动计划，确保活动的顺利进行。同时，公众也可以通过云平台参与体育活动的管理，提供反馈和建议，增加了体育活动的互动性和公众参与度。

二、用户参与的服务创新

（一）用户需求驱动的服务创新

现代公共体育服务的发展趋势是越来越侧重于用户需求。尤其是在体育服务市场竞争激烈的今天，满足用户需求已经成为体育服务提供者追求的重要目标。需求驱动的服务创新主要通过深入研究和理解用户的体育需求，制定出符合用户需求的体育服务策略和产品。

在需求驱动的服务创新中，大数据分析技术发挥了重要作用。通过收集和分析用户的体育活动数据，体育服务提供者可以深入了解用户的体育需求和偏好，为用户提供更为精准和个性化的体育服务。例如，通过分析用户的运动数据，可以了解用户的运动习惯和偏好，然后根据这些信息，为用户推荐合适的运动项目和训练计划。此外，需求驱动的服务创新还可以通过用户反馈机制来实现。用户反馈是获取用户需求的重要方式，通过定期收集和分析用户反馈，体育服务提供者可以及时了解用户的需求变化，进一步完善和优化服务内容和方式。

（二）用户体验优化的服务创新

用户体验在公共体育服务中占有至关重要的地位。优化用户体验已经成为体育服务提供者持续创新的重要目标。用户体验优化的服务创新主要通过改善服务环境、提高服务质量、增加服务内容等方式来实现。

优化服务环境可以为用户提供更为舒适和便捷的体育环境。例如，通过改善体育场馆的硬件设施，提供更为人性化的设施布局和服务，可以增强用户的运动体验和舒适度。同时，优化服务环境还可以通过提供清洁整洁的运动环境、安全可靠的运动设备等，进一步提升用户体验。提高服务质量是优化用户体验的另一重要途径。服务质量直接影响用户对体育服务的满意度和忠诚度。通过提供专业可靠的体育教练服务、高效便捷的预约服务、周到热情的客户服务等，可以提高用户的满意度，增强用户对体育服务的信任度和依赖性。增加服务内容则可以丰富用户的体育生活，提高用户的体育参与度。例如，通过开设多样化的体育课程、举办丰富多彩的体育活动等，可以吸引更多的用户参与，满足用户多样化的体育需求。

（三）用户参与式的活动设计创新

用户参与式的活动设计是公共体育服务创新的另一重要方式。用户参与式的活动设计主要是让用户参与体育活动的设计和实施，充分发挥用户的主观能动性，提高用户的参与度和满意度。

在用户参与式的活动设计中，体育服务提供者可以通过多种方式来吸引和鼓励用户的参与。例如，可以通过开展线上投票活动，让用户参与体育活动的主题选择、时间安排等环节。同时，还可以通过开设体育创意大赛、运动技能挑战赛等活动，让用户参与活动的设计和实施，增强用户的参与感和归属感。此外，用户参与式的活动设计还可以通过社区化的运营方式来实现。通过建立体育社区，鼓励用户之间的交流和分享，可以形成良好的社区文化，提高用户的参与度和满意度。例如，通过建立线上体育社区，用户可以分享自己的运动经验和技巧，互相学习，形成良好的社区互动氛围。

三、跨界合作的模式创新

（一）与科技企业的跨界合作创新

科技在公共体育服务中发挥着至关重要的作用，与科技企业合作已经成为许多公共体育服务机构的重要策略。通过与科技企业的合作，可以引入更多的科技创新，提升公共体育服务的品质和效率。

科技企业具有先进的技术能力和丰富的创新资源，可以为公共体育服务提供一系列的技术支持和创新解决方案。例如，借助人工智能、大数据等技术，科技企业可以帮助公共体育服务机构实现数据驱动的服务创新，提供更精准、个性化的体育服务。此外，科技企业还可以通过云计算、物联网等技术，帮助公共体育服务机构实现远程监控、实时反馈等高效管理。同时，与科技企业的合作还可以带来商业模式的创新。科技企业通常具有开放、协同的创新文化，这可以帮助公共体育服务机构打破传统的服务模式，尝试更多的创新模式。例如，通过与科技企业合作开发体育 App、在线运动社区等，可以实现线上线下融合的体育服务，提高服务的覆盖率和便利性。

（二）与教育机构的跨界合作创新

教育机构是公共体育服务的重要合作伙伴。通过与教育机构的合作，公共体育服务机构可以利用教育资源，推动体育教育和公共体育服务的融合发展。

教育机构的存在使得体育服务以更具教育性的方式进入公众生活。许多学校和教育机构都有丰富的体育设施资源，例如运动场、健身房等。这些资源如果与公共体育服务进行有效整合，可以在满足学校教育需求的同时，为社区提供公共体育服务。教育机构与公共体育服务之间的合作，实际上可以形成一种资源共享的机制，最大限度地提高体育设施的使用效率。此外，学校和教育机构在体育专业教育方面有丰富的经验和优势。在公共体育服务中引入教育元素，例如开展各类体育技能培训课程，不仅可以提高公众的体育技能，也可以帮助公众树立正确的运动观念，引导公众养成健康的运动习惯。同时，教育机构也可以为公共体育服务提供各类教育资源，例如教育研究成果、教学方法、师资培训等，这对于提升公共体育服务的质量和效果非常有帮助。教育机构与公共体育服务之间的合作还可以拓宽体育服务的覆盖范围。通过在学校和社区设立公共体育服务设施，可以让更多的学生和社区居民享受到便捷的体育服务。这种体育服务的社区化，不仅可以满足社区居民的体育需求，也有助于提升社区的整体生活质量。

同时，公共体育服务与教育机构的合作，可以进一步推动体育教育的发展。通过这种合作，体育教育可以从校内延伸到校外，从课堂延伸到生活，实现真正的"生活化"体育教育。这不仅可以提高公众的体育素养，也可以对社会整体的健康发展产生积极影响。在实现这种跨界合作的过程中，需要公共体育服务机构与教育机构之间建立有效的合作机制。例如，可以设立合作协议，明确各自的职责和义务，确保合作的顺利进行。此外，还需要设立评估机制，定期评估合作的效果，对合作方案进行持续优化。

（三）与社区组织的跨界合作创新

社区组织与公共体育服务机构之间的跨界合作，为实现个性化和社会化的体育服务创新提供了新的路径。社区组织通常拥有深入了解社区居民需求和期待的独特优势，可以为公共体育服务机构提供准确的需求信息，帮助其提供更贴近社区居民需求的体育服务。此外，社区组织的社区资源和关系网络也可以为公共体育服务的宣传和推广提供便利。

公共体育服务机构与社区组织的合作，不仅仅是资源和服务的共享，更是一种社区参与的实践。这种合作模式有助于公共体育服务机构更好地理解社区居民的体育需求，提供更为个性化和精细化的体育服务。同时，社区组织可以通过组织各种体育活动，让社区居民更加积极地参与体育服务的提供，实现公共体育服务的民主化。通过与社区组织的合作，公共体育服务机构可以更好地融入社区，建立起与社区居民的紧密联系。这不仅有利于提升公共体育服务的影响力，也有助于公共体育服务机构建立良好的公共形象，提升公共体育服务的社会认同度。在这种模式下，公共体育服务机构不仅是体育服务的提供者，也成为社区生活的一部分，与社区居民共享体育的快乐，共同推动社区的健康发展。社区组织与公共体育服务机构的跨界合作，也可以为公共体育服务的创新提供新的思路和方式。例如，社区组织可以通过组织各种体育活动，推动公共体育服务的创新和发展。通过这种方式，公共体育服务不仅可以满足社区居民的体育需求，还可以通过创新的体育活动，引导社区居民积极参与体育，提升其体育素养。

四、环保理念的持续创新

（一）绿色体育场馆的建设创新

绿色体育场馆的建设是公共体育服务环保理念实践的重要方向。绿色体育场馆不仅在建设设计中体现环保理念，例如选用环保建材，采用能源高效利用和水资源循环利用的设计，而且在运营过程中，也强调资源的节约和环境的保护，比如实施垃圾分类和废物回收利用，引导观众形成环保行为习惯。

绿色体育场馆的建设创新的主要方向包括：绿色建筑设计、节能设施运用、废物资源化利用等。在绿色建筑设计中，强调使用环保建材，避免对环境造成不必要的破坏；在节能设施运用中，比如采用太阳能、地热能等可再生能源，以降低碳排放，减少环境污染；在废物资源化利用中，如建立完善的垃圾分类和回收系统，将废物转化为资源，实现资源的循环利用。同时，绿色体育场馆的建设创新也需要社会各方的参与。设计师需要在设计阶段就充分考虑到环保因素，运营方需要在运营管理中充分实施环保措施，观众则需要在使用体育场馆的过程中形成环保行为习惯。只有通过各方的共同努力，才能真正实现绿色体育场馆的建设创新。

（二）环保理念在体育活动中的推广创新

环保理念在体育活动中的推广创新，是公共体育服务在环保理念实践中的重要一环。公共体育服务机构可以通过体育活动，让更多的人认识到环保的重要性，引导公众形成环保行为习惯。

环保理念在体育活动中的推广，可以通过多种方式实现。例如，可以在体育活动中设置环保主题，强调环保理念，让参与者在参加体育活动的同时，也能了解到环保的重要性；也可以在体育活动中实行环保行为，比如推广垃圾分类、使用环保产品、减少体育活动对环境的影响；还可以通过体育活动，让参与者了解到环保的具体做法，从而转化为个人的行为习惯。

在推广环保理念的过程中，公共体育服务机构也需要与社会各方进行合作，共同推动环保理念的传播。这包括与政府部门、非政府组织、教育机构、媒体等进行合作，共同推动环保理念在体育活动中的传播，从而推动社会的环保行为转变。

（三）资源循环利用在体育服务中的实践创新

资源循环利用在体育服务中的实践创新，是公共体育服务在环保理念实践中的重要一环。公共体育服务机构可以通过创新的方式，将资源循环利用的理念融入体育服务的提供中，从而实现资源的有效利用，减少环境污染。

资源循环利用在体育服务中的实践创新，可以通过多种方式实现。例如，可以通过设立回收站，回收体育活动中产生的废物，将其转化为资源再利用；也可以通过改进体育设施的设计和使用，减少资源的消耗，提高资源的利用效率；还可以通过引导公众形成资源节约的行为习惯，减少体育活动中的资源浪费。在实践资源循环利用的过程中，公共体育服务机构也需要与社会各方进行合作，共同推动资源循环利用的实践。这包括与政府部门、非政府组织、科研机构等进行合作，共同研发和推广资源循环利用的技术和方法，从而提高资源的利用效率，减少环境污染。

第三章 公共体育服务均等化研究

第一节 公共体育服务均等化的基本概论

一、公共服务均等化与公共体育服务均等化

（一）公共服务均等化的概念

公共服务均等化，是指在一定区域内，公众享受到的公共服务在质量、数量、条件等方面均无明显差别，以确保每个公民都能够平等、公平地享受到公共服务的权利。公共服务均等化是社会公平的重要表现，也是政府履行社会职能的重要手段。

从理论角度讲，公共服务均等化是基于公平原则的，这个原则认为，每个人都应有平等的权利享受到公共服务。公共服务包括但不仅限于教育、医疗、体育、文化、公共交通等，它们是现代社会生活中不可或缺的重要组成部分，对人们的生活质量、生活水平、生活满意度有直接影响。因此，公共服务的均等化对提高社会公平性、保障社会公正有着非常重要的作用。在实践中，公共服务均等化的实现需要一定的政策和机制保障。首先，政府需要明确公共服务均等化的目标和原则，并将其纳入公共服务的规划和管理中。其次，政府需要采取一定的政策措施，比如财政投入、法规制定、监督检查等，以确保公共服务均等化实施。最

后，政府需要与社会各方面的力量进行合作，包括社会组织、企业、公众等，共同推动公共服务均等化的实现。

公共服务均等化并非一蹴而就，它需要一个过程，需要政府持续的努力和社会各方面的配合。公共服务均等化也并不意味着所有人享受到的服务完全一样，而是指在满足基本需求的基础上，公众享受到的公共服务在质量、数量、条件等方面无明显差别。公共服务均等化是一项重大的社会任务，它的实现不仅可以提高公众的生活质量，保障公众的基本权利，而且可以推动社会公平，增强社会和谐，对社会的稳定和发展具有深远影响。

（二）公共体育服务均等化的概念

公共体育服务均等化，顾名思义，是指公共体育服务的公平、普及、公正和均等。这一概念的出现，代表着公共体育服务的新理念和新目标，体现了体育公共服务向更高层次的追求。公共体育服务均等化强调的是每个公民在享受公共体育服务上的平等权利，它具体涉及以下几个方面：

首先，公共体育服务均等化要求公民有平等享受体育服务的机会。体育服务机会的均等，不仅要求所有公民无论其社会经济地位、年龄、性别、身体状况如何，都能享受到公共体育服务，而且要求公共体育服务在地域分布上，无论城乡、东西，都能实现均衡的分布，以保证所有地域的公民都能享受到公共体育服务。其次，公共体育服务均等化要求公民有平等享受体育服务的过程。即在公共体育服务的供应过程中，所有公民都能享受到公平、公正、公开的服务。这需要相关责任机构和服务提供者尽可能消除服务过程中可能出现的不公平、不公正现象，确保每个公民都能在同等条件下享受到公共体育服务。最后，公共体育服务均等化要求公民有平等享受体育服务的结果。结果的均等并非强调所有公民享受的体育服务必须完全相同，而是强调所有公民都能通过公共体育服务，实现自己身体素质的提高、身心健康的提升、生活质量的改善等基本目标。即每个公民都能在享受公共体育服务中，实现其基本体育权利的满足。公共体育服务均等化是一种理想状态，它需要所有公共体育服务的提供者和使用者共同努力，去消除存在的不平等现象，实现每个公民平等享受公共体育服务的目标。在实践中，公共体育服务均等化是一个动态的过程，需要持续的努力和改进。

二、公共体育服务均等化对我国社会和谐的推动作用

（一）公共体育服务均等化与社会公正

1. 公共体育服务均等化对公平观念的传播

公共体育服务均等化是公平观念在社会实践中的重要体现。它将公平原则融入公共服务，实际上是在倡导一个以平等、公正为基本原则的社会价值观。所有公民都能享受到公共体育服务，这无疑彰显了公平观念。因此，公共体育服务均等化的实现可以在全社会范围内弘扬公平观念，影响公民的价值取向。同时，公共体育服务均等化也让公平观念在公民的日常生活中得以实践。通过公共体育服务的均等化，公民在享受服务的同时，也在体验和实践社会公平。在公共体育服务的平等享受过程中，公民会更深入地理解和接受公平观念。他们在体育活动中的每一次参与，其实都是在身体力行地实践公平，感受公平所带来的尊严和自由。公共体育服务均等化对公平观念的传播具有积极影响。当公平观念深入人心，成为公众普遍接受的社会原则时，它就能在整个社会中得到广泛传播。这种传播不仅表现在言语上，更表现在实际行动中。因此，公共体育服务均等化不仅是公平观念的体现，也是公平观念的推广者和传播者。在这个过程中，公平观念得以深化和拓展，从而在社会中形成广泛的共识。

2. 公共体育服务均等化对社会经济差异的缓解

公共体育服务均等化作为一种社会政策，旨在保证所有公民都能平等地享受到公共体育服务，而不受社会经济地位的影响。这样的做法，有助于缓解社会经济差异造成的体育服务享用不均等的问题。经济条件

较差的公民，可能无法承受高昂的体育运动费用，而公共体育服务的均等化则可以为他们提供平等的体育运动机会。这不仅有助于改善他们的身心健康，同时也缓解了因经济条件差异造成的体育服务享受的不均等，从而在一定程度上缓解了社会经济差异。

3.公共体育服务均等化对社会公正感的提升

公共体育服务均等化通过为所有公民提供平等的体育服务，强化了公民的社会公正感。每个公民都能在公共体育服务中获得平等的机会，这种平等的机会对于增强社会公正感具有重要的意义。无论公民的社会地位、经济条件如何，他们都有平等享受体育运动的权利。公共体育服务均等化使得这种权利得到了实现，也就增强了公民对社会公正的感知。这种感知对于构建和谐社会、增强社会稳定性具有重要的影响。

（二）公共体育服务均等化与社区凝聚力

1.公共体育服务均等化对社区互动的促进

公共体育服务均等化为社区居民提供了一个平等的、公共的体育活动场所，使得社区居民有更多的机会进行互动交流。在公共体育服务的均等享用中，社区居民可以参与各种体育活动，相互竞技、学习，互动交流的机会大大增多。这不仅有助于社区居民在体育活动中提高自身的身心健康，同时也使得他们的人际交往网络得到了拓展，社区的交流互动更加频繁。

2.公共体育服务均等化对社区认同感的增强

公共体育服务均等化的实施，使得每一位社区居民都能享受到公平公正的体育服务。这种平等享用体育服务的权利，有助于增强社区居民对社区的认同感。他们能在社区的公共体育设施中，体验到社区对他们的关爱和尊重，从而增强对社区的认同感。这种认同感对于社区的和谐稳定，增强社区凝聚力具有重要的意义。

3.公共体育服务均等化对社区参与度的提升

公共体育服务均等化的实施，也有助于提高社区居民对社区公共事务的参与度。在公共体育设施的管理和使用过程中，社区居民能更多地参与其中，对公共体育设施的管理、改进提出自己的意见和建议。这种参与不仅能让公共体育服务更好地满足社区居民的需求，同时也使得社区居民对社区公共事务的参与度得到了提升，社区的凝聚力和活力进一步增强。

（三）公共体育服务均等化与国民健康水平

1.公共体育服务均等化对国民生活方式的改变

公共体育服务均等化的推广和实施为全民提供了更多的体育活动参与机会，有力地推动了国民生活方式的改变。不同的公众可以在公共体育设施中自由参与运动，无论年纪、性别、经济状况或社会地位。这样的环境鼓励更多的人参与体育活动，使得国民生活方式趋向于更健康、更积极的方向。体育运动的积极参与带来身心健康的效益，也能有效改善生活质量，提高生活满意度。

2.公共体育服务均等化对国民健康知识的普及

公共体育服务的均等化也能为公众提供更多的健康知识学习和传播的平台。公共体育设施不仅可以为公众提供体育活动的场所，也可以通过开展各种健康讲座、运动技能培训等活动，帮助公众提高健康知识素养，提升运动技能。这样的知识普及对于国民健康素养的提升，乃至社会健康水平的提高具有显著的促进作用。

3.公共体育服务均等化对健康差距的缩小

公共体育服务的均等化对于缩小社会健康差距也有显著作用。在一些地区，特别是偏远地区，由于缺乏体育设施和健康资源，公众的健康状况往往低于平均水平。公共体育服务的均等化能保证所有地区、所有人都有享受体育服务的权利，这无疑有助于改善这些地区公众的健康状况，缩小社会健康差距。公共体育服务的均等化对于实现全民健康、增进社会公平公正有着不可忽视的重要性。

第二节　实施公共体育服务均等化的原则

一、公平性原则

（一）公平性原则与公共体育服务的关联性

在公共体育服务的提供中，公平性原则的应用在于消除对体育资源获取的不公正限制，以实现公民间的平等享受。它所要达成的目标，不仅仅在于保障每个公民都有接触和参与体育的机会，更在于营造一种所有公民都可以在平等、公正的环境中享受体育服务的社会氛围。

公平性原则在公共体育服务的管理和运营中的体现更是宏观和微观结合的全方位考量。在宏观层面，制定公共体育政策时，公平性原则要求决策者考虑所有社会群体的体育需求，包括但不限于不同年龄层、性别、社会经济状态等。这种考虑应该体现在政策的设计、目标的设定以及资源的分配中，以确保在各方面都能实现公平。例如，对于老年人和儿童这两个年龄层，他们的体育需求显然是不同的。老年人可能更关注保健型的体育项目，如太极、气功等，而儿童则需要更加活跃且有益于身心发展的体育项目，如游泳、足球等。基于公平性原则，公共体育服务应该在这两个群体之间平衡，提供符合他们需求的体育项目，而不是仅仅关注某一个群体。在微观层面，公平性原则还体现在公共体育服务的具体运营过程中。例如，在体育场馆的开放时间、收费标准等方面，都需要遵循公平性原则，避免因为经济条件、时间选择等因素造成的不公平。比如，体育场馆应该有早晚延长开放时间，以满足上班族或学生在工作或学习之余的体育活动需求；收费标准应当尽可能对公民友好，让更多人有能力享受到公共体育服务。

公平性原则的运用在很大程度上塑造了公共体育服务的社会形象，

使其成为公平、平等、公正观念在社会实践中的有力体现。公平享用体育服务的权利成了每个公民的期待，这不仅激发了他们参与体育活动的热情，而且还深化了他们对社会公正、平等的认同感。特别是在现代社会，人们对生活质量的追求越来越高，体育活动的重要性日益凸显。公平性原则使得公共体育服务不再是某些特定群体的特权，而是所有公民的共享资源。它使得每一个人都有机会参与体育活动，享受运动带来的乐趣和好处，从而大大提高了公民的生活满意度。此外，公平性原则还加强了公共体育服务在构建和谐社会中的作用。体育活动作为一种社会活动，可以增强公民间的互动和交流，培养公民的团队精神和公共精神。公平性原则的运用，保证了每个人都有机会参与这样的活动，从而使体育成为弘扬社会和谐、增进社会团结的重要力量。在推动公共体育服务均等化的过程中，公平性原则发挥了重要的引领作用。它贯穿在公共体育服务的各个环节，不仅指导了公共体育服务的实践，也影响了公众对体育服务的期望和评价。可以说，公平性原则是推动公共体育服务均等化、实现体育公平的重要原则。

（二）公平性原则在公共体育服务项目选择中的作用

公平性原则在公共体育服务项目选择中的具体应用，可以从多个角度进行深入探讨。

首要的视角便是体育项目的多样性。各类体育项目各具特色，适合不同的人群，因此公共体育服务必须提供各种类型的体育项目以满足广大公众的需求。体育项目的选择必须保持多样性以及包容性，不仅要包括主流的体育项目，如足球、篮球等，也应当考虑少数人群的体育需求，比如滑雪、攀岩等非主流的运动项目。这样可以确保每个人都能找到符合个人兴趣和需求的体育项目，享受到公共体育服务带来的好处。再者，体育项目的选择必须考虑到服务覆盖的全面性。服务的全面性体现在不同地域、人群、年龄段、性别和身体状况的人都能获得满足的体育项目。举例来说，为了满足老年人群的体育需求，公共体育服务可能需要增加更多的健身、太极拳等适合老年人的体育项目。对于儿童和青少年群体，公共体育服务则可能需要提供更多的娱乐性和培养团队协作精神的体育项目，如足球、篮球等。此外，公共体育服务还需要考虑地域文化在体育项目选择上的影响。不同地区的文化特征和体育习惯可能导致体育项目需求的差异，因此公共体育服务需要在项目选择上考虑到这些因素。比如在海洋气候的地区，公共体育服务可能需要增加更多的水上运动项目，如游泳、冲浪等。在山区，登山、徒步等运动项目可能会更受欢迎。对于具有特殊身体条件的人群，公平性原则同样适用。这类人群的体育需求可能与大众有所不同，因此公共体育服务需要提供适合他们的体育项目。例如，为了照顾残障人士的体育需求，公共体育服务可能需要提供轮椅篮球、盲人足球等残障体育项目。

（三）公平性原则在公共体育服务资源分配中的作用

公平性原则在公共体育服务资源分配中的深度探讨，可以从地域分布、服务对象以及资源使用等多个方面进行。

地域分布是公平性原则在资源分配中的重要考量因素。在地理空间上，体育资源的分布应满足城乡平衡、区域均衡的原则。无论是体育设施的建设，还是体育活动的举办，都应在城市和乡村、各区域之间实现公平分布。这要求公共体育服务在资源分配上，既要满足城市居民的体育需求，也不能忽视乡村地区的体育服务。同样，对于大中小城市，或者对于经济发达地区与欠发达地区，公共体育服务的资源分配也应当考虑到其实际需求与当前体育服务水平的差距，进行相对公平的分配。

服务对象是资源分配中必须重视的另一个角度。公共体育服务的对象包括各种人群，如青少年、成年人、老年人、残疾人等。这就要求公共体育服务在资源分配中，必须兼顾各类人群的体育需求，实现公平服务。这意味着，无论是在体育设施的设立，还是在体育活动的安排上，都需要根据不同人群的特性和需求，进行细致的差异化服务。例如，为了满足老年人的体育需求，可能需要建设一些设备相对简单、环境安静的体育设施；而对于年轻人，可能需要提供一些设备齐全、竞技性强的体育设施和活动。

在具体的资源使用中，公平性原则也要求公共体育服务必须保证所有人都有机会使用到体育资源。例如，在体育设施的开放时间，公共体育服务需要考虑到不同人群的时间安排，设置合理的开放时间。在体育教练的安排上，公共体育服务需要确保每个需要的人都能获得教练的帮助，而不是只有特定人群或者付费的人才能获得。

二、包容性原则

（一）包容性原则在公共体育服务策略制定中的引导作用

包容性原则，强调所有社会成员都有权平等参与和享受公共体育服务，无论年龄、性别、种族、经济能力、身体能力或其他任何差异。这一原则对于公共体育服务策略的制定具有重要的指导作用。其实质是要求公共体育服务政策制定者在制定策略时，需要充分考虑到社会中各种不同人群的需求和利益，以保证所有人都能享受到高质量的体育服务。

在公共体育服务策略制定中实行包容性原则的具体表现，可以是通过政策引导，促使公共体育设施在城市中的分布更为均衡，确保每个社区都能接触到基本的体育设施。比如，可以通过政策倾斜，鼓励体育设施的建设者在城市边缘或经济条件较差的地区建设更多的体育设施。同时，也需要对现有的体育设施进行充分的利用，如通过改善设施的开放时间和方式，让更多的社区成员可以在合适的时间利用这些设施。另外，在体育活动的组织中，也需要体现出包容性原则。公共体育活动不仅仅是为了满足大众的基本健身需求，更是一个提供社交、娱乐和学习新技能的平台。因此，公共体育活动应该具有多元化，以满足不同人群的需求。这就要求在活动的设计中，应考虑到不同年龄段、不同性别、不同身体条件的人的需求，以及他们对体育活动的兴趣和爱好。比如，可以举办一些适合老年人的健身操或者太极拳活动，也可以举办一些适合孩子们参与的体育比赛或者训练营，使他们在快乐的游戏中体验体育的魅力。在体育资源的分配上，包容性原则也起着至关重要的作用。体育资源的分配应该公平，所有人都应该有平等获取体育资源的机会。对于那些身体条件较差或者经济条件较差的人，公共体育服务应该提供更多的支持，以确保他们也能享受到体育的乐趣。比如，可以通过提供更优惠的价格或者提供专门的援助项目，让这些人也能参与各种体育活动。

包容性原则的实施，不仅能够使得公共体育服务的策略更具公平性，也能提升公众对体育服务的满意度。在这个过程中，每个人都能感受到被尊重和被重视，这对于提升公众的体育参与热情和信心是非常重要的。

（二）包容性原则在增强公共体育服务可达性中的贡献

包容性原则要求公共体育服务提供者考虑所有社区成员的需求，特别是那些常常被忽视的边缘群体，如老年人、儿童、残疾人、低收入者等。

在体育设施的设立和布局上，包容性原则可以通过推动体育设施的空间分布的公平性和多样性来实现。即意味着体育设施应当充分覆盖城市和乡村、富人区和贫困区，从而使得所有社区成员都能够方便地接触和利用这些设施。这就需要政策制定者和城市规划者在规划过程中，充分考虑到公共体育设施的布局，使其成为社区生活的一部分，而不仅仅是某个特定群体的专享。体育活动的设计上，包容性原则强调的是体育活动的多元化和开放性。应该设计出一系列多样化的体育活动，以适应不同群体的需求。这包括为儿童、青少年、成年人、老年人、残疾人等不同群体提供定制化的体育活动。同时，也应该提供各种各样的体育活动，以适应不同群体的兴趣和爱好，从而让更多的人参与体育活动。对于体育资源的分配，包容性原则要求的是资源的公平分配和优化配置。这就需要公共体育服务提供者在分配体育资源时，不仅要考虑到资源的数量，还要考虑到资源的质量，以及资源与需求之间的匹配度。为此，可以通过制定公正公平的分配机制，优化体育资源的配置，确保每个人都能享受到足够的体育资源。

包容性原则的实施，不仅提高了公共体育服务的可达性，也推动了社会公平公正，实现了公共体育服务的均等化。它使得所有社区成员都能够享受到公共体育服务的好处，进一步提升了公众对公共体育服务的认同感和满意度。同时，也有助于提升公众的健康水平，增强社区的凝聚力，从而推动社会的全面发展。

（三）包容性原则对于提升公共体育服务满意度的影响力

公共体育服务的满意度受到许多因素的影响，其中包括服务的公平性、多样性、适应性和可达性等。而所有这些因素，都与包容性原则密切相关。因此，深入理解和运用包容性原则对于提升公共体育服务的满意度至关重要。

首先，包容性原则通过保证公平性，提升了公共体育服务的满意度。公平性是体育服务满意度的一个重要维度。这是因为公平性能够确保所有人都有平等的机会参与体育活动，享受体育的乐趣。而包容性原则，恰恰强调所有社区成员，无论其性别、年龄、经济状态或身体条件如何，都应该有平等享受公共体育服务的权利。这种公平性的保障，无疑会增加社区成员对公共体育服务的满意度。其次，包容性原则通过增加多样性，提高了公共体育服务的满意度。各种不同的社区成员有着各自的体育需求和兴趣。因此，提供多样化的体育活动，能够满足更多人的需求，从而提高服务满意度。包容性原则要求公共体育服务提供者考虑到所有社区成员的需求，从而在服务设计中体现出多样性。再次，包容性原则通过提高服务的适应性，提升了公共体育服务的满意度。适应性是指服务能够根据社区成员的特定需求和情况进行调整。而包容性原则就是要求公共体育服务能够适应各种不同的需求，比如为老年人、儿童、残疾人等特殊群体提供定制化的体育服务。这样的适应性，能够使公共体育服务更贴近社区成员的实际需求，从而提高服务满意度。最后，包容性原则通过提高服务的可达性，提升了公共体育服务的满意度。可达性是指公共体育服务的覆盖面广泛，所有社区成员都可以方便地获取。而包容性原则就是要求公共体育服务在物理空间和时间上都应该尽可能地便利所有社区成员。这样的可达性，能够使更多的社区成员有机会享受到公共体育服务，从而提高服务满意度。

三、透明性原则

（一）透明性原则在公共体育服务政策制定中的应用

透明性原则强调在制定公共体育服务政策的过程中，所有的步骤和决策都应该公开、明确，可以供所有相关利益者查阅，确保所有人都有机会参与和了解这个过程。透明性原则为公众参与决策过程提供了可能，保证了公众的知情权和参与权。这不仅能够提高公众的信任度，也能够促进政策的公平性和有效性。

公开政策制定的流程和标准是透明性原则在政策制定过程中的一个重要应用。例如，一个城市可能会设立一个公开的平台，将有关公共体育服务的政策制定流程、投票程序和决策机制公之于众。这个平台可能包括一个网站、公开会议以及其他社交媒体渠道。在网站上，制定政策的详细步骤，包括各阶段的时间表、参与人员、会议记录以及最终的决策，都会被公开发布。同时，公众可以通过网络或在公开会议上，对政策制定提出自己的见解和建议。公开政策制定的原因和依据也是一个关键的环节。这意味着需要把政策制定的背景，包括研究数据、报告以及其他支持决策的材料，都公之于众。比如，政策制定者可能会发布一份关于社区居民体育需求的研究报告，这份报告包含了对社区居民体育活动参与情况、设施使用情况等方面的调查数据。这样，公众就能更好地理解为何要制定某项政策，以及该政策的目标是什么。公开政策的执行计划和预期结果，可以让公众了解政策实施的具体步骤和预计产生的效果。例如，政策执行计划可能包括增建体育设施、开展体育活动、推动体育课程改革等内容，预期结果可能包括增加体育参与人数、改善健康状况等。在执行过程中，政策的进展和效果也会定期公开，如通过月度或季度报告的形式，公众可以清晰地看到政策执行的进度和效果。

（二）透明性原则在公共体育服务运营管理中的作用

透明性原则在公共体育服务的运营管理中，一方面体现在具体的服务提供过程的公开，另一方面也体现在服务提供结果和反馈机制的公开。

透明性原则要求服务提供的具体过程应公之于众。这意味着，无论是体育活动的组织，还是体育设施的维护，都需要有明确、可追溯的过程。以体育活动为例，公共体育服务提供者可能会公开每一场体育活动的组织过程，包括活动策划的初步设想、预算、活动流程的设计，以及最后的实施细节。这些信息可以通过各种方式公开，如在官方网站、社交媒体平台发布，或者在活动现场进行说明。对于体育设施的维护，提供者可能会公开设施的维护计划、实施情况和维护结果，让社区成员了解设施的使用状况和维护情况，保障他们的利益。透明性原则也体现在服务提供结果的公开。例如，每一次体育活动后，公共体育服务提供者都会公布参与活动的人数、活动的反馈和效果等信息。这些数据和反馈可以帮助社区成员了解公共体育服务的实际效果，同时也可以让服务提供者了解自身的表现，以便进一步改善。设施使用情况的公开，如设施的开放时间、使用人数、设施的损坏和修复情况等，也有助于社区成员了解设施的使用状况，对设施的使用和管理提出合理化的建议。透明性原则要求公开服务的评价和反馈机制。这进一步反映出，公众不仅能参与公共体育服务的接受过程，也能参与服务的评价和改进过程。例如，公共体育服务提供者可能会建立一个线上反馈平台，让社区成员在活动结束后提交自己的反馈和建议。这个平台会收集和整理这些反馈，公开给所有的社区成员，并根据这些反馈进行相应的服务改进。

（三）透明性原则对公共体育服务质量评价的影响

在公共体育服务质量评价环节，透明性原则扮演着关键的角色。透明性原则首先确保了评价的标准和流程公开，社区成员可以明确了解服务评价是如何进行的、评价标准是什么，从而保证了评价的公正性和准确性。

透明性原则的具体实践可以从以下几个环节展开：

一是制定并公开评价的标准和流程。可以设计包括服务范围、服务质量、服务效率等多维度的评价标准，并明确每个标准的具体评价方法和评价流程。同时，公开这些评价标准和流程，让社区成员了解并明白如何进行评价，保证评价的公正性和准确性。例如，可以在公共体育服务的官方网站上公布评价标准和流程，或者在体育活动现场通过宣传手册等方式进行公开。

二是公开评价的结果。对于每次的公共体育服务，都应该公开服务的评价结果，包括服务的优点和不足，以及后续的改进计划。这不仅可以让社区成员了解服务的实际效果，也可以鼓励他们提供改进建议，同时也能对服务提供者形成一定的监督和压力，促使其不断提高服务质量。例如，可以在每次体育活动结束后，及时在官方网站或社交媒体平台上公布评价结果，让社区成员了解服务的效果。

三是建立并公开评价的反馈和处理机制。应鼓励社区成员积极参与服务评价的过程，让他们对服务的优点和不足提出自己的看法，同时公开反馈的处理过程和结果，让社区成员看到他们的反馈得到了重视，并真正参与服务的改进。例如，可以在官方网站上设立反馈平台，收集社区成员的反馈，定期公开反馈处理的结果和改进的进展情况。

第三节　推进公共体育服务均等化的途径

一、公共体育服务均等化中政府角色的定位及转换

（一）公共体育服务均等化中政府角色的定位

1. 制度政策的设计者

我国作为一党执政、多党参政议政的国家，政府构成了国家的主要

组成部分，是国家权威的体现、国家主权的代表及实体形式，并且是实现国家目标的基本手段。这种权威性与强制性的权力主要源于政府所承担的公共职能，即在国家治理过程中执行国家统制与管理功能。

公共体育服务作为国家的一项民生工程，其宗旨在于实现和维护社会公众的体育利益，保障公众的体育权益，以政府为核心，提供多种形态的公共体育产品与服务。公共体育服务的供应过程需要有规范的制度政策来进行约束，这些制度政策在执行过程中对公共体育服务的供应主体和参与者进行合理约束，以确保公共体育服务的有序供应，进而促进公共体育服务供需之间的相对平衡。因此，在维护社会稳定和宏观经济稳定的前提下，政府在向社会公众提供公共体育服务之前，须基于国家目标和国家性质，设计并制定与公共体育服务相匹配的法律政策制度，为公共体育服务提供法律基础。这样，不仅能够保障公共体育服务供应的公平与普惠，更能为公共体育服务创造出良好的法律政策环境。

2. 财政的主要投入者

公共体育服务因其明显的公共性和公益性，在供应过程中常会出现市场机制失灵的情况。这就使得政府的介入和参与显得尤为关键，尤其是在满足社会大众多元化、多层次的体育需求方面，政府的职责和责任不可或缺。政府的职责不仅限于在自身能力范围内提供财政支持，还需以主要投入者的身份确保公共体育服务的财政投入与有效供应之间的匹配。

市场无法充分满足公众广泛而多样的体育需求，从而使得公共体育服务的供应面临挑战。在这种情况下，政府通过履行其财政支出责任，发挥其在公共体育服务中的主导作用，确保了公共体育服务的稳定供应，同时也保证了公共体育服务供需两端的有效匹配。除此之外，政府也在公共体育服务的供应链中扮演着重要角色，如分配体育资源、制定和执行体育政策、监管体育机构的运作等，都是政府在公共体育服务中的重要职责。从宏观角度看，政府通过这些方式确保了公共体育服务的高效运作，为公众提供了更全面、更高质量的体育服务。

3. 公共体育服务的主导者与主要供给者

作为公共体育服务的主导者和主要供应者，政府在公共体育服务领域具有重要影响。政府通过设立和执行适宜的法规和制度，保障公共体育服务的顺利运行和发展。在公共体育服务的提供过程中，政府的决定涵盖了服务的种类、服务对象、服务范围和数量等多个方面，从而决定了公共体育服务的发展水平和方向。随着经济的快速发展和公众体育需求的多元化和多样化，政府单一的供应方式已难以满足社会公众的多元化需求。为了促进公共体育服务供需平衡，政府逐渐引入市场机制，并鼓励社会组织和志愿团体的参与，以形成多元化的供应模式。在这个过程中，政府依然是主要的角色，不仅自身提供公共体育服务，同时也引导和监督其他供应者，以确保公共体育服务的有效供应。这种政府主导、多元参与的供应模式，既能满足社会公众的多元化需求，也能促进公共体育服务的发展和提升。政府在整个供应过程中的主导作用和积极引导，保证了公共体育服务的公平、均等和高效的供给，也为公共体育服务的长远发展提供了有力的保障。

（二）公共体育服务均等化中政府角色的转换

1. 完善公共体育服务的制度机制与法律法规建设，完成服务型政府的角色转变

对于公共体育服务的公平与公正供给，政府首先需要完善公共体育服务的制度机制与法律法规。例如，制定一套针对公共体育服务均等化的法律法规，明确政府、社会以及市场在公共体育服务供给过程中的角色与责任。这些法律法规应综合考虑地方的经济条件、区域差异和城乡差异，并结合这些实际条件来制定具体的执行标准和管理办法。以此保证公共体育服务的公平性和均等化。

政府需要转变自己的角色，从传统的管理型政府转变为服务型政府。

这就需要政府改变自身的职能，将重点放在提供高效、优质、充足的公共体育服务上，而不是仅仅关注经济的发展。政府应更加关注公众的体育需求，引入市场力量和社会力量来共同推动公共体育服务的提供。政府在整个供给过程中应起到主导作用，提升政府的责任意识，以此实现政府公民服务的职能角色转换。这是一个漫长的过程，但却是实现公共体育服务均等化发展的重要途径。

2. 完善公共体育服务体系，扩大财政对公共体育服务的投入力度

（1）政府需要建立和完善公共体育服务体系。政府需要在保证核心供给的基础上，积极引导其他供给参与者提供基本的公共体育服务，并完善公共体育服务的保障体系。这可以帮助提高公共体育服务的整体效能。

（2）政府需要确保公共体育服务的财政预算支出结构与资金落实。这包括加大对公共体育服务领域的投入，扩大公共体育服务的水平和覆盖面，以满足人民对公共体育服务的基本需求。

（3）政府需要明确各级政府及相关部门的公共体育服务的职责与权力。这包括确保在供给中财权、事权、财力的对立统一，防止政府在公共体育服务领域的缺位与错位。可以考虑建立事权、财权与财力的刚性互动机制。

（4）政府需要在公平与效率的基础上扩大公共体育服务的覆盖面，以保障公共体育服务均等化的实现。这一目标的实现需要政府的主导，但同时也需要社会各界的积极参与和配合。

3. 构建政府主导、市场与社会共同参与的多元供给模式

面对社会民众对公共体育服务需求的多样化和层次化，以及政府单一供给公共体育服务的局限性，需要构建一种多元供给模式，实现政府、市场、社会的共同参与。这种模式的实现有赖于政府主导和市场、社会的积极参与。

在这种模式中，政府作为主导者，保持对公共体育服务的主体地位，对公共体育服务的决策、生产、供给进行宏观调控。同时，政府也需要

采取一系列鼓励政策，引入竞争机制，激发市场和社会的活力，使得更多的社会资本能够投入公共体育服务中，形成政府、市场、第三部门以及公民自治组织共同参与的多元供给模式。

针对政府难以直接完成的公共体育服务，可以采取购买倡导的方式，由市场和社会进行生产和提供，以替代政府的直接生产与供给。同时，通过加大市场竞争机制，采取优惠政策，鼓励多方参与竞争确定公共体育服务的供给。这样既可以在财政有限的条件下降低政府的公共体育服务成本，又可以释放公共体育服务的供给空间，促使公共体育服务形成多样化的投资模式，构建社会化、市场化与专业化相结合的公共体育服务体系，以满足社会民众对公共体育服务需求的多样化、层次化的需求，实现最优能效。

二、实施公众参与与社区治理的公共体育服务模式

（一）公众参与的具体实施方式和流程

1. 建立公众参与的机制和平台

实现公众有效参与公共体育服务的决策和供给，首要步骤是建立相应的机制和平台。这些机制和平台应为公众提供方便、高效的参与途径和渠道，包括但不限于社区会议、公众听证会、网络论坛、调查问卷等形式。通过这些方式，公众可以充分表达对公共体育服务的需求和建议，参与公共体育服务的决策和供给过程。

（1）社区会议。这种形式可促进公众面对面交流，使他们有机会就公共体育服务的问题和需求进行深入讨论。这种会议可以定期举行，也可以针对特定议题临时召开。在会议上，公众可以提出自己的建议和意见，也可以听取其他人的观点，从而提高对公共体育服务的认识和了解。

（2）公众听证会。这是一种比较正式的公众参与方式，通常在重大决策或改革时使用。在听证会上，公众可以向政府或管理机构提出自己

的意见和建议，也可以听取专家的见解和分析。这种方式可以确保公众的声音被充分听取和考虑，也可以提高决策的公开透明度。

（3）网络论坛。在数字化时代，网络论坛成为一种重要的公众参与平台。在论坛上，公众可以发表自己的观点和建议，也可以参与在线讨论和投票。这种方式不仅可以扩大公众参与的范围，还可以提高公众参与的效率和便利性。

（4）调查问卷。这是一种更为直接和系统的公众参与方式。通过设计和分发调查问卷，可以系统收集公众对公共体育服务的需求和满意度。这种方式不仅可以获取大量的数据和信息，还可以发现问题和不足，从而为改进公共体育服务提供依据。

在构建这些机制和平台时，需要注意几个关键问题。首先，应确保公众参与的公平性，避免某些群体或利益被忽视或压制。其次，应提高公众参与的透明度，让公众了解参与的过程和结果。最后，应注重公众参与的持续性，让公众有机会长期和深度参与公共体育服务的决策和供给。这样做可以充分发挥公众的力量和智慧，提高公共体育服务的质量和效益。

2. 制定公众参与的策略和方案

策略和方案的制定是实现有效公众参与的重要环节。为了促进公众对公共体育服务的参与，这些策略和方案需要针对公众的需求、社区的具体环境以及公共体育服务的目标进行深入的设计。

（1）吸引和激励公众参与。这是策略和方案设计的首要任务。吸引公众参与可以采取一系列的方式，例如，发布相关的宣传资料、开展相关的社区活动，或者通过社交媒体等方式进行公众宣传。同时，激励公众参与的方式也十分重要，可以通过奖励机制，例如，对积极参与者进行表彰或者奖励，来鼓励公众更加积极地参与公共体育服务。

（2）利用公众的资源和力量。公众参与不仅可以增加公共体育服务的决策和供应的透明度，也能充分利用公众的资源和力量。这可以通过将公众纳入决策过程，或者组织一些需要公众共同参与的体育活动等方式来实现。通过这种方式，公众的知识、经验和观点可以被充分利用，以提升公共体育服务的质量和效率。

（3）处理公众的意见和建议。在公众参与过程中，会收集到大量的意见和建议。如何处理这些意见和建议是一项重要的任务。可以建立一套完善的反馈机制，将收集到的意见和建议进行整理和分析，然后将其转化为改进公共体育服务的行动计划。

3.组织和实施公众参与的活动

一旦公众参与的机制和策略被明确，下一步就是开始组织和实施公众参与的具体活动。这些活动可以在不同的层面和形式上进行，目的是进一步收集公众的反馈，引导他们参与公共体育服务的决策和提供过程，同时也可以增强公众对公共体育服务的了解和满意度。

（1）公众论坛。公众论坛是一种公开的、面向所有人的活动，允许公众在其中自由表达对公共体育服务的观点和建议。通过公众论坛，可以直接听到公众的声音，获取他们对公共体育服务的需求和期望。

（2）讨论会。讨论会是一种更具针对性的活动，邀请特定的公众群体参与，如体育爱好者、学校、社区团体等。在讨论会中，可以深入讨论某一公共体育服务的具体问题或者改进建议，获取更具深度的反馈。

（3）工作坊。工作坊是一种更具实践性的活动，参与者可以在现场进行体验和实践。例如，可以组织一次公共体育设施的试用工作坊，让公众亲自试用新的设施，提出他们的反馈和建议。

通过这些公众参与活动的组织和实施，可以进一步了解公众对公共体育服务的需求和反馈，同时也可以增强公众的参与感和归属感。这不仅可以提高公共体育服务的质量和效果，也可以建立和维护公众对公共体育服务的信任和支持，从而实现公共体育服务的长远和可持续发展。

（二）实施社区治理的公共体育服务模式

1. 加强社区体育设施的建设和管理

社区体育设施对于确保公共体育服务的公平分布至关重要。因此，对社区体育设施的建设和管理应给予足够的关注。

在体育设施的建设方面，关注点应集中在设施的功能性、方便性和耐久性。设计和建设过程应以满足社区居民对体育活动的需求为导向，考虑设施的多功能性和可调整性，以适应不同年龄和身体状况的居民。设施的位置应方便大多数居民轻松抵达，以提高设施的使用率。另外，设施的耐久性也是必须考虑的因素，选择高质量的材料和先进的建筑技术可以确保设施的长久使用，减少维修和更换的需要。在设施管理方面，安全性、清洁性和公正性是关键。设施的安全性需要定期进行检查，以及时发现和修复可能的安全隐患。清洁性的保持需要定期清扫和保洁，以保证居民使用设施的舒适性。公正性主要体现在设施的使用权上，设施应对所有社区居民开放，不得因任何原因限制特定人群的使用权。此外，设施的维护和更新也应得到足够的关注，以保证设施的功能性和舒适性。通过这样的设施建设和管理，可以有效地提高社区体育设施的使用率，满足社区居民的体育需求，促进公共体育服务的公平分布。同时，高质量的社区体育设施也可以激发居民的体育热情，增加他们的体育活动参与度，进而提高社区居民的整体健康水平和生活质量。

2. 开展丰富多样的社区体育活动

举办多样化的社区体育活动是增强公众对公共体育服务参与度的有效途径。这种活动不仅能满足不同年龄、性别和体能的社区成员的需求，还能创造更多的机会使他们参与体育活动，进而提升他们的体育技能和健康水平。例如，定期举办的社区体育日。这样的活动可以设定多项体育比赛和娱乐项目，例如篮球、足球、羽毛球比赛，瑜伽或舞蹈课程，健身挑战等等。这些活动不仅可以吸引社区成员的积极参与，同时也可以通过友谊赛、团队比赛等方式增进社区成员之间的友谊和团结。此外，还可以设置各种体育课程和训练班。比如，可以提供瑜伽、太极、健身等课程，满足社区成员对健康和健身的需求；也可以设置篮球、足球等球类训练班，满足社区成员对提高体育技能的需求。这样不仅可以提供一个学习和提高的平台，同时也可以增加社区成员之间的互动和交流，增强社区的凝聚力。也可以尝试在社区中创建一些非正式的体育小组或俱乐部，例如跑步小组、瑜伽俱乐部等。这样的小组或俱乐部可以提供一个固定的时间和地点，让社区成员可以定期参加他们感兴趣的体育活动。同时，这种形式的体育活动更加灵活和自由，更容易吸引社区成员的参与。

3. 建立社区体育服务的评价和反馈机制

建立评价和反馈机制是提升社区体育服务质量的重要环节，能有效了解社区居民的需求和反馈，及时进行调整以满足更多的需求，提高社区满意度。

在实践中，社区可以利用技术手段，如开发手机应用或建立在线调查系统，使得社区居民可以方便地提供他们对于社区体育服务的评价和反馈。例如，对于某一项特定的体育活动，社区居民可以通过应用或系统对活动的组织、参与体验、设施使用等方面进行打分和评论。这样的直接反馈方式可以让社区管理者及时了解到活动的效果和问题，进而作出相应的调整或改进。此外，社区还可以定期举办社区会议或论坛，邀请社区居民对社区体育服务进行面对面的评价和反馈。这种方式可以提供更深入、更全面的反馈，帮助社区管理者更好地理解社区居民的需求和期望，以便提供更符合期望的服务。设置专门的反馈邮箱或热线电话，让社区居民随时可以提供他们的意见和建议。这种方式可以保证社区居民的反馈得到及时的回应，进而提高他们对社区体育服务的满意度。同时，评价结果可以公开给社区居民，以便他们了解社区体育服务的情况，也可以激发他们参与评价和改进社区体育服务的积极性。

三、建立公平、平等的公共体育服务供给制度

（一）建立公平的公共体育服务供给制度

公共体育服务供给制度在社会生活中的关键性作用不容忽视。它象征着一种规范，决定了公众行为的航向，降低了行为的不稳定性，并激励社会以更高效的方式发展。在公共体育服务的背景下，供给制度对各方行为，如政府、企业甚至公民产生约束，确保公共体育服务的方向性、稳定性和持续性。公共体育服务的公平供给制度是实现体育服务平等化的基本关键。

实施公平的体育服务供给制度，首要任务是确保每个公民都有机会享受到公共体育服务，以实现公共体育服务权利的平等。例如，制定区域间资源平衡分配的政策，无论公民居住在城市或者农村、富裕区或贫困区，他们都能接触到和使用足够的体育设施，享受到体育教育、训练和活动。这种平衡分配的策略也可包括在新的建筑规划中，考虑增加公共体育设施，或在已有的公共空间中，添加体育设备或场所。同时，公平的体育服务供给制度必须考虑到特殊群体的需求。比如，对于残疾人来说，简单地提供设施并不能满足他们的需求，还需要设施的无障碍改造，以及特殊的辅助设备和教练员。对于这些特殊需求，政府可以设立专项基金，支持对现有体育设施的无障碍改造，提供特殊辅助设备，或者资助特殊体育教练员的培训。而对于社会经济地位较低的群体，他们可能由于经济压力，没有时间和精力参与体育活动。此时，政府可以通过提供经济补助，如体育活动的门票或者课程费用补助，以降低他们参与体育活动的经济压力，鼓励他们更积极地参与体育活动。此外，提供多元化的体育项目和活动也是体育服务的公平性的体现。每个公民都有各自不同的体育兴趣和需求，政府应当尽可能提供各种类型的体育项目和活动，让每个公民都能找到自己感兴趣的项目并参与其中，这也是公共体育服务的公平性的体现。

公平的公共体育服务供给制度的另一重要层面，就是确保在制定公共体育服务的范畴和标准时，充分考虑到各个地方的经济、社会以及体育发展水平的实际情况。只有充分地认识和理解这些基础因素，才能确保最终制定的体育服务范畴和标准是科学和合理的，而这也是公平的体育服务供给制度所必须关注的重要方面。如何在实际工作中操作这一点呢？以确定公共体育服务范畴为例，一方面需要全面分析各地区的经济社会状况，例如人口、收入水平、教育水平等因素，另一方面还需要考虑到各地区体育资源的具体状况，如体育设施的数量、质量、分布情况等。这样，才能真正做到全面覆盖，无论是城市还是农村，都能根据各自的实际情况，确定合适的公共体育服务范畴。同样，制定公共体育服务标准时，也需要考虑各地区的实际情况。比如在农村地区，因为经济条件相对落后，公共体育设施的数量和质量可能无法达到城市地区的水平。这时，就需要制定一套灵活的标准，既能满足农村地区的实际需求，又不会因为标准过高而导致资源浪费或无法实施。只有这样，公平的公共体育服务供给制度才能在实践中真正发挥其应有的作用，通过公平、科学和合理的体育服务供给，推动公共体育服务均等化的实现。

（二）形成平等的公共体育服务供给机制

为了推动公共体育服务的均等化，一个关键的步骤是构建平等的公共体育服务供给机制。这首先意味着政府在提供公共体育服务时应将均等化作为其首要原则。而为了形成这样的供给机制，一个必要的组成部分是形成强大的推动力。

推动公共体育服务供给均等化的动力来自两个方面：一是来自内部的动力，内部动力是形成平等的公共体育服务供给机制的关键元素之一。它源自政府对公共体育服务均等化的重视。政府视体育为社会发展的重要组成部分，并认识到公共体育服务对社会和公民福祉的重大贡献。这种理解和承认进一步强化了政府推动公共体育服务均等化的决心和责任。当政府将公共体育服务均等化提升到优先发展的位置，这将引发一系列行动和政策调整。例如，政府可能会重新评估和调整体育资源的分配，确保所有人，无论所在地区、户籍身份、社会阶层等，都能接触并享受到公共体育服务。政府也可能会推动法规和政策的改革，以更好地保护和实现公民的体育权利，以及推动公共体育服务的均等化。政府可能还会投入更多的资源，包括财政资金和人力资源，以提高公共体育服务的供给和质量。政府对公共体育服务均等化的广泛重视也会形成强大的反馈力量。在一个开放、透明，并对公众负责的社会中，政府的行动和政策是公开的，而公众对政府的评价和反馈也可以直接影响政府的决策和行为。如果公众认识到政府对公共体育服务均等化的重视并看到了实际的进步，他们可能会给予政府更多的支持和信任，这将进一步增强政府推动公共体育服务均等化的动力。二是来自外部的动力，包括社会舆论、国际发展情况、公众需求等。这些因素能够让政府产生压力，进一步激发其推动公共体育服务均等化的动力。首先，社会舆论是一种强大的外部动力。在现代社会，信息传播的速度和范围都非常广泛，公众可以通过多种途径了解并对社会问题表达自己的观点。公众对公共体育服务不平等的关注和批评，可以成为推动政府改革的重要动力。媒体和公众的监督能够使政府明白其在提供公平的公共体育服务方面的责任和任务，这也可以激发政府进行改革，以满足公众的期待。其次，国际发展情况也是一种重要的外部动力。在全球化的大背景下，各国都在紧密的互动和交流中相互影响、相互借鉴。其他国家和地区在公共体育服务提供方面的经验和成功做法，可以为我国提供宝贵的参考和启示。此外，国际性的运动赛事、体育组织和活动，也可以为我国的公共体育服务提供新的理念和模式，进一步推动公共体育服务的均等化。最后，公众的需求和期待也是外部动力的重要组成部分。公众是公共体育服务的直接受益者，他们的需求和满意度是评价公共体育服务供给效果的重要指标。公众对高质量、公平、方便的公共体育服务的需求，可以促使政府在提供公共体育服务方面进行改革和创新，以满足公众的需求。外部动力要想真正发挥作用，推动平等的公共体育服务供给机制的形成，必须激发政府的内部发展动力。这需要政府能够积极响应外部动力，将其转化为改革的动力，将外部压力转化为内部动力。在具体操作上，政府可以通过制定科学的政策、优化资源配置、加强法治建设等手段，将外部动力转化为推动公共体育服务均等化的内部动力。

第四章 公共体育服务人力资源队伍建设

第一节 公共体育服务人力资源概述

一、公共体育服务人力资源的定义与特性

（一）公共体育服务人力资源的定义

1.人力资源

"人力资源"这一概念的提出，最早可以追溯到1919年和1921年，约翰·科蒙斯（John Commons）在其著作《产业信誉》和《产业政府》中首次使用。然而，这个早期的概念在内涵上与现代理解的"人力资源"有所不同。直到1954年，美国管理学大师彼得·德鲁克（Peter Drucker）在其著作《管理实践》中，首次明确界定了现今人们所理解的"人力资源"的概念。在德鲁克的观点中，人力资源被视为一种与其他资源截然不同的特殊资源，这种资源必须通过有效的激励机制来开发和利用，才能为企业带来显著的经济价值。这种对人力资源的理解强调了人的开发性管理，旨在发掘人的潜力，把人视为一种可以开发的资源，而不仅仅是生产要素。这种视角对后续的人力资源管理理论和实践产生了深远的影响。

我国学者陈国宏认为，"人力资源"指在一个国家或地区中，处于劳

动年龄、未到劳动年龄和超过劳动年龄但具有劳动能力的人口之和，也称"人类资源"或"劳动力资源""劳动资源"[①]。贺小刚等人认为，人力资源是指能够创造价值，推动整个经济和社会发展且具有劳动能力的人口总和[②]。黄建春认为，人力资源是指能够推动整个经济和社会发展的，具有智力劳动和体力劳动能力的劳动者的总和，包括数量和质量两个维度[③]。

基于上述观点论述，笔者认为人力资源可以理解为在一定的地理区域内，具有劳动能力和劳动潜力，可以参与各种生产和服务活动，为社会经济的发展作出贡献的人口总和。这个定义强调了人力资源的广泛性和包容性，它不仅包括在职工作者，还包括学生、退休人员，以及其他各种具有一定劳动能力和劳动潜力的人群。

从经济学的角度看，人力资源是经济生产的三要素之一，和自然资源、资本资源一样，都是生产的基本要素。人力资源的特殊性在于它同时具有生产者和消费者的双重角色。作为生产者，人力资源通过投入劳动，与其他生产要素结合，进行生产活动，创造物质财富和为社会服务。作为消费者，人力资源则通过消费活动，满足自身的生存和发展需要。从社会学的角度看，人力资源不仅有数量的含义，还有质量的含义。数量上的人力资源指的是具有一定劳动能力的人口数量，它与劳动力供给直接相关。质量上的人力资源则更注重人力资源的知识、技能、健康状况和道德素质等方面，它关系到人力资源的生产效率和生产效果。

2. 公共体育服务人力资源

公共体育服务人力资源可以理解为在公共体育服务领域中，参与体育服务提供、组织、管理等各项活动，并通过其劳动和知识为公共体育服务的发展做出贡献的人员。这一定义包括但不限于教练员、体育教师、

---

① 陈国宏 . 人力资源管理 [M]. 北京：北京理工大学出版社，2017：3.
② 贺小刚，刘丽君 . 人力资源管理 [M]. 上海：上海财经大学出版社，2015：5.
③ 黄建春 . 人力资源管理概论 [M]. 重庆：重庆大学出版社，2020：2.

体育场馆管理人员、体育项目组织者以及其他在公共体育服务中担任各种职能角色的人员。

公共体育服务人力资源是人力资源的一种特殊类型，它涵盖了在公共体育服务中参与、管理和提供服务的所有人员。公共体育服务人力资源是实现公共体育服务目标，推动公共体育服务发展的重要因素。具有一定专业知识和技能，对公共体育服务熟悉并有深入理解的人力资源是公共体育服务工作的重要支撑。

（二）公共体育服务人力资源的特性

1. 目标服务于公众利益

公共体育服务人力资源的工作目标并非为了追求个人或者组织的利益，而是服务于公众，推动公众健康、公平参与体育的权利和体育精神的普及。他们的努力方向是促进体育运动的普及，满足公众的体育需求，提高全社会的体育素质和公众的身心健康水平。

2. 政策性强

作为公共服务的一部分，公共体育服务人力资源的工作受到国家和地方政策的直接影响和指导。他们需要密切关注和响应政策变化，以便更好地履行职责，满足政策目标和公众需求。

3. 社会责任感

公共体育服务人力资源需要有强烈的社会责任感，他们的工作不仅是提供专业的体育服务，还需要通过自身的行为影响和激励公众积极参与体育活动，提高公众的健康意识，培养良好的体育习惯，同时也需要注意在工作中体现公平、公正、公开的原则。

4. 高度的专业性

公共体育服务人力资源需要具有专业的体育知识、技能和教育理念，能够针对不同的公众群体和体育项目提供专业、科学、有效的体育服务。他们需要不断学习和提高自身的专业素质和服务能力，以适应公共体育服务工作的发展和变化。

二、公共体育服务人力资源的分类与构成

（一）公共体育服务人力资源的分类

1. 按照服务类型分类

可以将公共体育服务人力资源分为体育教育服务人力资源、体育健身服务人力资源、体育竞赛服务人力资源、体育活动组织服务人力资源等。

体育教育服务人力资源主要包括了为学校、社区、企事业单位等提供体育教育和训练服务的专业人员。这些人员不仅需要掌握丰富的体育知识，同时也需要具备教育和指导他人的能力。他们的主要工作内容包括开设体育课程、设计和实施体育训练计划、组织和指导体育活动等。他们的工作能够帮助提高公众的体育素养，促进体育技能的传播和普及，为社会的体育发展贡献力量。

体育健身服务人力资源主要包括了为公众提供健身指导和服务的专业人员。他们的主要工作内容包括健身咨询、健身训练、健身评估等。这些人员通常需要具备专业的健身知识和技能，同时也需要具备良好的沟通和服务能力。他们的工作有助于提高公众的健康水平，推动健康生活方式的普及，对社会的健康发展起到重要的促进作用。

体育竞赛服务人力资源主要包括了为体育竞赛提供各种支持服务的专业人员。这些人员的主要工作内容包括比赛的组织和管理、比赛规则的制定和执行、运动员的训练和管理、赛事的宣传和推广等。他们需要具备专业的体育知识和技能，同时也需要具备较强的组织和管理能力。他们的工作对于提高体育竞赛的公平性和公正性、推动体育竞赛的健康发展具有重要的意义。

体育活动组织服务人力资源主要包括了为各种体育活动提供组织和管理服务的专业人员。这些人员的主要工作内容包括活动的策划和组织、活动的实施和管理、活动的宣传和推广等。他们需要具备较强的组织和

管理能力，同时也需要具备良好的沟通和协调能力。他们的工作对于提高体育活动的效果和影响力、推动体育活动的丰富多样具有重要的作用。

2. 按照专业能力分类

基于专业能力的角度，公共体育服务人力资源可以分为以下几类：

体育教练是公共体育服务人力资源的一个重要组成部分，他们主要负责对运动员进行技术、战术、体能和心理等多方面的训练指导。他们必须具备深厚的专业知识、丰富的实践经验以及独特的教练风格，同时，良好的沟通技巧和教育技巧也是他们不可或缺的能力。他们在挖掘和提升运动员潜力、提高运动员的竞技水平以及激发运动员的参赛热情等方面发挥着重要作用。

体育裁判负责监督和执行体育竞赛的规则，他们的决定直接影响到比赛的公平公正。他们必须具备对体育规则的深刻理解、灵活的应用能力以及公正无私的道德品质。体育裁判在保证比赛公正、维护比赛秩序以及促进体育精神等方面发挥着重要作用。

体育教师是公共体育服务体系中的一部分，他们在学校和社区等场所，通过教授体育知识和技能，引导和鼓励大众参与体育活动。他们不仅需要具备专业的体育知识和技能，更需要有良好的教学能力和教育理念。他们在提升大众体育素养、推广体育运动、形成健康生活方式等方面具有重要影响。

体育咨询专家通常在特定的体育领域具有深厚的专业知识和丰富的经验，他们能够为体育组织、运动员和大众提供专业的咨询和建议。他们的工作内容可能包括策划和指导体育训练计划、评估运动员的技术和体能、为体育组织提供决策支持等。他们在提高体育训练和比赛效果、促进体育科学发展、提升体育组织的管理水平等方面起到关键作用。

每一类公共体育服务人力资源都对公共体育服务的顺利开展和长远发展起到了至关重要的作用。他们的专业知识和专业能力是公共体育服务体系的核心竞争力，也是公共体育服务质量和效果的重要保证。

3. 按照服务对象分类

在公共体育服务人力资源的分类中，服务对象是一个关键的维度。根据服务对象的不同，公共体育服务人力资源可以划分为针对学校学生的体育服务人力资源、针对职工的体育服务人力资源、针对社区居民的体育服务人力资源、针对特殊人群（如老年人、儿童、残疾人等）的体育服务人力资源等。这些分类体现了公共体育服务的普遍性和包容性，同时也体现了各类体育服务人力资源在满足不同服务对象需求方面的专业性和针对性。

针对学校学生的体育服务人力资源主要负责为在校学生提供体育教育和训练服务。包括体育教师、体育教练等，他们在学校体育课程的开展、体育俱乐部的指导、校内体育比赛的组织等方面发挥重要作用。他们不仅需要有丰富的体育教育和训练知识，还需要具备与学生沟通交流、激发学生体育兴趣和潜力的能力。

针对职工的体育服务人力资源主要负责为职工提供体育健身和康复服务。包括企业体育教练、健身指导员、康复治疗师等，他们在企业体育活动的组织、职工体质健康的提升、职业疾病的预防和康复等方面发挥重要作用。他们需要具备专业的健身和康复知识，同时也需要有与职工沟通交流、制定个性化健身计划的能力。

针对社区居民的体育服务人力资源主要负责为社区居民提供体育活动和服务。包括社区体育指导员、体育活动组织者等，他们在社区体育活动的开展、居民体质健康的提升、社区体育设施的管理等方面发挥重要作用。他们需要有丰富的体育活动组织经验，同时也需要有与社区居民沟通交流、满足不同居民体育需求的能力。

针对特殊人群的体育服务人力资源主要负责为特殊人群提供特定的体育服务。包括老年人体育教练、儿童体育教练、残疾人体育教练等，他们在特殊人群体育活动的组织、特殊人群体质健康的提升、特殊人群体育能力的培养等方面发挥重要作用。他们需要具备针对特殊人群的专业体育知识和技能，同时也需要有与特殊人群沟通交流、满足特殊人群特定体育需求的能力。

以上各类公共体育服务人力资源在各自服务领域内拥有明确的工作职责和专业能力，为公共体育服务的普遍性、专业性和个性化提供了有力保障。

（二）公共体育服务人力资源的构成

1.数量构成

公共体育服务人力资源的构成是一个复杂的系统，它涵盖了多个层面的要素。在数量构成方面，包括公共体育服务人力资源的总量，以及各类体育服务人力资源的数量比例。

公共体育服务人力资源的总量是评估公共体育服务人力资源数量的基础，它涉及全社会范围内从事公共体育服务的所有人员的总数。这个总数不仅反映了一个地区或一个国家公共体育服务能力的基础，而且也是评估公共体育服务供给是否充足的重要依据。因此，对公共体育服务人力资源的总量进行准确统计，有助于科学评估公共体育服务供给情况，进而提出针对性的改进措施。

公共体育服务人力资源的数量构成还体现在各类体育服务人力资源的数量比例上。这涉及体育教育服务人力资源、体育健身服务人力资源、体育竞赛服务人力资源、体育活动组织服务人力资源等各类体育服务人力资源在总体育服务人力资源中的占比情况。这个占比情况可以反映出公共体育服务的结构是否合理，是否能满足社会公众的多元化体育需求。比如，如果体育教育服务人力资源的占比过高，而体育健身服务人力资源的占比过低，那么就可能出现体育健身服务供给不足的问题。因此，对各类体育服务人力资源的数量比例进行科学分析，有助于优化公共体育服务的结构，更好地满足社会公众的体育需求。

以上是对公共体育服务人力资源数量构成的分析，通过对总量和各类体育服务人力资源的数量比例进行考察，可以更好地理解公共体育服务人力资源的数量状况，进而为公共体育服务的改进提供依据。

2. 结构构成

公共体育服务人力资源的结构构成也是一个至关重要的考量因素，包括年龄结构、性别结构、教育水平结构、职务结构、专业技术职称结构等。

年龄结构反映了公共体育服务人力资源的活力与稳定性。年轻的体育服务人员多意味着活力十足，具有较强的创新能力和适应能力；而年龄稍大的人员则具有丰富的经验和稳定的业务能力。因此，合理的年龄结构应保证年轻人和经验丰富的人员的合理比例。

性别结构反映了公共体育服务人力资源的多元化程度。在公共体育服务领域，性别多元化可以带来更广泛的视角和更丰富的服务方式。因此，合理的性别结构应是男性和女性体育服务人员的比例相当。

教育水平结构是评价公共体育服务人力资源素质的重要指标。体育服务人员的教育水平直接影响其业务能力和服务质量。因此，应尽量提高公共体育服务人力资源的整体教育水平，培养更多的高教育水平的体育服务人员。

职务结构反映了公共体育服务人力资源的管理效率。理想的职务结构应该是上层管理人员、中层管理人员和基层服务人员的数量比例合理，既能保证决策效率，又能保证服务执行力。

专业技术职称结构体现了公共体育服务人力资源的专业水平。在公共体育服务领域，专业技术职称是评价体育服务人员专业能力的重要标准。因此，应尽量提高公共体育服务人力资源的整体专业技术职称水平，培养更多的高级职称的体育服务人员。

3. 质量构成

公共体育服务人力资源的质量构成是评估其价值和潜力的关键因素，包括专业素质、业务能力、服务水平、创新能力、道德品质等方面。

专业素质是指公共体育服务人力资源具有的体育学科知识、技能和应用能力。这包括对体育运动规则的理解，对身体运动机能的掌握，对运动训练方法和健康促进策略的熟知等。专业素质决定了体育服务人员的基本能力和服务质量。

业务能力是指公共体育服务人力资源在进行体育服务工作中的实际操作能力和执行力。这包括课程设计、活动组织、教练指导、健康咨询等多方面的能力。高的业务能力意味着体育服务人员能够更有效地为公众提供高质量的服务。

服务水平是指公共体育服务人力资源在对外提供服务过程中，能够达到的服务效果和满意度。这包括服务态度、服务速度、服务精准度等方面。优秀的服务水平可以提升公众的满意度，提升公共体育服务的影响力和口碑。

创新能力是指公共体育服务人力资源在面对新的服务需求、新的服务环境时，能够进行创新思考，提出新的服务策略和方法。创新能力是公共体育服务持续发展的重要动力，能够帮助体育服务适应时代的变迁，满足公众不断升级的需求。

道德品质是指公共体育服务人力资源在服务过程中遵循的伦理原则和行为规范。包括尊重服务对象、公正公平、真诚待人等。良好的道德品质是体育服务人员的基本素养，是获得公众信任和尊重的基础。

4. 分布构成

公共体育服务人力资源的分布构成是衡量其分布合理性和优化配置的重要因素。这包括公共体育服务人力资源在不同区域、不同领域、不同类型体育服务中的分布情况。

区域分布主要考察的是公共体育服务人力资源在国家和地区的分布情况。这种分布情况包括了城乡分布、省份分布、城市分布等。合理的区域分布可以确保体育服务资源的均衡发展，防止部分地区的体育服务资源过剩或短缺。同时，区域分布也反映了体育服务资源的流动情况和区域优势。

领域分布主要涉及公共体育服务人力资源在不同体育领域的分布情况，如球类运动、田径运动、水上运动等。不同的体育领域需要不同的专业技能和知识，因此对人力资源的需求也会有所不同。合理的领域分布能够满足不同领域的需求，提高体育服务的专业性和效果。

类型分布是指公共体育服务人力资源在不同类型的体育服务中的分布情况，如教育培训、健身指导、比赛裁判、活动组织等。每种类型的体育服务都有其特定的人力资源需求，因此需要进行合理的类型分布，以满足各类体育服务的需求。

公共体育服务人力资源的分布构成反映了资源配置的合理性和效率。只有理解了这种分布构成，才能有效地进行人力资源的配置和管理，提高公共体育服务的质量和效率。同时，对分布构成的研究也有助于揭示影响公共体育服务人力资源配置的因素，为政策制定提供依据。

第二节　公共体育服务人力资源队伍建设的成就

一、社会体育指导员队伍建设的基本成就

（一）党和国家高度重视社会体育指导员队伍的制度建设

社会体育指导员队伍的建设在我国取得了显著的进步，这在很大程度上归功于党和政府的高度重视和强力推动。这种重视并非只是在发展规划、人才政策以及领导讲话中的指示和部署，更深层次地体现在相关制度建设的持续强化上。1986 年我国首次提出评定社会体育指导员等级称号，并在《国家体委关于体育体制改革的决定》中开始试行，这是社会体育指导员队伍制度建设的重要开端。在 1993 年 12 月，原国家体委正式颁布了《社会体育指导员技术等级制度》部门规章，这一规章于 1994 年 6 月 10 日在全国范围内正式实施，标志着社会体育指导员制度

开始步入实际运行阶段。1994 年 6 月，为进一步推动社会体育指导员队伍的发展，我国又颁布了《社会体育指导员培训大纲》，在全国各省市地区全面展开社会体育指导员的培训工作。这一系列的政策实施和制度建设为我国在 1996 年成功产生首批"国家级社会体育指导员队伍"打下了坚实的基础。《社会体育指导员技术等级制度》的颁布实施，随后得到了《中华人民共和国体育法》和《全民健身计划纲要》的立法确认，这标志着社会体育指导员制度的地位得到了进一步的巩固，推动了中国社会体育事业向新阶段迈进。这一历程充分显示了党和政府对社会体育指导员队伍制度建设的高度重视，为全民健身与体育事业发展提供了关键的制度保障。

随着社会主义市场经济体制的深化和发展，群众体育产业在我国社会各层面的影响力日益增强，体育健身服务业尤其显著。在这样的背景下，各式各样的经营性质健身场所和活动如雨后春笋般涌现，人们对体育的消费热情和需求显著增加。在这一大背景下，数量庞大的社会体育指导员转化为向广大公众提供体育健身服务的宝贵人力资源。在持续加强公益性体育社会指导员队伍建设的基础上，建立社会体育指导员职业制度，并推动社会体育指导员队伍的多元化发展，这些议题逐渐被推上了舞台。在国家体育总局与劳动和社会保障部（今为人力资源和社会保障部，后同）等部门的共同商议和一致决定下，1999 年 10 月，国家体育总局正式成立了"社会体育指导员职业资格证书制度"的相关组织机构，并开始对《社会体育指导员国家职业标准》进行研制。2001 年，这一标准经劳动和社会保障部核准，最终在 2005 年，基于 2003 年的试点，正式实施。这标志着社会体育指导员正式被纳入国内的劳动体制，成为一个新兴的职业。自此，中国的社会体育指导员开始分化为公益型和职业型两种不同的发展模式。在管理层面，国家体育总局群众体育司对这两类社会体育指导员进行行政调控和行业指导，而国家体育总局社会体育指导中心和人力资源开发中心则对公益型和职业型社会体育指导员进行日常管理。2009 年,《全民健身条例》的颁布更是在更高的立法层面明确了我国社会体育指导员两种形态的多元发展,即国家对公益性社会体育指导人员实行技术等级制度,对职业社会体育指导人员实行职业资格证书制度。这种立法进一步巩固了我国社会体育指导员队伍的多元化发展道路。

为适应社会体育产业及市场经济的发展需求,解决 1993 年颁布的《社会体育指导员技术等级制度》仅限于公益型社会体育指导员管理,且覆盖范围广但实际操作狭窄的问题,2011 年,国家体育总局制定并颁布了《社会体育指导员管理办法》,并同时废止了原先的《社会体育指导员技术等级制度》。这项新的《管理办法》将社会体育指导员的定义具体化为“不以获取报酬为目标”的“全民健身志愿服务”领域。这项《管理办法》与《社会体育指导员国家职业标准》共同构成了社会体育指导员队伍建设的两大政策法规支撑。同年,国家体育总局进一步颁布了《社会体育指导员发展规划(2011—2015 年)》,对社会体育指导员的未来发展进行了全面规划。为了进一步发展壮大社会体育指导员队伍,吸引并留住各类优秀人才,《社会体育指导员管理办法》中制定了关于社会体育指导员等级评价标准、晋升要求等各方面的特许条件。在申请社会体育指导员等级时,需考虑申请者的专业能力是否属于体育健身指导类或组织管理类,并根据具体情况有所偏重。对于优秀教练员、运动员、从事体育教学的教师,以及近五年内取得体育专业学位证书的高等院校毕业生和职业社会体育指导员等优秀体育人才,在申请或授予社会体育指导员技术等级称号时,可以适度放宽培训考核要求和志愿服务年限,并可直接授予二级以上的社会体育指导员技术等级称号。对于做出不同程度突出贡献的社会体育指导员,他们在申请升级等级称号时,相关标准和连续服务年限的要求可以适度降低,对于做出突出贡献的人员,甚至有可能实行破格或跨级晋升。这样的政策无疑为社会体育指导员的队伍建设,特别是优秀人才的吸纳和留存,打开了一扇门。

党和国家的瞩目关注，尤其是相关制度的完善与构建，为社会体育指导员队伍的形成提供了坚实的政策支持，推动了社会体育指导员队伍以迅速、健全和有序的方式走向前行。这种明确的政策倾向不仅彰显了对社会体育健身事业的高度重视，也为全社会范围内的健康促进和体育活动推动注入了动力。

（二）地方进行社会体育指导员队伍建设的有益探索与实践

在我国，各地方政府也扮演着至关重要的角色，在公共体育服务人力资源的建设上有许多有益的探索与实践。

在泉州，"十四五"规划期间，社会体育指导员的角色得到了前所未有的发挥。他们的队伍得到了强化，技能经过了精心培训，以便为健身大众提供卓越的服务。在泉州，截至 2022 年 11 月，拥有的社会体育指导员数量达到 19653 人，这个数字在过去十年中增长了超过 1.1 万，使得每千人口拥有的公益社会体育指导员数量达到了 2.22 人。泉州市体育局致力于强化培训并扩大指导员队伍规模，采取多种形式举办培训交流活动，强化技能培训，充分调动协会力量，优化认定标准。他们注重管理规范，以提升队伍质量；他们完善制度管理，以提高服务水平，并逐步实现队伍的专业化。在活动指导方面，社会体育指导员的作用得到了充分发挥。他们积极参与并推动了社会体育指导员进乡村、进社区、进校园的活动。自"十四五"以来，有超过 2 万人次的社会体育指导员参与并指导了 500 多场的全民健身活动。这对于全民健身运动而言，无疑是一次力量的释放，也对社会体育指导员队伍的建设起到了积极的推动作用①。

《盐城市体育局关于进一步加强社会体育指导员工作的实施意见》中指出，以习近平新时代中国特色社会主义思想为指导，坚持以人民为中

---

① 泉州市加强社会体育指导员队伍建设 [EB/OL]. (2022-11-30) [2023-07-27]. https://baijiahao.baidu.com/s?id=17508801408692405968&wfr=spider&for=pc.

心，以规范化改革为引领，切实发挥社会体育指导员在全市全民健身中的主力军作用，切实解决全民健身志愿服务"谁来做""做什么""怎样做"的问题，打通科学健身指导服务"最后一公里"。建立健全选拔、培训和服务评价激励机制，激发社会体育指导员活力，提高社会体育指导员上岗率，形成具有盐城特色的社会体育指导员工作机制；积极探索政企合作、政府购买服务等方式，开展多元化培训。建立线上线下贯通的培训模式，线上培训以理论知识学习为主，线下培训以健身技能传授为主，将短期集训转变为常态化培训，使每个社会体育指导员至少掌握1—2个项目技能。

在全面落实《全民健身计划（2021—2025年）》和《关于构建更高水平的全民健身公共服务体系的意见》的同时，张掖市对标《张掖市国民经济和社会发展第十四个五年规划和2035年远景目标纲要》以及《张掖市"十四五"体育发展规划》和《中共张掖市委办公室 张掖市人民政府办公室关于加快推进乡村人才振兴的实施意见》，强化公共体育健身服务体系的建设，同时注重提升科学健身志愿服务队伍的综合素质。张掖市体育局始终紧扣社会体育指导员事业的发展，采用多元化的手段提升社会体育指导员队伍的综合职业素养，不断提升其理论与技能的水平。不仅如此，他们也一直致力于扩大社会体育指导员队伍的规模，借助市、县区体育部门的力量，关注培养各级各类社会体育指导员队伍，吸引更多人员加入，以提升社会体育指导队伍的整体规模。至今，全市各级各类社会体育指导员总数已达5054人，每千人中拥有的社会体育指导员数目达到了4.4人。在推动城乡均衡发展，助力乡村振兴建设的道路上，各县区体育部门也在发挥着重要作用。他们在培养社会体育指导员的过程中，兼顾城乡发展的均衡，为以县城为重要载体的城镇化建设和乡村振兴建设出力，按照城乡人口因素和实际需求，加强对乡镇、行政村的体育人才培育和社会体育指导员的发展力度，使得乡镇、行政村社会体育指导员人数占全市社会体育指导员总人数的9.8%。在使用社会体育指导员特许条件上，张掖市充分利用《社会体育指导员技术等级标准》中"关于特许条件"的具体规定，结合《关于构建更高水平的全民健身公共服务体系的意见》中"关于推动更多竞技体育成果全民共享"的相关要求，使得体育专业人才得以流入社会体育指导员队伍，以此推动社会体育指导员的高质量发展。每年，通过社会体育指导员特许条件，新增社会体育指导员人数 50 人左右 [①]。

地方社会体育指导员队伍的建设具有实践性和探索性，旨在以科学有效的方式推动队伍发展，以提供全民健身服务为核心，为广大群众的身心健康服务。关键因素包括政策导向的清晰性、培训质量的提升、队伍规模的适度扩张、城乡差异的平衡处理以及服务功能的强化。这种建设模式是在满足人民群众健身需求和推进全民健身战略目标的大背景下，通过加强制度建设，丰富和完善培训体系，拓宽社会体育指导员队伍的来源，以提升队伍的整体素质。同时，充分发挥政策引导作用，通过优化激励机制，吸引和留住更多优秀的体育人才，从而扩大社会体育指导员队伍规模，满足日益增长的全民健身需求。在城乡差异的处理上，注重均衡发展，根据城乡的实际需求和特点，制定有针对性的策略和措施，以期最大限度上满足不同人群的需求，推动健身事业在全社会的普及。而服务功能的强化，主要是提升社会体育指导员在健身活动中的专业性和指导作用，提供更优质、更专业的健身服务，使全民健身活动更科学、更有效、更有趣味性。地方进行社会体育指导员队伍建设的有益探索与实践，不仅体现了全民健身事业的科学性和规范性，同时也充分展现了人民群众参与全民健身活动的积极性和热情，这对于推动全民健身事业的深入发展，具有重要的现实意义和深远的历史影响。

---

① 张掖市以社会体育指导员队伍建设为抓手 构建全民健身公共服务体系 [EB/OL]. (2023-03-24) [2023-07-27].https://www.zhangye.gov.cn/tyj/dzdt/rdtj/202303/t20230324_1012358.html.

二、志愿服务队伍建设的基本成就

（一）加强了制度保障

为了满足广大民众日益增长的体育健康需求，并有效执行《全民健身计划纲要》，刺激和扩充体育志愿者队伍的复苏和增长变得至关重要。国家政府已经将全民健身志愿服务队伍的建设从传播层面提升到行政（政策）层面，为推进全民健身志愿服务活动的进行提供了有力的制度保障和方向指引。例如，《关于广泛开展全民健身志愿服务活动的通知》明确提出，必须以社会体育指导员队伍的建设为核心，不断强化全民健身志愿者队伍。除了开展社会体育指导员志愿服务活动之外，该通知还呼吁进行优秀运动员、体育系统工作人员、体育教师、大学生以及社区全民健身等人员的志愿服务活动。同样，《建立全民健身志愿服务长效化机制工作方案》提出，要充分发挥社会体育指导员的关键引领作用，充分利用各类体育组织和社团的影响力，不断吸引各界杰出人士参与全民健身志愿服务。该方案还提倡扩大参与渠道、创新服务方式、搭建交流平台，实现各个层面的有益互动。多方的共同努力使得近年来公共体育服务领域的志愿者数量显著增加。除了社会体育指导员这一主体外，大学生和退休体育爱好者等人群也成为公共体育服务志愿者的重要力量，两者的人数已经超过了志愿者总数的70%，他们广泛参与各类群众体育赛事和群众体育活动的组织和服务。

（二）加强了志愿服务培训

志愿者本身的理论知识深浅以及技术实践能力的高下是实现优质服务输出的基石；志愿服务的科学性、组织性和规范化程度则决定了志愿者队伍的服务质量。近年来，社会对志愿者的需求和认同度随着时间的推移而逐渐提高，政府政策的倾斜，特别是培训指导工作的有效实施，使得志愿服务工作的开展覆盖了社会的每个角落，志愿服务的质量也在不断提升。例如，在各类体育赛事的志愿服务队伍中，特别是在大学生群体的公益性赛事服务活动中，为了保障志愿服务的质量，他们在志愿服务开始前都会经历严格的比赛前服务培训和指导。这些培训内容包罗万象，覆盖范围广泛，技术指导具有很高的专业性。内容包括赛事的基础知识和概况、志愿者知识、礼仪规范、医学常识和急救技术等通用培训；专业技能培训，以及服务岗位的详细规定、工作任务、流程、作业任务等技能知识培训。

在淮安区，以社会体育指导员为基础的健身志愿者队伍的建设取得了显著成果。他们积极吸纳了来自社会各行各业，拥有体育专长并愿意参与志愿服务的人士。在对健身志愿者队伍的培训中，淮安区不仅关注志愿者队伍的规模扩大和质量提高，同时也注重全面性的培训。他们设立了一系列的培训项目，以确保志愿者在各个方面都有所提升，从而更好地为社区的体育健身服务作出贡献。

（三）注重志愿服务者的权益保障

在全民健身计划实施的全过程中，公益性社会体育指导员的角色不可忽视。他们是全民健身计划的组织者和引领者，是大众体育发展的基石，更是公共体育志愿服务的领导者。为了确保体育志愿服务活动的流畅进行，并且逐步发展壮大中国的体育志愿者队伍，政府机构在志愿者权益、保险制度以及支援保障等多个方面进行了积极行动，以共同维护和保障志愿服务体系。

2007年，上海市首次尝试为志愿者提供保险保障。通过发放"志愿者卡"，志愿者可以享受到意外伤害、残疾以及医疗保险等保障。同时，《北京市志愿服务促进条例》第22条也明确规定：接受志愿服务的组织或个人都应尊重志愿者的人格尊严，对于可能对志愿者健康、安全构成风险的服务项目，必须提供充足的告知和详细的说明，并且在条件允许的情况下，为志愿者提供岗前培训、业务指导、必要的物质保障以及安全卫生条件。2008年9月，汕尾市城区爱心之旅志愿者协会推出了"星级认证"的志愿服务时间奖励制度。"星级"认证制度分为五个级别，其中，服务时间累计达到 500 小时的"五星级"会员，经过认证和考察，可以评选为"优秀会员"，并授予"优秀志愿者"证书。根据《张家口市社会体育指导管理实施细则》的规定，已完成注册登记的社会体育指导员可以通过社会体育指导员服务平台参与健身指导志愿服务打卡，积累活跃度，并以此参与评估奖励的竞争。每年，年度活跃度排名前十的社会体育指导员将由市体育局授予"年度十佳社会体育指导员"荣誉称号，并发放 2000 元奖金或等价的物质奖励。此外，积极开展志愿服务并且连续半年平均每月在社会体育指导员平台参与打卡不少于 15 次的社会体育指导员，有资格参加市体育局组织的社会体育指导员骨干培训。考核通过后，将被授予"张家口市优秀社会体育指导员"的荣誉称号。同时，他们还可以根据志愿服务的开展情况，得到适当的物质奖励，以此激发他们在志愿服务中发挥更大的热情和活力。

三、运作管理队伍建设的基本成就

在公共体育服务进步的推动下，我国已对专业人才的开发倾注更多的精力，以保障公共体育服务供应的完备。现在，以体育院校等事业单位为主导，辅以国家体育总局及各级各类体育主管部门相关的组织机构，我国已经初步构筑了一套公共体育服务运营管理人员的培养体系。在大部分独立体育学院及部分综合性大学的体育院系中，已开设了公共事业管理（体育管理方向）、经济学（体育经济方向）以及体育经济与管理等本科或高职专业。在研究生教育中，体育产业经济以及体育公共事业管理已成为众多学校的招生方向。

八大体育院校及一些综合类院校开设的社会体育专业，目标在于培养社会体育指导员，以推进全民健身事业的发展。例如，早在 1985 年，武汉体育学院就首先开设体育管理专业，天津体育学院则于 1993 年开办了社体专业。此后，开设社会体育本科专业的学校数量逐渐增多，从1999 年的 14 所增至 2006 年的 200 余所。这些高等学府培养的人才，比社会化培训的人才更为系统，更具专业性，知识面更广，被认为是高层次的社会体育管理人才。此外，体育主管部门还组织了多种培训活动，如专题培训、高级研修、业务交流等，旨在提升体育行政工作者的专业能力。例如，为了让基层体育行政工作者更好地理解和掌握体育健身场馆的规划建设及管理运营知识，国家体育总局群体司于 2014 年 12 月举办了全民健身活动中心管理运营培训，以推动体育健身场馆提升管理运营水平。除此之外，经劳动和社会保障部批准，国家体育总局成立了职业技能鉴定指导中心，开展全国范围的职业鉴定工作，以培养和鉴定职业体育管理人才和职业体育经纪人。多年的努力使我国已经初步培养了一支熟悉财务、了解体育、精通管理的公共体育运作管理队伍。

在专业人才培养方面，体育院校与综合性大学的体育专业不断创新课程内容，瞄准未来社会发展的需求，更加精准地培养了公共体育服务运作管理的专门人才。这不仅包括了体育管理、体育经济等传统的体育相关专业，也涵盖了体育产业经济、体育公共事业管理等新兴的跨学科专业。此外，全国各级体育主管部门也加大了公共体育服务人员的专业培训力度。这些培训涵盖了全民健身活动中心管理运营、体育健身设施的规划原则、社会体育指导员的配备与管理等多个方面，以确保公共体育服务人员能适应复杂多变的工作环境，提升其服务质量。在此期间，国家体育总局职业技能鉴定指导中心的作用也更加明显。它通过开展全国范围内的职业鉴定工作，为我国培养出了一批熟悉财务、了解体育、精通管理的公共体育运作管理队伍。这些人才不仅在日常的公共体育服务中发挥了关键作用，同时也在推动我国体育事业向更高水平、更专业化的方向发展中起到了重要作用。

四、人才培训队伍建设的基本成就

《国家中长期人才发展规划纲要（2010—2020）》提出了对高技能人才的重视和培养，这在公共体育服务的人才队伍建设中得到了体现。其中，社会体育指导员队伍、体育志愿者队伍、体育运作管理队伍和体育科技研发队伍的建设成为关键环节。这些人才队伍的构建依赖于精心组织、专业培训与高效指导，而具有高素质、高学历、高水平、高技术和高层次的人才则是这一目标的保障。在这一过程中，各类人才培训组织机构、个体单位、企业单位和事业单位成为人才培养的重要依托，它们如同人才塑造的基地或二次培训市场，确保了人力资本的增值，实现了人才增值效益。当前，我国的人才培训队伍主要依托于高等体育院校以及体育部门建设的各类培训机构，如社会体育指导员培训基地、社会体育组织以及体育健身培训指导服务会所等。这些机构为公共体育服务的人才培训提供了有力的支持，也为我国的公共体育服务发展注入了源源不断的人才活力。

（一）依托体育院校或专业的人才培训队伍

当前阶段，各大体育院校及省份职业体育队伍等在我国的体育人才培养中发挥了主导作用。这些高等教育机构及团队不仅在课程设置和培养体系的设计上卓有建树，更在师资力量方面展现了鲜明的优势。它们如同孕育和发展公共体育服务人才的摇篮，提供了理想的环境和条件。这些体育院校和团队制定了专业的人才招聘渠道和人才专业能力测试系统，并建立了严格的教学质量评估体系，以确保培训的质量。与此同时，各大院校在硬件设施方面的投入，为教师们充分发挥专业技能提供了必要条件。在社会化进程中，各种激励制度和奖励体系进一步提高了教师的参与积极性。另外，全国的教师招聘系统建设相对完善，阶梯型的人才输送模式，为保障人才质量与数量之间的平衡作出了重要贡献。例如，东北电力大学为了加速全民健身事业的发展，增设了社会体育专业，并联合省体育局开设了篮球、健美操等多个项目的国家级裁判员和指导员培训班。而陕西的高等体育院校在公共体育服务相关人才培训方面也作出了重要贡献。国家、省市体育部门及各类体育组织机构常常利用陕西师范大学体育学院、西安体育学院等高等体育院校的师资优势，委托或授权他们进行社会体育指导员、裁判员、体育经纪人等人才的培训。

在这样的背景下，高校体育教师团队是一支具有高素质、高技术水平、坚实理论基础的服务公共体育人才培训的稳定、潜在师资力量队伍。他们不仅有数量的保障，更有质量的保证。以上的分析和实践表明，依托专业体育院校进行人才队伍培养的方式不仅取得了显著的效果，而且为公共体育服务的长远发展提供了人才上的坚实保障。可以说，高等体育院校在人才培养上发挥了至关重要的作用，他们所提供的知识、技能和专业能力，为公共体育服务的进一步发展奠定了基础。

（二）依托政府部门或是体育社会组织的各类培训师队伍

在我国体育人才培训体系中，除了专业体育院校之外，政府部门和体育社会组织也是人才培训的重要力量。他们承担着对各类培训师资的培训工作，进一步提升了人才培训队伍的整体水平。

一方面，相关的人力资源主管部门，如国家体育总局职业技能鉴定中心，近年来非常重视人才培训队伍的建设。他们开办了国家级体育经纪人培训师培训班，强调对于培训师的资格认证，需要经过严格的培训和考核。这种制度保障了人才培训队伍的专业性和规范性，同时也维护了整个体育产业的质量和声誉。另一方面，社会体育组织，如中国社会体育指导员协会，也对师资进行了深度培训。通过举办国家级社会体育指导员培训师资研修班等形式，社会体育组织对于人才的培训既保证了专业性，也扩大了其覆盖面，从而推动了公共体育服务的深入发展。此外，各类单项体育协会也起到了重要作用。中国篮球协会和中国足协等，不仅负责裁判员和教练员的培训，而且负责其使用和管理，使得各类体育活动的公正性和专业性得到了保障。例如，中国足协技术部举办开展了教练员讲师培训的工作计划，以进一步加强对教练员讲师队伍的建设，选拔新的教练员讲师，承担基层青少年教练员和运动员培训任务。

政府部门和体育社会组织在我国体育人才培训体系中的地位和作用不容忽视。他们通过一系列制度和活动，对人才培训队伍进行了有效的管理和提升，保证了人才培训的专业性和广泛性。对于公共体育服务的发展，他们的贡献显而易见。未来，这些政府部门和体育社会组织将在体育人才培训方面发挥更大的作用，为公共体育服务的长远发展提供更多的人才支持。

（三）依托市场体育教育人才培训机构的各类培训师队伍

在当前体育人才培训的大背景下，参与市场竞争的体育教育人才培训机构以其独特的形式和优势，成为培养体育人才的重要途径。它们以满足群众需求为导向，形成了具有市场竞争力的体育培训师资团队。其中，包括各类体育会所、健身俱乐部、体育培训中心等。

以体育健身教练培训机构为例，其包容性极强，对参训者没有专业上的限制，广纳各类人员参与，包括学者、体育专业师生以及从事体育志愿服务工作的人员等。只要通过培训和考核，便可成为优秀的健身指导教练员，从事专业的健身指导或是业余志愿服务。这种开放性和包容性，使得更多有志于投身体育事业的人能够通过这个平台，获取专业的培训，从而进一步提升自己的技能和能力。例如，北京华威体育培训中心便是此类机构的典型代表。该中心依托北京体育大学，拥有完善的管理层和优秀的教练员团队，提供专业的健身指导和人才培训。华威体育培训中心在师资力量、服务质量和教学方法上的优势，使其在市场竞争中保持了领先地位，并获得了广大学员和社会群体的一致好评。

参与市场竞争的体育教育人才培训机构的存在，对于扩大体育人才培训的途径和范围，满足群众多元化的需求，推动公共体育服务事业的发展，都发挥了不可或缺的作用。然而，这也意味着这些机构需要不断提升自身的教学质量和服务水平，才能在日益激烈的市场竞争中保持优势。

第三节　公共体育服务人力资源队伍建设的对策

一、优化公共体育服务人力资源结构

（一）提升公共体育服务人力资源的整体素质

在公共体育服务领域，人力资源的整体素质成为决定服务质量和效率的关键因素。针对此问题，提出以下的对策和建议，以实现公共体育服务人力资源素质的全面提升。

在构建公共体育服务人力资源全面的教育和培训体系中，涵盖多元化的教育和培训内容至关重要。服务人员需要掌握广泛的知识和技能，以应对日常工作中的各种挑战和需求。例如，他们需要对各项体育运动有深入的理解和实践经验，能够根据服务对象的不同特点和需求，提供合适的运动指导和计划。此外，他们还需要掌握先进的教学方法，如：如何有效地传授技能、如何激发学习者的兴趣和动力、如何评估学习效果等。同时，由于体育运动涉及身体和心理的健康，服务人员还需要学习相关的医学知识，如：如何预防和处理运动伤害、如何应对运动中的心理压力等。

为了支持服务人员的持续学习和职业发展，教育和培训体系需要具有灵活性和开放性。一方面，可以提供多样化的学习方式，满足不同人员的学习习惯和时间安排。例如，线上学习可以实现随时随地的自主学习；工作坊和研讨会则提供了面对面交流和实践操作的机会；实践项目则可以让服务人员在真实的工作环境中应用所学知识和技能。另一方面，教育和培训体系需要持续更新和拓展其内容，以应对公共体育服务领域的发展变化。例如，可以根据新的运动项目、新的教学理念、新的健康观念等，及时更新和添加课程。

　　课程设计的创新是实现教育和培训目标的重要途径。首先，课程内容需要反映服务人员的实际工作需求，而不仅仅是理论知识的传授。可以通过实践项目、案例分析、角色扮演等方式，提高课程的实用性和参与性。其次，课程设计需要考虑服务人员的学习特点和学习过程，如学习动机、学习难易度、学习反馈等。可以通过合适的教学方法和教学资源，提高学习的效率和愉快性。引入认证制度是激励服务人员参与教育和培训的有效手段。通过证书和学分，服务人员可以获得对其学习成果的明确认可，也可以对其学习过程有明确的规划和目标。

　　同时，对于公共体育服务的使用者来说，认证制度也提供了对服务人员素质的重要参考。对于公共体育服务的管理者来说，认证制度也提供了对服务人员素质和培训效果的重要评估。

　　职业伦理和公共服务精神对于公共体育服务人力资源的重要性不言而喻。职业伦理主要涉及服务人员在职业生涯中应持有的道德和行为规范，这些规范是他们在执行职责时的行为指南，引导他们做出对公众有利的决策和行为。

　　例如，公正、诚信、尊重和责任是职业伦理的四个关键要素，它们是建立公共信任和提高服务质量的基础。公正要求服务人员对所有服务对象公平对待，无论其社会地位、身体能力或其他个人特征如何；诚信意味着服务人员在所有情况下都必须诚实守信，这对于维护服务对象的信任至关重要；尊重要求服务人员尊重每个服务对象的个性和选择，提供个性化和人性化的服务；责任是指服务人员对其工作结果和影响的认知和承担。

　　公共服务精神则更加强调服务人员对公共利益的承诺和追求。它要求服务人员始终以服务对象的需求和利益为优先，努力提高服务质量和效率，创造良好的服务环境和体验。这种精神对于服务人员的职业满意度和职业发展也有积极的影响，因为他们可以从帮助他人和贡献社会中获得成就感和满足感。

　　为了加强职业伦理和公共服务精神的教育，可以将其纳入教育和培训体系的核心部分。一方面，可以开设专门的课程，详细解释和讨论职业伦理和公共服务精神的内容和意义，提供相关的理论知识和实践指南。另一方面，可以通过案例分析的方式，使服务人员更好地理解和感受职业伦理和公共服务精神在实际工作中的应用和重要性。这些案例可以是公共体育服务的实际情况，也可以是其他公共服务领域的经验和教训。

　　除了课程教育，定期的研讨会和交流活动也是教育和培训的重要组成部分。这些活动为服务人员提供了分享经验和学习新知识的平台，也为他们提供了了解和反思职业伦理和公共服务精神的机会。优秀的伦理实践和服务案例不仅可以鼓励服务人员持续改进和创新，也可以激发他们对职业的热情和对公众的责任。

　　现代科技的发展对公共体育服务产生了深远影响，包括但不限于提高服务效率、扩大服务范围、改善服务质量等。其中，信息技术的应用使得公共体育服务的管理和交付变得更加高效和精准。例如，通过建立电子化的管理系统，可以实时监控服务的运行状况，及时发现和处理问题，提高管理效率。同时，通过互联网和移动设备，可以向广大服务对象提供便捷和个性化的服务，提高服务满意度。在线学习平台是另一种有效的工具，可以支持公共体育服务人力资源的自我提升和持续学习。通过这些平台，服务人员可以根据自己的时间和地点选择，自主学习所需的知识和技能，包括体育理论、教学方法、服务策略等。这不仅可以满足服务人员的个性化学习需求，也可以鼓励他们主动学习和自我提升，从而提高整体的服务能力和素质。

　　数据分析工具是提升公共体育服务效果的重要手段。通过对服务数据的收集和分析，可以了解服务的实际运行状况，发现服务的优点和不足，从而对服务进行有针对性的改进和优化。例如，可以分析服务对象的满意度数据，了解他们对服务的需求和期待，调整服务策略和方法；

也可以分析服务人员的工作数据，了解他们的工作效率和问题，提供必要的支持和培训。

要实现这些技术和工具的有效应用，对公共体育服务人力资源的技术培训是必不可少的。首先，需要教育服务人员理解和掌握这些技术和工具的使用方法，这不仅包括基本的操作技能，也包括对这些技术和工具的理解和思考，使他们能够灵活和创新地应用它们。其次，也需要在组织层面，形成对新技术和新工具的积极态度和支持机制，比如提供技术学习的时间和资源，设立技术使用的政策和规范，推动技术在服务中的广泛使用。

（二）实现公共体育服务人力资源多元化

实现公共体育服务人力资源的多元化是推动服务质量和效果的重要策略。特别是提升女性和少数民族等社会群体在公共体育服务中的参与度是多元化战略的关键部分。

从性别角度看，女性的参与在多方面对公共体育服务产生积极影响。首先，女性在体育服务领域的参与可以改变这个领域的性别结构，打破男性主导的状态，实现性别平衡。这对于公平和公正的公共服务非常重要，因为它确保了服务的制定者和提供者能够全面和公正地反映社会的多样性。其次，女性的参与也可以丰富公共体育服务的内容和形式，带来新的视角和方法。比如，女性在体育教育和指导中可能更注重合作和包容，更关注参与者的身心健康和全面发展，这些都可以提高服务质量和满意度。最后，女性服务人员在某些服务场景中，比如儿童和女性的体育活动，可能更能得到服务对象的信任和接纳，这对于服务的成功执行和效果提升非常重要。

从民族角度看，少数民族服务人员的参与同样对公共体育服务产生积极影响。首先，少数民族服务人员的参与可以提升服务的多样性和包容性。他们可以根据自己的文化背景和社区经验，提供满足不同民族需求的特色服务，比如民族体育活动和教育。这不仅可以增加服务的吸引力和满意度，也可以提高服务的社会效果，比如文化传承和社区凝聚。其次，少数民族服务人员的参与也可以促进各民族的文化交流和理解，建立多元与和谐的社会氛围。他们可以通过体育服务，传播和推广自己的文化，让更多的人了解和尊重不同的民族文化。

为了吸引多元社会群体参与公共体育服务，需要营造一个公开、公正、平等的招聘环境。首先，要公布明确和全面的职位信息，确保所有的社会群体都能了解到招聘信息，并有机会参与申请。其次，要设立公正的招聘程序，比如面试和考试，确保所有申请者都能获得公平的评价。此外，对于女性和少数民族等特殊群体，还可以考虑提供一些支持和激励措施，比如优先录取、提供培训等。

在人力资源的多元化中，另一点值得关注的是吸引不同年龄、专业背景和经验的人才加入公共体育服务人力资源队伍。

不同年龄的服务人员可以提供不同的服务视角和方式，比如年轻人可能更擅长使用新技术和新媒体，而年长的服务人员可能更具有丰富的经验和深厚的人脉。

不同专业背景的服务人员可以增加服务的专业性和创新性，比如教育专业的服务人员可以提高服务的教学质量，而心理学专业的服务人员可以提供更好的心理指导和咨询。

不同经验的服务人员则可以丰富服务的实践和应用，比如有竞赛经验的服务人员可以提供专业的竞技指导，而有社区工作经验的服务人员可以提高服务的社区融入和服务满意度。

为了实现上述的多元化目标，有必要对公共体育服务人力资源的招聘和培训进行改革和创新。在招聘方面，可以开展多渠道和多形式的招聘活动，吸引不同的申请者；在评价方面，可以考虑多元的评价标准和方式，确保公平和全面地评价；在培训方面，可以设计多样化和个性化的培训内容和方式，满足不同的学习需求。

尊重和利用个体差异是实现公共体育服务个性化和差异化的关键。

每一个服务人员都有自己的特点和优势，如知识、技能、经验、性格等，这些都是他们提供优质服务的独特资源。通过充分了解和尊重这些个体差异，可以设计更个性化和差异化的服务，比如针对特定群体的服务项目、特定环境的服务策略等。同时，也可以通过个性化的管理和激励，提高服务人员的工作满意度和效率，比如根据个人的需求和发展设定工作目标，提供个人化的培训和发展机会，实施个人化的评价和奖励机制。

（三）推动公共体育服务人力资源的合理配置

公共体育服务人力资源的合理配置，是实现高效服务、满足多样化需求并确保持久发展的关键环节。此一过程就如同艺术家在画布上精心布置颜色和线条，或如指挥家在乐队中协调各种乐器，旨在创造出一幅和谐而美妙的画面，或演奏出一曲动听而卓越的乐章。

公共体育服务的需求和目标，就是人力资源配置的指南针。服务需求涵盖了多个方面，如服务的类型、规模、频率，以及服务对象的特性、需求、期望等。服务目标则定义了服务的质量、效果、影响等期望结果。因此，科学的人力资源配置，就是根据这些需求和目标，灵活安排服务人员的数量、种类、技能、责任等。例如，大型和频繁的体育活动可能需要更多的服务人员和更高的服务技能，而面向特殊群体（如儿童、老人、残障人士）的体育服务可能需要更细致的关怀和更具同理心的服务态度。这些都需要在人力资源配置中得到充分考虑和反映。

公共体育服务人力资源的使用效率和效果，是人力资源配置的检验标准。使用效率关乎服务人员的工作负荷、工作满意度、服务质量等。使用效果则关乎服务的接受度、满意度、影响等。因此，持续跟踪和分析这些效率和效果，以及根据分析结果进行动态调整，是确保人力资源配置适应服务发展变化、优化服务效果的重要方法。例如，分析发现某些服务人员工作量过于繁重，影响服务质量，就需要及时调整人力资源的配置，增加服务人员或改善工作流程。分析发现某些服务的接受度低下，就需要深入探究原因，可能需要改变服务内容，或者提升服务人员的相关技能。

不同地区和领域的公共体育服务需求，是人力资源配置的地理和专业依据。地区性的配置需要考虑地理位置、人口结构、生活习惯等因素，例如城市和农村、平原和山区、沿海和内陆的体育服务需求可能存在显著差异。领域性的配置需要考虑体育项目、服务类型、服务对象等因素，例如足球和乒乓球、竞技体育和娱乐体育、儿童和老人的体育服务需求可能有所不同。因此，区域性和领域性的人力资源配置，就是根据这些需求的特性和变化，灵活安排服务人员的分布、专业、职责等，以实现服务的精准满足和高效运作。

二、加强公共体育服务人力资源队伍的专业培训

（一）设计和实施系统化的专业培训计划

公共体育服务人力资源队伍的专业培训，就如同雕琢璞玉，亦如灌溉幼苗。它能提升人力资源的专业能力，增强服务的质量和效果，同时也能激发人力资源的工作激情，满足其职业发展的需求。为此，设计和实施系统化的专业培训计划，就像是绘制一张宝图，或是航行的航图，指引着人力资源队伍在成长和进步的道路上稳步前行。

公共体育服务的需求，是培训内容和方法的源泉。服务的需求涵盖了服务的类型、规模、频率，以及服务对象的特性、需求、期望等。在确定培训内容时，除了基础的体育技能和知识，还应该包括人际交往能力、问题解决能力、团队协作能力等软技能。此外，还应该关注行业最新发展和热点，例如新的体育项目、新的训练理念、新的服务模式等，让公共体育服务人力资源始终保持行业前沿。在确定培训方法时，应该采取灵活多样的方式，满足不同人的学习需求和偏好。理论讲解、案例分析、角色扮演、模拟实战等方法可以交替使用，提高培训的效果和兴趣。同时，应该定期进行效果评估和反馈，了解培训的效果，调整培训的内容和方法。

例如，面对儿童的体育服务，培训内容可能需要更多关注儿童的生

理和心理特点，如何进行安全有趣的教学，如何与家长有效沟通等。培训方法则可以采用更多的游戏和互动形式，让公共体育服务人力资源在参与和体验中学习和成长。

又如，面对残障人士的体育服务，培训内容可能需要更多关注残障人士的生理和心理特点，如何进行安全适应的教学，如何与残障人士和家属有效沟通等。培训方法则可以采用更多的模拟和实战形式，让公共体育服务人力资源在实践和反思中学习和成长。

培训效果的评估和反馈，是培训过程的监控和优化。评估可以采用多种方式，如测试、观察、问卷，以了解培训的学习效果、应用效果、满意度等。反馈则是将评估结果迅速反馈给学员和教练，以调整学习和教学的策略、内容、方法等。例如，如果评估发现学员对某项技能的掌握程度低下，就需要及时进行反馈，加强这项技能的讲解和练习。通过这种方式，定期对培训效果进行评估和反馈，就像是设置了一个自我校准的机制，使培训过程始终能保持最佳的状态。

不同的公共体育服务岗位，使培训计划呈现多样化和个性化。公共体育服务岗位包括了教练、裁判、管理员、咨询员等，每个岗位都有其特定的职责、要求、挑战。因此，针对不同的岗位设立不同的培训计划，就是根据这些特性，设计合适的培训内容、方法、周期、评价等。例如，教练的培训可能需要更多的教学技巧和心理引导知识，而管理员的培训可能需要更多的服务管理和危机处理技巧。这种差异化和个性化的培训计划，就像是精心定制的礼物，能更准确和有效地满足岗位的培训需求，提升员工的工作效果。

（二）促进公共体育服务领域的交叉学科培训

公共体育服务领域的交叉学科培训，如同一次深入的知识探险，或者一场丰富多彩的文化交融。通过交叉学科的研究和学习，公共体育服务的人力资源可以广泛吸取其他领域的理论知识和实践经验，以促进其自身的专业发展和整体素质的提升。

当谈到公共体育服务与其他相关领域的交叉培训，例如心理学和营养学，便是一个充满无尽可能的研究领域。心理学可以帮助他们理解与影响人们的行为和情绪，从而提高公共体育服务的接受度和满意度。例如，通过心理学的方法，可以引导服务对象克服对运动的恐惧和厌倦，激发其运动的兴趣和习惯。而营养学则可以提供健康的饮食指南，以保持与提升服务对象的体能和健康。例如，通过营养学的指导，可以帮助服务对象制定合理的饮食计划，以适应其运动的需求和目标。为了实现这样的交叉学科培训，可以采用多元化的培训方式，以提升公共体育服务人力资源的综合素质。这些方式可以包括理论讲座、实践研讨、在线课程、实地考察等，以满足不同的学习需求和风格。通过这样的培训方式，公共体育服务的人力资源不仅可以增强其专业知识和技能，而且可以开阔其视野，提高其解决问题和创新思维的能力。

这样的交叉学科培训，也可以推动公共体育服务的创新发展。公共体育服务的创新，不仅需要新的设备和技术，更需要新的理念和方法。通过交叉学科的研究和学习，可以发现与引入其他领域的先进理念和有效方法，以丰富公共体育服务的内容和形式，提高其效率和效果。例如，通过心理学和营养学的研究，可以开发出更适合不同人群的体育服务项目，或者提供更全面和个性化的服务方案。

（三）建立持续的职业发展和教育平台

建立持续的职业发展和教育平台，犹如在公共体育服务人力资源的成长道路上搭建一座坚实的桥梁，引导他们踏实前行，不断攀登新的高峰。提供的在线学习资源和自我发展工具，就像为他们装备上一副翅膀，让他们在知识的海洋中自由翱翔，不断汲取新知、丰富自我。

在线学习资源的提供，是让每一个公共体育服务人力资源都能接触到最新的知识和技术，进而提高自身的专业能力和服务水平。这种学习方式的灵活性和自主性，让每个人都能根据自己的时间和节奏进行学习，而不受时间和地点的限制。例如，他们可以通过在线课程学习最新的体育理论和技术，也可以通过在线论坛和社区交流工作中遇到的问题和经验。

自我发展工具的提供，是为公共体育服务人力资源提供自我评估和发展的手段，让他们可以清晰地了解自身的优点和不足，制定合理的发展计划。例如，他们可以通过在线的能力评估工具，了解自身在公共体育服务中的能力水平和潜力，也可以通过在线的职业规划工具，规划自身的职业路径和发展目标。而对于公共体育服务人力资源的职业规划和发展路径的提供，是帮助他们明确职业目标、激发工作动力、保持学习热情的重要手段。这种规划和路径的提供，可以帮助他们在职业发展的道路上保持清晰的方向，了解自身的目标和期待，进而更好地进行自我提升和发展。

推动公共体育服务人力资源的终身学习，是让他们始终保持对新知识和新技术的求知欲，以适应社会和技术的快速发展，提高公共体育服务的质量和效果。终身学习的理念，是让他们始终保持敬业和热情，以满足公众对高质量公共体育服务的需求。

三、构建全面的公共体育服务人力资源激励机制

（一）实施公平和透明的评价与奖励机制

公正的绩效评价体系是公共体育服务人力资源激励机制的基石，也是保障公平和透明的评价与奖励机制的关键。有效的绩效评价体系应该有清晰的评价标准、严谨的评价流程，以及全面的评价内容。评价标准应该具有针对性，即根据公共体育服务的具体需求，制定出反映服务质量、效率、满意度等多个方面的指标。评价流程应该公正公开，即所有评价环节都有明确的规定，避免主观性和随意性。评价内容应该全面，即既要关注结果，也要关注过程，既要考察个人，也要考察团队。举例来说，对于一次社区体育活动的组织者，评价其绩效时，不仅要看活动的参与人数、满意度等结果，还要看其筹备、执行、反馈等过程的表现，

不仅要评价其个人能力，还要评价其团队协作能力。这样，评价结果才能全面准确，有效反映服务人员的实际表现。

明确的奖励政策是公共体育服务人力资源激励机制的保障，也是激发工作热情和积极性的关键。奖励政策应该有明确的奖励目标、合理的奖励方式，以及显著的奖励力度。奖励目标应该明确，即清楚说明哪些行为和结果会被奖励，这样可以引导服务人员朝着正确的方向努力。奖励方式应该多样，即除了经济奖励，还可以有职务晋升、荣誉称号、培训机会等，以满足服务人员的不同需求。奖励力度应该达到激励的效果，即奖励的数量和质量要足够激发服务人员的积极性，但也不能过高，以免引发无效竞争和资源浪费。

公开透明度的加强，是确保公平和透明的评价与奖励机制的前提，也是保护服务人员权益的重要手段。公开透明度的提升，应该体现在评价结果的公开、奖励政策的公开，以及评价和奖励的过程的公开。这样，服务人员可以清楚了解自己的工作表现，知道如何提高工作效果，也能避免因信息不对等而产生误解和矛盾。公开透明度的加强，也能增强服务人员对评价和奖励机制的信任度，从而提高其工作满意度和忠诚度。

（二）推行多元化的激励方式

多元化的激励方式是对公共体育服务人力资源发展的强大驱动力，旨在通过丰富多样的激励方式满足服务人员的不同需求，从而提高其工作积极性和效率。

物质和精神激励方式都是激励的重要形式，但它们各有侧重点，适应的是不同的需求和情况。物质激励方式，如工资奖金、福利待遇、晋升机会等，它们具有直接、明确的激励效果，易于量化和对比，可以满足服务人员的经济需求和职业发展需求。精神激励方式，如荣誉奖励、公开表彰、正面反馈等，它们具有深远、微妙的激励效果，能够满足服务人员的尊严需求和自我实现需求。因此，提供丰富的物质和精神激励方式，可以全面激发服务人员的潜力和创造力。

个性化的激励方式是人力资源管理的一种重要趋势，它重视员工的差异性和独特性，尝试为每一位员工量身定制激励方式，以更好地调动其工作积极性。例如，对于喜欢挑战和探索的服务人员，可以给其提供更多的学习和发展机会；对于注重稳定和安全的服务人员，可以给其提供更多的保障。通过这种方式，可以满足不同员工的需求，从而提高其工作满意度和效率。

创新和进步的激励措施是推动公共体育服务发展的重要手段，它可以鼓励服务人员积极探索新的服务方式，提高服务质量，从而提高公共体育服务的整体水平。例如，可以设置创新奖项，鼓励服务人员提出和实施新的服务方案；也可以设立进步奖项，鼓励服务人员持续提升自己的专业技能和服务态度。通过这种方式，可以形成良好的工作氛围，促进公共体育服务的创新和进步。

（三）创建有利于员工发展和成长的工作环境

在公共体育服务领域，营造有利于员工发展和成长的工作环境是至关重要的。这个环境应该积极健康、充满活力、充满激情，能够激发员工的工作热情和创新精神，为员工提供充分的发展空间和机会，让他们在工作中找到价值和意义，从而提高他们的工作满意度和效率。

一个积极健康的工作氛围对于公共体育服务来说，是每一项服务活动能够成功推进的关键。这样的工作氛围对每一位服务人员的尊重和理解，无疑是激发其工作热情和提高工作效能的重要动力。尊重和理解，这是所有工作环境中所应有的基础素质，而在公共体育服务中，更是提供优质服务的必要因素。每一位服务人员都有自己的专业知识和技能，他们在体育领域有自己独特的见解和洞察力。当他们被尊重、他们的想法被理解时，他们就会有更大的动力去提供更好的服务、创造出更多的价值。工作愉快和自在，这是每一位服务人员在提供服务过程中应该享受到的待遇。公共体育服务是一个涉及广大群众的领域，工作的愉快和自在不仅能让服务人员保持良好的工作状态，还能直接影响到他们服务的质量和效果。当他们在提供服务的过程中感到愉快时，他们就能更好地与群众建立互动和联系，从而更好地满足群众的需求。提供充分的自由和空间去表达自己的观点和想法，这是公共体育服务所独有的特点。体育活动本身就是一个充满创新和挑战的领域，每一项活动都需要服务人员去探索和发现，去创造和实践。这样的自由和空间，不仅能激发他们的工作热情，还能让他们在挑战和创新中提高自己的专业素养和技能。所以，在公共体育服务中，营造积极健康的工作氛围，是推动服务质量和效率提升的重要一环。只有当每一位服务人员都在积极健康的工作氛围中，才能够全力以赴，提供最优质的服务，满足广大群众的需求。

充足的发展空间和机会，如同一个广阔的天空，它给予公共体育服务人员无尽的可能和无限的探索。这个天空包含了各种专业领域、各种服务项目、各种工作任务、各种学习资源、各种实践机会，给予他们最大的自由度，去选择他们感兴趣的领域，去尝试他们想要挑战的项目，去完成他们需要完成的任务，去获取他们需要学习的知识，去实践他们想要实践的技能。充足的发展空间和机会，就像是一个绚丽的舞台，它让公共体育服务人员得以展示他们的才华和实力。他们可以在这个舞台上大胆地挥洒汗水、全力地付出努力、无畏地接受挑战、坚定地走向成功。他们可以通过每一次的尝试和实践、每一次的努力和奋斗、每一次的挑战和超越，去提升自己的专业素质，去提升自己的服务水平，去提升自己的工作效能。充足的发展空间和机会，更是一个充满激励和动力的成长环境。它不仅提供了各种发展的可能，更给予了每一位公共体育服务人员充分的成长动力。他们可以在这个环境中，一步一步地实现自己的职业目标，一步一步地接近自己的人生理想。他们可以在这个环境中，体验到自己成长的喜悦，体验到自己成功的喜悦。所以，在公共体育服务中，提供充足的发展空间和机会，就是在为每一位服务人员搭建一个可以自由探索、可以自由发展、可以自由成长的舞台。在这个舞台上，他们可以实现自己的价值、实现自己的梦想、实现自己的目标。

四、推动公共体育服务人力资源的国际化发展

（一）推动公共体育服务人力资源的全球流动

公共体育服务人力资源的全球流动，为提升服务质量、丰富服务内容、拓宽服务视野提供了极其重要的可能性。一方面，在实践过程中，尽可能地创设更为便利的体育人力资源国际交流渠道，对于吸纳全球范围内的优秀体育服务人才具有关键作用。这种交流渠道可以是具体的交流项目、会议、论坛、研讨会等，也可以是更为广泛的网络平台或者社交媒体，旨在打造一个能让全球体育服务人力资源自由流动的大环境，让世界各地的体育服务人才在各自的专业领域内相互学习、相互启发，激发出更多的创新和灵感。另一方面，建立公共体育服务人力资源的全球数据库是加强国际体育组织间人力资源交流合作的重要步骤。全球数据库可以汇集世界各地的体育服务人才，记录他们的专业技能、工作经验、服务理念等，以便国际人才对接和资源共享。这不仅能更好地挖掘和利用全球范围内的体育服务资源，同时也有助于培养具有国际视野和跨文化交流能力的体育服务人才。

至于国际体育组织间的人力资源交流合作，是全球体育服务人力资源流动的重要载体。国际体育组织间的交流合作，可以借鉴和引进各国的优秀服务模式和管理经验，提升本国的服务水平和效率。在实践过程中，可以定期组织国际体育服务交流会，邀请全球的体育服务专家、学者和工作人员进行研讨和分享，同时也可以通过派遣本国的体育服务人员赴国外进行学习和训练，吸收国际前沿的服务理念和技术。

（二）加强与国际公共体育服务机构的交流与合作

增强与国际公共体育服务机构的交流与合作，有着广阔的意义。通过交流与合作，能够有效地提升公共体育服务的质量、拓展服务范围、丰富

服务内容，以满足公众更为丰富和多元的体育服务需求。为此，制定具有前瞻性和可操作性的公共体育服务人力资源的国际交流计划，成为必要之举。这个计划应该包括多种形式的交流活动，例如定期举办国际体育服务论坛、组织国际体育服务工作坊、推动国际体育服务项目的合作等。

开展国际合作项目，是强化人力资源国际视野的有效手段。通过参与国际合作项目，体育服务人力资源能够直接接触到不同国家和地区的体育服务模式和方法，从而吸取不同文化和经验的精华，以丰富与提升自身的服务技能和专业素养。例如，可以组织国际体育服务人才培训计划，邀请国际顶级的体育服务专家进行培训；也可以联合多国共同举办大型的国际体育活动，以实践的方式提升人力资源的国际视野。

激发公共体育服务人力资源的国际竞争力，是国际交流与合作的重要目标。通过国际交流与合作，公共体育服务人力资源可以在全球范围内展示其专业能力和服务水平，从而增强其国际影响力和竞争力。可以在国际体育服务领域设立奖项，以表彰在服务质量、创新能力、服务效果等方面取得突出成绩的个人或团队，激励更多的人力资源朝着更高的服务水平和专业标准努力。

五、实施公共体育服务人力资源的科技创新战略

（一）利用科技手段提升公共体育服务人力资源的工作效率

科技在公共体育服务领域的应用，具有显著的效率提升和服务改善效果。尤其是在公共体育服务人力资源的管理和运用中，科技手段的应用显得尤为重要。

以信息技术为例，可以提升公共体育服务的服务效率。具体而言，可以通过在线预约系统、实时排队信息更新、电子健康档案管理等方式，减少用户等待时间，提升服务效率。此外，通过数字化管理平台，可以实时掌握公共体育服务人力资源的配置情况，以及运动设施的使用情况，以更科学的方式进行资源分配和管理，进一步提升服务效率。

　　针对新的科技手段，公共体育服务人力资源应掌握其使用方法，以便更好地在工作中应用。应该定期组织相关的培训活动，以帮助他们熟练掌握新的科技工具和方法。同时，也应鼓励他们在日常工作中主动尝试应用新的科技手段，以提升工作效率和服务质量。

　　通过科技手段提升公共体育服务人力资源的管理效能，不仅可以提高服务效率，还可以提升服务质量。例如，通过人力资源管理系统，可以实时追踪和记录每个员工的工作表现和服务水平，以便进行更准确的绩效评估和人才选拔。通过数据分析，也可以更精确地把握公共体育服务的使用情况和用户需求，以便进行更精确的服务优化和改善。

（二）培养公共体育服务人力资源的科技创新能力

　　科技创新能力是公共体育服务人力资源适应未来挑战的关键。可需采取一系列措施，如提供科技创新的培训和学习机会、激励科技创新行为，以及建立科技创新的激励机制和评价体系。

　　针对提供科技创新的培训和学习机会，其策略实施可以是多元化的。可以邀请领域专家进行面对面的讲座，也可以通过线上学习平台提供课程，让员工自由安排学习时间。不仅是理论知识，更重要的是实践操作，比如，可以举办工作坊，让员工亲身参与创新项目，从而在实际操作中学习和积累经验。

　　为了激励公共体育服务人力资源的科技创新行为，需要构建积极的创新氛围。首先，应当表彰和奖励那些在科技创新上有突出贡献的个人或团队，使他们的创新精神和行为得到肯定和赞赏。其次，鼓励员工勇于尝试，即使失败也不应受到惩罚。这种容错精神能让员工在创新过程中无所畏惧，愿意去尝试和实践新的想法。另外，建立科技创新的激励机制和评价体系也极其关键。激励机制的设置，应当注重公平和激励性，使员工看到他们的创新行为能够带来实质性的回报，从而更有动力去创新。此外，评价体系应当全面公正，既要考察创新的结果，也要关注创新的过程和努力。这样才能确保每一个为创新付出努力的员工，都能得到应有的评价和回报。

（三）建设科技驱动的公共体育服务人力资源管理系统

在科技高度发达的今天，科技驱动的公共体育服务人力资源管理系统已成为必要趋势。这涵盖了利用科技手段改进人力资源管理、利用大数据等新技术优化公共体育服务人力资源管理，以及打造科技驱动的公共体育服务人力资源发展平台。

科技手段在人力资源管理中的应用，可以提高工作效率。例如，使用信息化系统可以有效整合并自动处理大量的员工信息，减少人为错误，同时提高数据处理速度。在线考核与培训系统，可以提供方便的学习与反馈环境，不受时间、地点限制。此外，利用人工智能与机器学习，可以对员工行为进行深度分析，实时发现并解决问题，有助于提高服务质量和效率。大数据技术则为公共体育服务人力资源管理提供了全新的视角和工具。大数据可以收集和处理海量的数据信息，通过数据挖掘和分析，帮助人力资源管理者更准确地了解员工的需求和表现，制定更具针对性的管理策略。例如，通过对员工服务行为数据的分析，可以了解到员工的工作状况、服务态度、习惯性行为等，这对于人力资源的培训、激励等有着重要的指导作用。而科技驱动的公共体育服务人力资源发展平台则更进一步，这是一个集职业培训、人才交流、创新创意、成果展示等功能于一体的平台。这样的平台旨在打造一个有利于员工个人发展和学习交流的环境，通过平台可以为员工提供定制化的学习资源和培训方案。此外，通过平台还可以建立员工间的交流机制，鼓励员工分享工作经验，以促进团队间的交流和学习。

科技的运用，为公共体育服务人力资源的管理带来了无限可能性。但科技只是工具，真正的核心还在于人。因此，应该在科技与人力资源管理之间寻找一个平衡点，以人为本，让科技真正服务于公共体育服务的人力资源管理。

第五章 公共体育服务体系建设与实现路径

第一节 公共体育服务体系建设中的公民参与

一、公共体育服务体系与公民参与的认识

（一）公共体育服务体系

1. 公共体育服务体系的概述及其构成要素

公共体育服务体系，是一种以满足社会公众对体育需求为核心目标，以提供公益性体育产品和体育服务为基本方式的集成体。该体系如同精密运作的齿轮，以体育行政部门为动力源，驱动着整个系统的运作，组织者、参与者和服务产品构成了这个系统的基本元素，各部分相互联系、互相制约，形成了一个有机的整体。这一体系，在公平、公正、公益的价值观念的指导下，提供基本体育服务，保障广大居民的体育权益，提升国民的身体素质，传递先进的体育文化，满足人民群众的体育需求。在公共体育服务体系中，公平性体现在每个个体都有平等获取体育服务的机会，公正性则体现在服务的提供必须基于公正的准则，不能存在任何形式的歧视，公益性则意味着这些服务的提供主要出于公共利益，而非追求利润。公共体育服务体系的科学性，是实现公共体育服务目标的

关键，是确保和维护人民群众基本体育权益的重要渠道①。科学的体系，可以优化资源配置、提高管理效率，使得公共体育服务的发展更具可持续性。公共体育服务体系如同一个灵动的生态圈，其中的每个元素都在发挥着各自的作用，为社会公众提供更好的体育服务。

公共体育服务体系是一个千丝万缕的网络，各种元素环环相扣、层层递进。在广大学者的研究中，肖林鹏的观点与笔者的出发点高度一致。他从国内公共体育需求结构的视角进行剖析，提出公共体育服务体系的要素构成应包含三个层次②。

核心类要素，满足体育活动需求，是体育活动的核心和灵魂，包括但不限于体育活动的设计、组织和执行。

支持类要素，满足体育活动所需的各类要素，包括体育组织、场地设施、体育信息和体育指导等，这些要素提供了体育活动的必要支撑。

保障类要素，满足支持类服务要素运转的需求，包括体育资金、体育政策法规、体育监督反馈以及体育绩效评价等，这些要素是确保体育服务有效、高效运行的保障。

上述三类要素构成的公共体育服务体系，形如乾坤，相互辉映，无不彰显着体育服务的公平、公正和公益。体育活动的开展需要体育组织的策划和执行，需要体育场地设施的支持，需要体育信息的传播，需要体育指导的引领。而体育组织的运行、体育场地设施的建设、体育信息的传播、体育指导的实施，又需要体育资金的投入、体育政策法规的规范、体育监督反馈的监督以及体育绩效评价的评估。这些要素之间相互依赖、相互作用，构成了一个稳定而高效的公共体育服务体系。图 5-1 为公共体育服务体系的结构示意图。

---

① 胡岳."健康中国"背景下株洲市公共体育服务发展策略研究 [D].株洲：湖南工业大学，2020.

② 肖林鹏.我国公共体育服务体系概念开发及其结构探讨 [J].天津体育学院学报，2007（6）：472-475.

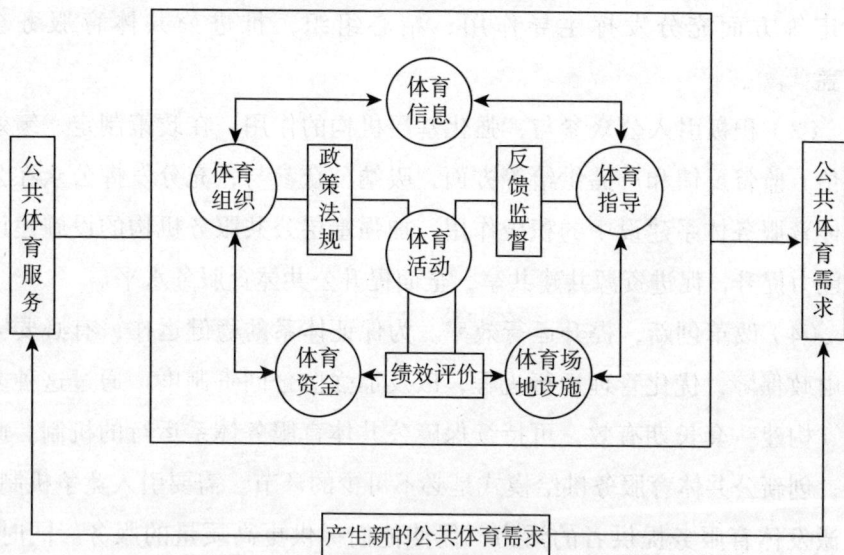

图 5-1 公共体育服务体系的结构示意图

2.公共体育服务体系建设的基本要求

公共体育服务体系建设的基本要求根植于公众的体育需求满足，整合体育资源的实质，制度设计、系统规划和整体推进的战略思维。本质上，建设公共体育服务体系的目标是确保公民全体共享体育发展的成果。基本要求涵盖以下几个方面：

（1）以人为本，服务于广大公众。以国情为基础，以满足公众参与体育、享受体育的需求为导向，以公众的根本利益为出发点，充分建设体育场地设施，健全体育组织，开展多样化的体育活动，保障公众的体育权利[①]。

（2）由政府主导，始终坚守公益的本质。政府需承担主导责任，强化公共体育服务的公益性质。各级政府应在立法、规划、投入、监管和政策

---

① 甘自懿，师全定.马克思主义理论指导下社区公共体育服务体系的构建[J].科技资讯，2020（26）：140-142.

制定等方面充分发挥主导作用，精心组织，推进公共体育服务全覆盖①。

（3）积极引入公众参与，强化基层机构的作用。在政策制定、绩效评估、监督反馈和产品供给等方面，吸纳公众参与，充分发挥公众在公共体育服务体系建设中的积极作用。加强基层公共服务机构的设施建设和能力提升，促进资源共建共享，全面提升公共体育服务水平。

（4）改革创新，提升运行效率。为保证体系的稳健运作，有必要完善财政保障，优化管理运行流程，以及加强监督问责制度。通过这种方式，构建一套长期有效，可持续保障公共体育服务体系运行的机制。此外，创新公共体育服务供给模式是必不可少的环节。需要引入竞争机制，以激发体育服务提供者的活力，促使他们提供更高质量的服务。同时，购买服务等方式也应被积极采取，此举既能拓宽体育服务的来源，又能形成多元参与、公平竞争的市场格局。公共体育服务的质量和效率是衡量其成功与否的关键指标。因此，需要借助创新和改革的力量，以确保公共体育服务体系的运行效率持续提升，从而让广大公众享受到更优质、更高效的体育服务。

（二）公民参与

1. 公民和公民参与

公民与其参与行为在社会科学的研究中占据重要的地位。"公民"一词可以溯源至古希腊城邦国家的诞生，原始含义指的是"城邦的居民"或者"城邦的成员"②，聚集一群公民便构成了政治社团——城邦。现代对公民的理解已经远远超越了这个原始的框架，进入了宪政的视角，将公民定义为拥有特定国籍的个体，他们在法律的保护下享有一定的权利，

---

① 湖北省人民政府关于印发湖北省基本公共服务体系"十二五"规划的通知 [J]. 湖北省人民政府公报,2013(24)：1-32.

② 萨拜因.政治学说史 [M].刘山，译.北京：商务印书馆，1986：24.

同时也需承担相应的义务①。这一概念的转变意味着现代公民不仅仅是生命个体，也是国家的基本构成单元，拥有诸如政治权利、经济权利、社会权利等多重法定权利。这些权利并非由社会精英赋予，而是公民通过自身的努力影响和创造的。这个过程，是公民的参与过程。在政治学的理论框架下，公民的本质就体现在其参与性上，他们的身份在参与的过程中得以显现。因此，公民参与是对公民身份的重要保障。

公民参与，即公民在社会生活中行使参与权利的实践，最初由西方学者在二战前后的比较政治研究中提出。"公民参与"，与"公众参与""公共参与""大众参与""群众参与"等含义相近，虽然这些概念在时代背景和应用层次上存在微妙差异，但在参与行动和内涵上却相通，皆描绘了公民在政治与公共事务管理中的参与。在探究公民参与的过程中，三个基础元素必须被详尽探讨：首先是参与主体，即带有参与需求的公民，包括公民个体和公民所组成的团体；其次是参与客体，即公民可合法参与的公共领域；最后是参与途径，指公民借由哪些渠道和方式影响公共管理。对于这三个要素的理解，可以使公民参与的概念被划分为广义与狭义两种。狭义的公民参与，特指公民的政治参与，如通过投票、党派组织、加入政治利益集团等活动，直接或间接地影响公共管理。广义的公民参与则包含了所有公民试图影响公共政策和公共生活的行动。我国宪法对中国公民的基本权利和义务进行了详细的规定，如选举权、言论自由权、批评建议权等。既然宪法已经确立了一切权利归属于人民的原则，那么在我国，公民参与应当是全方位地参与，参与内容应涵盖所有与公共利益相关的公共事务管理。因此，笔者更偏向于广义上的公民参与，即公民为维护自身利益和权利而参与影响公共政策和社会公共事务的全面活动。因此，公民参与在公共体育服务体系建设中的角色，

---

① 马振清.中国公民政治社会化问题研究[M].哈尔滨：黑龙江人民出版社，2001：1.

被视为公民或代表公民利益的社会组织与体育行政部门针对公共体育服务体系建设问题进行的互动过程。在这个过程中，体育行政部门、公民、体育协会（社团）以及其他社会组织构成的"公民参与共同体"，在博弈的过程中相互学习，一同推进公共体育服务的发展。在公共体育服务体系建设的具体环节中，公民参与展现为参与事务管理、政策制定、监督反馈、绩效评估以及服务供给等多方面的内容。这种参与不仅有助于推动公共体育服务体系的建设，也是公民权利得以实现的重要途径，对于公共体育服务体系的健康发展具有重大意义。

2. 公民参与的主要理论依据

（1）新公共服务理论。20 世纪 80 年代后期，新公共管理理论因其对分权、放宽规定、社会化和市场化服务、私有机构的管理技术以及绩效评价的倡导，逐渐成为西方国家行政改革的主导理论。这种深深扎根于"管理主义"和"工具理性主义"的理论框架，被欧美西方国家广泛接受的同时，也面临着广泛的质疑。基于对新公共管理理论的反思，美国知名的公共管理学者罗伯特·B. 登哈特（Robert B. Denhardt）和珍妮特·V. 登哈特（Janet V. Denhardt）提出了新的理论视角，即新公共服务理论。这一理论在理解和促进公民参与，特别是在公共体育服务体系中的公民参与方面，具有重要的理论指导价值。

新公共服务理论对公共行政和新公共管理进行了深度的反思，其核心观念突出了公民主权和政府责任的重要性。其理论框架主要包括七大关键主张：第一，这一理论强调向公民提供服务，而非以顾客为服务对象。其中，公务员的核心角色是协助公民，表达他们的共同利益，而非尝试通过控制和引导来推动社会朝向新的方向。第二，追寻公共利益是此理论的主旨。公共利益被看作目标，而非结果，公共行政官员需要建立并弘扬公共利益观念[①]。第三，公民权的价值被放在首位，优于企业家

---

① 贾博.公共服务的理论比较[J].学习论坛，2012（3）：4.

精神。相比于具有企业家精神的管理者，公共管理者和公民更能推动公共利益和公共服务的发展。第四，理论提倡战略性思考和民主性行动。政府的工作目标应确保开放性、接近性、回应能力，并创造为公民服务和实现公民权利的机会。第五，承认责任的复杂性。公务员不应仅关注市场，还需关注法令和宪法、社区价值观、政治规范、职业标准以及公民利益。第六，服务为主，非指导。公共管理者应重视协助公民表达和实现他们的公共利益，而非尝试控制或驾驭社会朝向新的方向。第七，人本主义观念，超越生产率的重视。公共组织和管理者，如果能在尊重所有人的基础上通过合作和共同领导的过程来进行管理，它们最终就有可能获得成功。整体来看，新公共服务理论更注重民主价值、公共利益以及公民的积极参与。这一理论强调了政府的服务角色，以帮助公民明确表达和实现公民权利、公共利益为核心，重视公民在公共管理中的参与，主张通过政府、公民、非政府组织间的平等沟通、友好协商，达成对公共利益的一致认识，进而促进公共决策的合法化、科学化、民主化①。

新公共服务理论的提出，为公民参与提供了坚实的理论基础。其主张的政府"服务"观念，明确地为公民在公共事务中的积极参与铺平了道路。它强调公民的主权和政府的责任，主张公务员应帮助公民明确表达和实现公民权利、公共利益，并积极参与公共决策的过程。这种理念强调了公民在决策过程中的重要性，突破了传统政府一手抓的局面，使得决策过程更加透明、公正和民主。因此，新公共服务理论在一定程度上塑造了公民参与的理论框架，为公民积极参与社会事务提供了理论支持和行动导向。在这种理论框架下，公民可以通过各种方式（如投票、社区活动、公众论坛、网络参与等）积极参与公共服务的决策和执行过程，实现公共利益的最大化。而政府的角色则从传统的"管理者"转变

---

① 张宜海，王星源．公民学 [M]．郑州：郑州大学出版社，2009：272-273.

为"服务者"，其主要任务是协助和支持公民的参与行为，提供必要的信息和帮助，确保公民的参与权利得到充分的保障。

（2）治理与善治理论。治理理论，从 20 世纪末开始对传统公共行政模式提出了挑战，这种模式主张政府单独管理公共事务。治理理论关注的是市场和国家在社会资源配置中的失效，并主张以治理替代政府统治。在这个理论框架中，公共机构和私人机构应替代政府作为权力中心；权力运行方向应为多元的、上下互动的，而非单一的、自下而上的；治理手段应以合作、协商为主，而非控制、操纵。治理，这一概念的含义已经发生了变化，它现在代表着一种新的统治过程，表明有序统治的条件已经与过去不同，或者说，现在采用了新的方法来治理社会。目前对治理理论的理解主要有五种观点：第一，治理代表着一系列源自政府但又不限于政府的社会公共机构和行为者；第二，治理指出在解决社会和经济问题的过程中，界限和责任存在模糊性；第三，治理认可在涉及集体行为的各个社会公共机构之间存在权力的依赖；第四，治理意味着参与者将最终形成一个自主的网络，与政府在特定领域进行合作，分担政府的行政管理责任；第五，治理主张做好事的能力并不仅限于政府的权力，不仅限于政府的发号施令或运用权威 ①。

虽然治理理论提供了对国家和市场调控不足的补充，但也必须认识到其自身的局限性。治理无法替代国家的政治强制力，也无法像市场那样自发地进行资源有效配置。因治理可能失效，所以，善治理论也随之而来。善治可以概括为实现公共利益最大化的社会管理过程。善治的本质在于：它代表政府与公民对公共生活的合作管理，是政治国家与公民社会之间的新型关系，也是两者达到的最佳状态。善治的基本元素通常包括以下六个方面：第一，合法性，指社会秩序和权威被自觉认可和服

---

① 俞可平 . 治理与善治 [M]. 北京：社会科学文献出版社，2000：9.

从的状态①。第二，透明性，指政治信息的公开性。第三，责任性，指个人应对其行为负责。第四，法治，指法律作为公共政治管理的最高准则，所有政府官员和公民都必须依法行事，法律面前人人平等。第五，响应性，指公共管理人员和机构必须对公民的要求做出及时的和负责任的反应，不得无故拖延或没有下文。第六，有效性，指管理的效率。善治以政府和公民的良好合作为基础，公民的积极参与和合作是保障公共管理科学性的关键。因此，善治理论对公民参与提供了重要的理论支持。

在确保公共管理有效性和公共利益最大化的过程中，治理与善治理论突出了公民参与的重要性。这两个理论主张，公民在国家管理中应具有实质性的参与权，他们的声音和诉求应该在政策制定和实施过程中得到尊重和回应。这不仅可以促进政策的公正性和合法性，还可以增强公共决策的透明度和公众对政府的信任。因此，治理与善治理论为公民参与的理论和实践提供了重要的理论基础。

（3）人民民主理论。人民民主理论主张，民主应是人民自己管理自己事务的具体体现，以确保人民真正当家作主。其特征和核心内容包括：第一，人民民主应实现人民对自身和国家事务的全面管理权，使人民成为国家管理的主体。第二，人民民主主张各个阶层，如工人、农民和知识分子等，都有权参与国家的管理，并对国家的决策和运行产生影响。第三，民主的产生、发展和消亡被视为一个客观的历史过程，其中人民民主被视为民主的最高形态。第四，为实现人民民主，需要建立和完善一系列相关制度，以保障和落实人民的权利。第五，人民民主强调实现人民在政治、经济、文化、社会等各领域的民主权利。人民民主理论的核心在于人民当家作主，强调人民对自己和国家事务的管理权。

民主权利，不仅仅是权利的保障，更是人民管理国家和社会事务的必要手段。全体公民享有管理国家事务的权利，尤其在基层政权和各种

---

① 彭前生.应然政治逻辑中的政治治理[J].湖北社会科学，2011（7）：4.

企业中的管理权力，这不仅体现在法律条文中，也在实践中得到了体现。此外，各项公民权利的保障也是实现人民民主的重要组成部分。这一观点不仅是人民民主理论的核心内容，也是我国实行人民民主的重要原则和基础。

综上，在理论层面，新公共服务理论、治理与善治理论和人民民主理论确实为公民参与公共体育服务体系建设提供了有力的理论支撑①。新公共服务理论强调政府作为服务提供者的角色，认为公务员的重要职责是帮助公民，表达他们的共同利益需求，而不是试图控制社会发展的方向。治理与善治理论则强调了公民参与在社会管理中的重要性，为公民积极参与社会管理提供了理论依据。人民民主理论将民主权利赋予公民，使得公民能够通过各种形式参与国家和社会事务的管理。以上三种理论从不同的角度揭示了公民参与的重要性和必要性，也提供了在实践中如何促进公民参与的理论指导。因此，它们为公民参与公共体育服务体系的建设提供了基础理论依据，也为后续的研究提供了理论参考。

二、公民参与公共体育服务体系建设的基础性分析

（一）公民参与公共体育服务体系建设的应然性

1. 公民同体育行政部门一样，是公共体育服务体系建设的主体

公共体育服务本质上是一种满足社会广大人民群众体育需求、提供公益性体育产品与服务的行为。体育行政部门由于其特殊地位和职能，自然成了公共体育服务体系建设的关键参与者。然而，在更全面的视野下，我们发现，作为利益相关者的公民也理应在其中发挥主体作用。

一方面，我国身为人民民主专政的社会主义国家，中华人民共和国的所有权力源于人民。在这样的体制下，政府的根本宗旨是为人民服务，在社会公共领域中，政府代表公共意志，行使公共权利，处理公共事务，

---

① 贾博.公共服务的理论比较 [J].学习论坛，2012（3）：4.

寻求公共利益。因此，在公共体育服务体系的建设中，政策的制定与监督等环节实际上就是公民参与权的具体体现。公民是公共体育服务体系建设的源头与本质主体。另一方面，伴随着经济的发展，公共问题日趋突出，公共事务变得越来越复杂①。"掌舵"的政府由于精力有限，已经无法深入公共体育服务体系建设的各个细节。此时，就必须借助公民的力量，让他们成为体育服务系统建设的主要参与者。再者，公民自身的素质也有所提高，公民诉求的渠道也逐渐增多，这为公民的参与提供了基本的保障。动力与压力并存，共同推动着公民广泛地参与公共体育服务体系建设。

2. 公民参与和体育行政部门参与，构成公共体育服务体系建设的两个有机部分

体育行政部门与公民共同作为公共体育服务体系建设的主体，其实质则表明公共体育服务体系的建设由两个有机部分构成：体育行政部门的参与与公民的参与。在这里，体育行政部门的参与是指拥有权力管理国家和社会公共体育事务的组织及其个人，以满足广大公众的体育需求而进行的具体工作。相对地，公民的参与是指普通公民通过特定的渠道和方式，参与公共体育服务体系的建设，从而维护自身权益的过程。这两者之间的差异主要表现在以下几个方面：第一，主体地位有所区别。体育行政部门的参与主体是政府部门及其人员，具有权威性和强制性；而公民的参与主体是普通公民，其行动范围仅在公民权利所允许的范围内进行②。第二，目标不同。体育行政部门的目标是为全体公众提供服务，关注的是整体效果，而非满足特定主体的需求；而公民的参与则是以实现个体或团体利益和愿望为目标，出发点是公民自身利益。第三，程序

---

① 李长春. 公共体育服务治理过程中公民参与的困境与消解措施 [J]. 景德镇学院学报，2018（6）：4.

② 谢正阳，胡乔，李燕领，等. 公共体育服务体系建设中公民参与的必要性、可行性及路径 [J]. 南京体育学院学报：社会科学版，2011（1）：5.

不同。体育行政部门的参与遵循既定流程和方法，具有很强的规范性；而公民的参与则具有多样性、随意性和灵活性。第四，影响结果的方式不同。体育行政部门因其权威性，对结果有较高的影响力；而公民的参与实际效果则受到多种条件的限制。

在构建一个科学的公共体育服务体系的过程中，必须充分考虑体育行政部门和公民各自的利益，使他们通过相互协商，共同参与决策、供给、评估等方面的内容。这两个主体的参与过程既存在相互矛盾，又存在相互依存，它们共同构成了推动公共体育服务发展的两个有机部分。

3. 公民参与与公共体育服务体系的多元化特征密切相关

公共体育服务的核心目标是满足社会公众的体育需求，这种需求并非静态的，而是随着社会的发展而不断变化。各种因素，如经济发展水平、社会发展阶段、地理位置等都会影响公众的体育需求，使其具有独特的特点并呈现出不同的趋势。因此，公共体育服务体系的建设必须考虑到这些因素，体现出多样性。在公共体育服务体系的早期建设中，由于精力和资源的限制，体育行政部门往往只能考虑到最普遍的体育需求。基本的公共体育健身需求是公共体育服务的主要关注对象，公共体育服务体系建设的复杂性相对较低。在这种情况下，主要依赖体育行政部门的力量进行建设是可行的。

近年来，我国经济的迅速发展和社会的各个层面的巨大变革使得基本的公共体育服务不能满足公众日益增长的需求。多样化的体育需求已经成为主流，体育行政部门的服务能力无法单独满足这些多样化的体育需求。这就为公民的参与提供了机会。公民应当积极参与公共体育服务体系的建设，以更好地满足社会公众的多样化体育需求。

（二）公民参与公共体育服务体系建设的重要意义

公民参与公共体育服务体系建设是实现体育行政部门与公民之间良性互动的重要途径，二者在实际操作中共同塑造公共体育服务的成效。广泛的公民参与成了公共体育服务体系科学、有效发展的基石，对于公民个人和体育行政部门而言，都富有深远意义①。

1. 基于公民个人层面

从公民个人的角度出发，参与公共体育服务体系的建设不仅是他们的权利，也是他们的责任。作为公共体育服务的终端用户和最终受益者，公民的积极参与可以帮助确定他们真正的体育需求，为体育服务提供切实可行的指导，以达到更好的服务效果。

（1）保障公民权，提升公共责任感。确保公民权益并提升公共责任感是公民积极参与公共体育服务体系建设的重要动力。在公共体育服务体系的建设过程中，公民的参与不仅是实现其权利的必要方式，而且也是培育公共责任感的有效途径。公共体育服务体系建设的首要原则就是尊重和保障公民的体育权利。当公民在这个体系建设中发挥了最大的参与度，他们将通过实际行动来争取他们的体育权益。在这个过程中，公民的权利意识和民主意识将得到提升，他们也会在实践中学习和发展一些在民主社会生活中所必需的素质和技能。这种互动过程不仅使公民的权益得到更好的保障，同时也有助于公民个体在社区生活中更积极、更有效地参与，从而使社会变得更加民主，公民权利得以实现。此外，公民的参与在提升其公共责任感方面具有重要意义。参与公共体育服务体系的建设，既是公民的权利，也是他们的责任。当公民深度参与体育服务系统的各个领域，他们有机会依靠个人能力影响最终结果，进而感受到自身对体育行政部门行为的影响力。这一过程本身可以视为一种积极的交互。通过参与，公民对体育部门的亲和力增强，这进一步强化了公民在公共体育生活中的主体意识。公民的认同感和凝聚力得到提升，而且，在弥补政府管理不足的过程中，他们的公共责任感也相应得到提高。这一切有助于激发公民积极参与社会管理的热情，并为他们自觉履行公民责任奠定了基础。

---

① 赵丽，董传升.中国体育从国家体育到公共体育的转向[J].沈阳体育学院学报，2012（5）：2.

（2）更好地满足公民公共体育需求。公共体育服务旨在满足公众的体育需求，但公众的体育需求并非单一化的。虽然公众可能有多元化的需求，但并非所有的需求都应由公共体育服务来满足。公共体育服务的关键在于"公共性"，其首要目标是满足公众最基本的体育需求，例如为社区居民提供健身设施等，而针对个体特定的健身需求并非公共体育服务的供给范畴①。为了有效满足社会公众的公共体育需求，体育管理者需要倾听民意，理解大众普遍的需求。没有公民的积极和有效参与，这一目标将无法实现。公民的参与可以从多个角度和层次对公共体育政策提出不同的观点和建议，这有助于政府更好地理解民意，将公众的体育意愿和需求转化为体育管理者的工作目标。此外，随着社会经济的发展，公众的体育需求也会变化。只有公民参与并及时反馈，体育政策才能做出相应的调整以适应新的环境。总的来说，公民的参与可以更好地满足他们的公共体育需求，保证体育行政部门提供公共体育服务的方向符合公众需求，从而提供高质量的公共体育产品与服务②。

2. 基于体育行政部门层面

（1）提高政策执行效率和满意度。首先，公民参与有助于提高公共体育服务的执行效率。参与公共体育服务体系建设的公民能够提供现实的反馈和建设性的建议。这种直接的反馈信息有助于体育行政部门更准确地了解公众的需求，为其提供更符合期望的体育服务。这样的交互不仅有助于提高服务的适应性，也能够确保资源的有效分配和利用，从而显著提高执行效率。其次，公民的积极参与能够显著提高公众对公共体育服务的满意度。当公民感到他们的声音被听到并对决策过程产生实质性影响时，他们会对公共体育服务产生更大的满足感和认同感。这种参

---

① 徐敏.上海公共体育场（馆）提供体育公共服务现状与对策研究 [D].上海：上海体育学院，2013.

② 郇昌店，肖林鹏，李宗浩，等.我国公共体育服务发展述评 [J].体育学刊，2009（6）：5.

与感和归属感的增强不仅有利于提高公众的满意度，也会进一步激发他们的积极性，形成一种积极的良性循环。因此，对体育行政部门而言，公民参与不仅是一种权利，更是一种提高工作效率和公众满意度的重要工具。只有通过积极的公民参与，才能真正实现公共体育服务的有效供给，满足社会公众的多元化体育需求，以此提高公共体育服务的质量和满意度。

（2）促进公众对政策的认同和遵守。有效的公民参与可以增强政策的透明度，使公众能够更好地理解和接受政策决定。当公民能够直接或间接参与政策的制定和执行过程时，他们不仅能够更深入地理解政策的目标和意图，而且也更有可能接受并遵守政策的规定。他们能够看到他们的意见和反馈是如何被纳入政策，以及他们的行动是如何影响到政策的形成和执行的。这样的参与过程增强了公众的认同感和归属感，从而提高了政策的执行效果。此外，公民的参与也有助于政策的合法性和公正性。如果政策的制定过程公开透明，公民的声音被充分听取并考虑，那么政策的公正性和公平性将得到增强。公众将更愿意接受并遵守这些政策，从而提高公共体育服务体系的整体效能。因此，从体育行政部门的角度看，公民参与是一个不可忽视的环节。他们需要积极鼓励并促进公民的参与，以提高政策执行效率、增强公众的满意度、提高政策的认同度和遵守率，从而实现公共体育服务体系的高效运行和社会公众的广泛满意。

（3）提高公共体育服务的透明度和公信力。公民参与使政策制定和执行过程更加透明。这是因为公民通过参与政策的制定和实施，使得政策过程公开，减少了信息不对称的现象，让公众可以更直观地了解政策的制定过程及其背后的理念，这对于消除公众的疑虑、增强政策的可接受性具有重要作用。公民参与也有助于提高公共体育服务的公信力。公众的参与能够使政策制定过程更加公正和公平，有利于防止权力滥用和腐败。在一个民主社会中，公民的参与是一种权利，也是一种责任。当公民充分行使他们的参与权利，对政策的制定和执行提出疑问和建议时，政策的公信力就会相应提高。此外，公众的参与也可以增强公众对体育行政部门的信任。当公众看到他们的意见被采纳、他们的需求被考虑，他们就会对体育行政部门产生更多的信任，这对于公共体育服务的提供具有积极的意义。

三、公共体育服务体系建设中的公民参与模式设计与完善

（一）公共体育服务体系建设中的公民参与模式设计

笔者整合了公共体育服务体系的构成要素、公民参与的价值实现等，进而提出五种公民参与公共体育服务体系建设的模式。这五种模式包括决策型参与、校正型参与、合作型参与、回应型参与以及认可型参与。

1.决策型参与：参与公共体育服务政策制定

在公共体育服务体系的构建过程中，决策型参与是一个关键的公民参与模式。该模式涉及公民直接参与公共体育服务政策的制定过程，对政策最终形态产生实质性影响。包括体育行政部门召开的讨论会或论证会，其中公民代表通过协商和谈判，与体育行政部门争取权益。这需要体育行政部门充分尊重民主原则，尽可能扩大参与者的范围，充分吸纳各利益相关者的意见，基于共同协商达成共识。因此，决策型参与对公共体育服务体系建设的影响程度最大。

在实施决策型参与时，需要明确参与人员、参与深度、参与环节和参与层面。参与人员不仅包括体育行政人员和领域专家，还包括相关公民。这些公民可能直接受政策影响，参与决策以维护他们的权益，也可能是更广大范围内的公民代表，他们的参与可以保证政策制定的公正和公平。参与深度则涉及公民对决策结果的影响力，有的政策需要体育行政部门与公民共同协商，而有的政策则由体育行政部门自主决定，公民的意见不被吸纳。对于参与环节，应要求公民在识别和确定问题、收集情报、设计和论证方案等决策前期环节中充分发挥作用。至于参与层面，

宏大的公共体育政策制定可能较少涉及公民参与，而微观的公共体育服务政策制定则更易实现公民的直接参与。因此，注重基层体育行政部门的公民参与建设，是推动公民参与公共体育服务体系建设的关键。因此，推行决策型参与模式时，应综合考虑各因素，在科学规划的基础上实施。

2. 校正型参与：对公共体育服务进行监督反馈

在公共体育服务体系建设中，校正型参与是一种重要的公民参与模式。该模式指的是公民通过监督和反馈，为维护其公共体育权益，对公共体育服务体系出现的偏差进行及时校正[①]。公共体育服务体系的建设在实践中可能产生与公民期待和要求不符的情况。因此，公民的积极参与、提出反馈，是对这些问题及时纠正和改进的重要方式。此外，体育行政部门在构建公共体育服务体系过程中，扮演着公共体育权力的执行者角色。尽管自身也设有监督机制，但可能存在盲点。因此，公民的参与可作为一个补充的力量，推动公共体育权力更加公开透明地运行。在校正型参与模式中，公民的角色定位为反馈和监督主体。实现这种参与模式的前提是体育行政部门需要具备较高的服务意识，能为公民参与提供必要支持，如信息公开、渠道畅通等。实践中广泛采用的校正型参与形式，例如公开体育行政领导的联系方式、设立体育服务窗口，或利用网络媒体与公民进行互动等，都展现了公民监督主体的作用。校正型参与并不能解决公共体育服务体系中所有的问题。由于公民的反馈往往在公共体育服务政策执行阶段提出，这些反馈在很大程度上难以改变基本的决策方向，只能在现有框架内进行调整。因此，推动校正型参与模式的过程中，需要兼顾其优势和局限，科学把握其发展时机。

3. 合作型参与：参与公共体育服务供给过程

在这种模式中，公民以及体育协会等社会组织，与体育行政部门并

---

① 戴健，郑家鲲．我国公共体育服务体系研究述评[J]．上海体育学院学报，2013（1）：8．

肩作战，以共同完成公共体育服务的提供。在此过程中，公民的角色并非仅局限于服务的"消费者"，而是同时兼具"生产者"与"消费者"的双重身份。尽管体育行政部门是公共体育服务的主要责任主体，但无论从财力还是精力的角度来看，其资源始终有限。因此，建设公共体育服务体系时，除了依赖体育行政部门的单方面努力，更应该创新公共体育服务的供给机制，允许公民以"生产者"的角色参与其中，多元化服务的供给主体，从而提升公共体育服务的效能、公平性和社会公众的选择性。

合作型参与不仅能缓解体育行政部门的工作压力，还能实现公民的特殊利益，因此，相比其他参与模式，其运作更为顺利。实际操作中，社会体育指导员传授体育技能、公民个人投资建立的体育场馆向公众开放，以及体育协会等社团承办公共体育活动，都属于合作型参与的范畴。为了激发公民参与公共体育服务供给的热情，体育行政部门可以通过"有偿供给"的形式，给予公民和体育协会相应的补偿，这种补偿可以是经济补偿，也可以是相应的政策倾斜，如税收减免或特许经营等。

在执行合作型参与模式时，需要留意以下几点：首先，公民参与并不意味着体育行政部门提供公共体育服务的职责有所改变，体育行政部门仍然是公共体育服务供给的主导者。其次，公民资源有限，并非所有的公共体育服务领域都能由公民供给，体育行政部门应细化公共体育服务的方向，根据实际需求确定公民可以参与的领域。最后，体育行政部门一方面应降低准入门槛，吸引更多的社会资源，另一方面也应对参与供给的公民和体育协会进行良好的监管和约束，以确保公共体育服务的公共特性得以维护[①]。

4. 回应型参与：对公共体育服务进行绩效评估

回应型参与模式的独特之处在于其以公民对公共体育服务质量、效

---

① 汪刚. 公共体育服务体系建设中的公民参与研究 [D]. 苏州：苏州大学，2023.

率和内容的单项或综合评估为基础，通过积极的反馈形式来提升公共体育服务效能。由于公共体育服务的内容复杂且多样，许多部分都难以通过明确的投入产出来进行衡量。因此，一种可行的思路是引入公民参与，以公民的感受为绩效评估的着重点，以公民满意度为衡量公共体育服务体系建设好坏的准绳。这一方式不仅促进了公民与体育行政部门的有效互动，也为未来的建设提供了参考。

回应型参与的关键技术点在于收集公民满意度，可以通过发放问卷或电话访问的方式来实现，操作起来相对简单，如果体育行政部门有推动的意愿，这种模式有很大的应用可能性。绩效评估的其他可能主体包括体育行政部门的自我评估、上级单位的评估以及专家学者的评估。然而，与这些评估主体相比，公民具有独特的优势：与上级单位的宏观评估相比，公民能够更具体地评估公共体育服务的具体政策、执行情况以及合理性。相比于体育行政部门自身可能存在美化评估结果的风险，公民能够更真实地反映公共体育服务的真实情况。而与专家学者的评估相比，公民通过自身感受进行评估，虽然可能缺乏一定的科学性，但更为直观和直接。因此，公民参与评估是进行公共体育服务评估的最佳方式。回应型参与虽属于事后参与，但其对后续的公共体育政策制定和方案设计提供了重要的参考依据，因此在公共体育服务体系建设中有一定的影响力。

5.认可型参与：优化公共体育服务管理环境

认可型参与是一种参与模式，其中体育行政部门在公共体育服务管理中，对于即将推行的政策和即将实施的举措已经形成了初步的意见，但为了得到公民的认可，并增强执行力度，他们会在正式公布之前以某种方式听取公民的意见。这种参与模式被视为"假性参与"，因为公民的参与并没有对最终结果产生实质性的影响。然而，这并非没有价值，它可以提高执行力度，对公共体育服务管理具有积极作用。

公民是公共体育服务的最终受益者，因此实施的公共体育政策和举措会直接影响到每个相关公民个体的利益①。然而，由于每个公民的需求不同，体育行政部门只能从公共性的角度出发，考虑大多数公民的需求，而忽略了少数公民的诉求。这些未被满足的公民可能会阻碍政策和举措的执行。此外，公共体育服务体系的建设依赖于一定的经济条件，体育行政部门推行的政策和实施的举措通常都是在全面考虑后形成的，可能无法最大程度地满足公民的需求，这时，公民可能会产生抵触情绪。在这种情况下，需要通过公民的参与，让他们理解这些政策和举措的出发点，并在参与过程中提高他们的认可度，以确保政策和举措的有效执行。从实践的角度看，体育行政部门在某一公共体育问题上召开的听证会就是典型的认可型参与。尽管听证会制度的本意是获取信息和公众意见，并将公民纳入决策体系，但在实际运作中，体育行政部门在组织听证会时，即将实施的举措通常已经基本确定，只是为了获得公民的认可和方便管理。这并不是说支持听证会作为认可型参与的方式运作，而是说从实际效果来看，听证会并未发挥其应有的作用，只能作为体育行政部门获得公民认可的一种手段。然而，如果参与制度进一步完善，听证会必定会发挥吸纳民意、参与决策的作用，进而推动公共体育服务体系的科学发展。

（二）公共体育服务体系建设中公民参与的发展和完善

公民参与公共体育服务体系建设的过程中，无论是因为公民和体育行政部门自身的限制，还是因为参与环境的建设不够完善，都可能对这一过程产生较大的制约。要想解决这些问题，必须从实际情况出发，针对性地为参与主体、体育行政部门和参与环境的建设提出合理的建议，以确保公民参与公共体育服务体系建设的科学发展。

1. 参与主体层面

（1）提升公民参与意识，培育公民参与技能。公民的参与意识和参

---

① 吴太胜.经济社会发展与公民公共政策参与机制的创新：以浙江公民政策参与为例[J].南都学坛，2010，30（3）:103-109.

与技能是公共体育服务体系建设中的关键要素。在提升公民参与意识方面，主体身份意识的建立是基础，使公民不再是被动管理的对象或者公共体育服务的单纯"消费者"。相反，他们可以通过各种形式，包括参与决策、监督反馈、绩效评估以及公共体育服务的供给等，直接成为特定公共体育服务的自主管理者和"生产者"。在此基础上，公民的主动参与意识也需要加强，这样公民才能将公共体育诉求付诸行动，主动争取体育权益。此外，还需要提升公民的理性参与意识，使他们能有序地参与公共体育服务体系建设，防止不合理、不合法的参与行为。

在培养公民参与技能方面，公民应发展以下基本能力：首先，掌握公共体育管理的相关知识，包括政治常识、政策知识、科学知识和实践经验，同时对当前的政策背景有一定的了解。其次，发展信息获知的能力，这需要公民具备一定的信息收集、整理和辨析的能力。最后，保持对公共政策的敏感性，并具备一定的理性判断和分析能力。这些知识和能力的获得可以通过学校的教育、政府的宣传教育以及公民的自我学习和实践来实现。

（2）发展体育协会（社团），使其成为公民参与的组织依托。体育协会或社团可以作为公民参与公共体育服务体系建设的组织依托，有效集合公民力量，发挥协同效应。体育协会能够提供平台和机会，让公民直接或间接参与公共体育服务体系的各个环节，从决策制定到实施监控。此外，体育协会也能够发挥引导作用，帮助公民理解并接受公共体育政策和举措，增强其参与的积极性和主动性。体育协会可以通过定期组织各类体育活动，提高公民的体育素养和健康意识，同时也可以作为公民和政府间的沟通桥梁，提供反馈信息，增进理解和信任。同时，体育协会的健康发展也需要政府的支持和引导，包括资金支持、政策扶持等，以实现公民和政府在公共体育服务体系建设中的深度融合和互动。通过完善体育协会的组织制度，提高其服务质量和效能，可以进一步推动公民的广泛参与，提高公共体育服务体系的运行效率和满意度。

2.体育行政部门方面

（1）践行现代行政理念。在"服务型政府"的建设中，国内政府始终坚持以人民为中心、服务公众的理念。这个原则在公共体育服务体系的构建过程中，体育行政部门同样应持之以恒，转变传统的行政工作方式，积极实践现代行政理念。

体育行政工作人员应准确地理解和接受公民的参与。作为公共体育服务体系建设的导向者，体育行政工作人员对公民参与的看法将直接决定其实效。因此，他们需要坚持并正确理解参与的理念。其一，充分承认公民在公共体育服务体系建设中的核心地位。尽管公民参与的呼声持续增强，体育行政工作人员有时仍将公共体育服务体系的建设视为自己的职责，从而忽略了公民的权利。因此，体育行政工作人员必须转变这种观念，明确公民的核心地位。只有这样，在推动公共体育服务体系的过程中，他们才能真正提高公民的参与意识和技巧，推动公民参与组织的发展，积极推进公民的实际参与，从而为公众创造一个良好的参与环境。其二，理智地看待公民参与可能存在的不足。尽管公民参与具有明显的优势，但在实践中也有一些难以避免的问题：例如，代表性不足。参与公共体育活动的公民往往是那些具有较强参与愿望和能力的，他们的诉求只能反映一部分人群的意愿，而不能代表公众的整体需求；参与增加了成本，公民的介入可能会导致公共体育管理的进程变慢，人力、财力、时间等资源消耗增大，影响效率；如果公民参与了公共体育服务体系的建设，但对结果没有影响，可能会引发公众对体育行政部门的不满，影响政府的公信力。因此，体育行政部门在确认公民的主体地位的同时，也需要理智地对待公民的参与，并以科学的规划为基础开展工作。

体育行政人员需要持续改善其能力结构。为了确保公民参与公共体育服务建设的持续发展，体育行政人员也需要不断努力，提升他们的综合管理能力，包括：第一，价值判断能力。体育行政人员应理解公共体育服务的公共性内涵，在接纳公众意见的过程中，始终以满足公共体育利益为价值标准。第二，沟通能力。体育行政人员需要注意倾听公民的诉求，与公民形成有效的互动，能够整合公民反馈的信息，形成统一的公众意见。第三，组织管理能力。体育行政人员必须在多种参与模式中做出正确的选择，并在实践中进行科学的管理，防止参与过程的无序化。

（2）确保信息及时公开。确保信息的及时公开对于公民参与具有至关重要的意义。公民对相关信息的全面了解，以及他们的知情权，都是有效参与的关键因素。在很大程度上，公民获取公共体育服务信息的可能性依赖于体育行政部门信息公开化的程度。透明度与合理性是有效的信息公开制度的关键属性。这需要体育行政部门将公共体育服务体系建设的相关信息、内容以及公民参与的方式、条件、理由等公开，以便在一个透明的环境中进行工作，接受公民的监督，防止对公共体育利益产生不良影响的不透明操作。根据《中华人民共和国政府信息公开条例》，各级人民政府及县级以上的人民政府部门应当建立健全本行政机关的政府信息公开工作制度，并指定机构负责本行政机关政府信息公开的日常工作。该机关应按照公正、公平、便民的原则，主动公开涉及公民、法人或其他组织切身利益的，需要社会公众广泛知晓或者参与的，反映本行政机关机构设置、职能、办事程序等情况的，其他依照法律、法规和国家有关规定应当主动公开的内容。因此，及时公开信息是保证公民有效参与的重要一环，这也是体育行政部门实现公开透明工作的关键条件①。

3. 参与环境建设方面

（1）拓展参与领域、丰富参与形式。在公共体育服务体系建设方面，尽管理论上公民参与的领域越广泛越好，以保证建设的科学性，但从现实情况来看，全面推广公民参与的模式尚不现实。因此，目前的主要工

---

① 吴根平.建立健全我国政府信息公开制度的思考：从《中华人民共和国政府信息公开条例》谈起[J].广西社会科学，2008（6）：4.

作便是在公共体育服务体系建设的主要环节中挑选出最适合公民参与的部分。特定的方面包括加强公民在公共体育服务政策制定、公共体育服务监督、公共体育服务绩效评估、公共体育服务提供等环节中的影响力，从而丰富公民参与的形式和实践。一是在公共体育服务政策制定中增加公民参与，以保证政策的科学性和公共性。二是在公共体育服务监督中增加公民参与，以纠正体育服务体系建设中出现的偏差。三是在公共体育服务绩效评估中增加公民参与，以提高服务的效能。四是在公共体育服务供给中增加公民参与，以保证服务的有效性。因此，通过拓宽公民参与领域和丰富参与形式，可以进一步增强公共体育服务体系建设的科学性、公正性和有效性[①]。

在历史上的公民参与实践过程中，出现了许多参与形式。然而，在公共体育服务体系建设中的应用较少，因此在实践中需对此进行丰富和发展。针对公共体育服务体系建设，笔者根据实践研究，提出以下具体的公民参与形式供选择：①接触公众。体育行政部门可以通过座谈会或电话访谈向公民了解状况，征求意见。②公民调查。可以通过体育行政部门发放问卷或进行访谈，汇集公民的观点。③公民听证会。在拟定公共体育服务措施时邀请公民参与，通过对话或协商平衡各方利益，达成共识。④公民会议。体育行政部门通过召开开放性会议，邀请公民参与相关讨论，汇集公民的意见。⑤公民旁听。在重大公共体育服务政策制定时设立旁听席位，允许公民监督整个制定过程。⑥公民投诉。针对公共体育服务中出现的问题，公民可以进行申述，以便更好地享受公共体育服务。⑦专家咨询。在拟定公共体育服务措施时邀请专家学者参与讨论，以提高政策的科学性。⑧网络互动。公民可以通过网络媒体与体育行政部门进行对话，实现对公共体育服务的决策、监督和评估。⑨有偿

---

① 谢正阳，胡乔，李燕领，等.公共体育服务体系建设中公民参与的必要性、可行性及路径[J].南京体育学院学报：社会科学版，2011（1）：5.

供给。体育行政部门可以对参与公共体育服务供应的公民提供一定的经济补偿以鼓励参与。

（2）完善参与制度，拓宽参与渠道。要实现公民在公共体育服务体系建设中的实际参与，以达到对公共体育服务的共同管理，必须依赖于相应的制度保障。首先，公共体育服务体系建设的社会公示制度要完善。应当对信息公开的具体时间、内容和方式进行明确规定，以保障公民的知情权。其次，公共体育服务决策制度要完善，包括决策信息的公开、决策形式和范围、公民代表的选举以及决策结果的反馈等方面，以保障公民的表达权。再次，应当完善公共体育服务的监督管理制度以及绩效评估制度，对监督的方式、内容、途径等方面进行明确规定，并建立科学的绩效评估指标体系，以保障公民的监督权。最后，公共体育服务的供应制度的完善也是必要的，优化供应结构，降低进入门槛，以保障公民的参与权。为了使上述制度的完善更加有效，关键在于优化相应的程序和配套措施，增强其可操作性，从而使公民参与公共体育服务体系建设的行为能够得到具体实施，避免参与行为的形式化和偶然性。

在确立全面的参与制度之后，还需要扩展公民参与的途径。因为只有存在众多渠道和广泛的路径，公民在公共体育服务体系的建设中才能够有效地施加影响[①]。对于参与渠道的扩展，并非只停留在表面层次，而应该落实到具体行动。其一，建立公民参与平台，为公民提供多样化的参与途径。当途径畅通无阻时，不仅有利于体育行政部门了解公民的真实体育需求，做出科学的决策，也有利于改善体育行政部门与公民的关系，增强相互的信任。例如，"政务公开""局长热线""领导信箱""信访接待日"等，都是有效的参与途径，体育行政部门应在此基础上进一步完善。其二，充分利用现代媒介为公民参与提供更便捷的渠道。如今，

[①]　张小航，贺慨，徐磊.论公共体育服务中的公众参与机制[J].体育文化导刊，2017（1）：4.

网络、电视、报纸等现代媒介无所不在，已经成为我们日常生活的一部分。在构建公民参与渠道时，应把握现代媒介广泛的影响力、强大的影响力以及快速的信息传输能力，建立更广泛的现代参与渠道，比如网络渠道、电视渠道、短信渠道等。

第二节　公共体育服务体系建设与标准化

一、公共体育服务标准化运作动因与体系建设

（一）公共体育服务标准化运作动因

1. 加速政府职能转变的现实需要

在社会不断发展的背景下，政府的社会角色发生了深刻转变。在不同的社会职责中，政府的工作范围、内容和方式都需要进行适当的改变以适应新的环境。在过去的计划经济时代，政府被赋予了"全能型政府"的角色，它同时担任服务管理者、监督者、控制者和生产者等多种角色[①]。这样的角色设置使得公共体育服务的提供显得过于行政化，导致在很长一段时间内服务的数量和质量都没有得到实质性的提升。随着近年来政府部门改革的深化，公共体育服务在场地设施的增加、活动的丰富和社会体育组织的增多等方面取得了显著进步。尽管如此，群众对公共体育服务的需求仍然旺盛，对现有服务供应的需求远远超过供应量。

为了应对这种情况，政府职能的转变应以构建服务型政府为目标。实施标准化的运作有利于实现这一目标。通过对政府部门的工作进行标准化，可以摆脱公共体育服务集生产、管理、控制于一体的"全能型政府"的角色。在明确各部门和机构的工作领域的同时，还可以避免工作

---

① 沈慧.公共体育服务体系建设与标准化研究[D].武汉：武汉体育学院，2016.

人员按照个人的思维方式进行工作，而是建立一种以服务公众为导向的工作方式和方法。这种转变不仅能提高基本公共体育服务的可预期性和稳定性，还能降低服务供给过程中的风险。

2. 提升公共体育服务供给效率的迫切需求

在我国公共体育服务体系不断发展的过程中，服务供应主体的多元化、服务模式的多样化和服务产品的丰富化，相对于公共体育服务的提供者来说，无疑提高了要求。要实现服务的高效产出，政府部门、社会组织、企业等服务运营主体需要协作，基于各自的功能进行相互配合和互补。然而，这些不同主体的自身属性、服务动机和服务方式存在一定的差异，如果这些差异处理不当，可能会对公共体育服务的运行产生不利影响，导致服务产出的效率降低。标准化作为一种科学方法，可以通过规范服务流程、合理地进行工作分工，使各个部门都能做自己最擅长的工作。同时，标准化建设也有利于考核政府各部门的工作成果，便于调整工作计划，提高公共体育服务的执行效率，从而真正实现为人民服务的目标。在标准化的背景下，各个部门能够更好地协同工作，提高服务的效率和质量，满足人民对公共体育服务的需求。

3. 顺利实现公共体育服务产品的重要前提

在社会实践的长期过程中，标准化被广泛认知为一种高效的工作方法，它在产品的设计开发、生产投入和运行管理各个阶段都得到了广泛的应用。标准化是制度化的最高形式，它常常可以在市场竞争中决定一个企业的命运。将标准化应用到公共体育事业中，预计将会有良好的应用前景。对于单一的公共体育服务产品，标准化是通过建立一种参考标准和操作规范来指引服务产品的顺利实现，这不仅有助于加速服务概念规划到服务产品的转化进程，也能很好地监督和规范服务质量。对于更复杂的公共体育服务产品体系，标准化能够将复杂事务简单化，有助于协调各服务元素之间的关系和合理利用资源①。

此外，对于示范性的公共体育服务产品的复制和推广，标准化是不可或缺的。在实际工作推进过程中，标准化为服务产品提供了制度保障、建设投入参考和运营操作规范等多方面的指导。如果没有一套切实有效的参考标准，公共体育服务产品的复制和推广工作将面临巨大的困难。

（二）公共体育服务体系建设

1. 服务驱动体系

服务驱动体系是公共体育服务体系的重要组成部分，主要由国家和政府出台的相关政策法规构成。这些政策法规体现了国家和政府对体育事业的宏观规划和发展方向，包括各种规定、操作程序、条例规章等。这个驱动体系在公共体育服务体系中起着引领和规范的作用。基于政府未来发展规划和大众体育需求，政府部门制定了一系列政策法规文件，以保证公共体育服务的顺利提供。这些政策法规文件涵盖公共体育服务的供给、管理、监督以及资金投入等各个环节，对公共体育服务体系的运行进行统一的安排和规划。

作为公共体育服务实施运行体系的顶层设计，服务驱动体系不仅明确了公共体育服务的发展目标和方向，也为公共体育服务的具体实施提供了行为准则。政策法规是行政管理的重要工具，可以确保公共体育服务体系运行的公正、公平、公开。同时，政策法规还可以引导和促进体育产业的发展，调动社会各方面的积极性，从而实现公共体育服务的可持续发展。在具体操作中，政策法规需要根据体育事业的发展和大众体育需求的变化进行及时的调整和完善，以确保其科学性、前瞻性和实效性。同时，还需要加强政策法规的宣传和执行力度，使其在公共体育服务体系中的作用得以充分发挥。

---

① 齐玉松.公共体育服务体系建设与标准化的研究[J].大众标准化，2022（1）：157-159.

2. 服务供给体系

公共体育服务供给体系是多元化的，涵盖了各级政府、公益性基层体育组织，以及私人企业、第三部门和体育社会组织。这种多元化的供给体系对于公共体育服务的运行和发展至关重要。

政府是公共体育服务的主导供给者，包括中央政府、地方政府和基层政府。他们承担着制定政策、规划发展和提供资金支持等多重任务。与此同时，政府各相关部门如财政部、教育部、文化和旅游部等，也在推动公共体育服务发展中发挥着各自的作用。此外，公益性基层体育组织，如全民健身中心、社区体育俱乐部、青少年体育俱乐部等，为公共体育服务提供了更具针对性和贴近群众需求的服务。除政府和公益组织外，公共体育服务的生产者还包括私人企业、第三部门和体育社会组织。体育社会组织，如各项目体育协会、非营利性体育俱乐部等，是提供全民健身公共服务的重要力量。私人企业和第三部门则是公共体育服务的有力补充，他们凭借市场机制和灵活高效的运作方式，为公共体育服务提供了更多样化的选择。这样的多元供给体系不仅能保证公共体育服务的供应，还能根据不同群体的体育需求提供个性化的服务。同时，这种供给体系还有利于促进公共体育服务的创新和发展，实现全民健身和体育强国的战略目标。

3. 服务硬件支撑体系

硬件支撑体系作为公共体育服务的基础构成部分，指的是能够保证公共体育服务顺畅运行的物质基础设施，比如专门用于公共体育服务的场地、设备、设施和用品等。这些硬件设施需要严格按照相关规定和标准进行设置和管理，以确保公共体育服务的安全性，同时提高公众参与体育活动的体验感。

一个良好的硬件支撑体系不仅是提供公共体育服务的物质基础，也是公众体育活动的重要载体。当公众第一次进入体育活动场所时，他们的第一印象往往来源于硬件设施。优质、专业和完善的硬件设施会让公众产生积极的反馈，让他们更愿意参与体育活动，激发他们持久的健身兴趣，并逐渐养成良好的健身习惯。因此，建设和维护良好的硬件支撑体系对于公共体育服务的发展具有重要意义。这不仅需要投入大量的资源和资金，还需要有专门的管理和维护团队，以确保硬件设施的正常运行和更新。同时，也需要不断地对硬件设施进行调整和改进，以满足公众日益增长和变化的体育需求，以此提升公众对公共体育服务的满意度。

4. 服务运行保障体系

公共体育服务体系的稳定运行，依赖于健全的服务运行保障体系，该体系包含资源配置系统、运营管理系统和监督系统三大部分[①]。

首先，资源配置系统的主要功能在于在服务提供过程中确保对各类资源——人力、物力和财力的合理运用，并且实现资源的最大化利用。这一环节的重要性在于：有效的资源配置能确保公共体育服务的效率和效益，避免资源的浪费，并且可以实现服务提供的持续性。其次，运营管理系统，主要由各类管理组织及科学管理方法构成，其目标在于确保公共体育服务的质量。通过科学的运营管理，可以确保公共体育服务按照既定的规划和标准进行，保证服务的质量和公众的体验。最后，监督系统，包括公共体育服务的供给方、社会第三方和大众，它们的作用在于监督和规范服务的提供者，从而实现公共体育服务的可持续发展。有效的监督可以促使服务提供者更好地履行职责，确保公共体育服务的质量和公众的权益。因此，服务运行保障体系对公共体育服务的稳定运行至关重要。通过有效的资源配置、科学的运营管理和严格的监督，可以确保公共体育服务的高质量和公众的满意度。同时，也有利于公共体育服务的持续改进和发展，满足公众不断增长和变化的体育需求。

5. 服务绩效评价体系

公共体育服务绩效评价体系是对公共体育服务提供者服务能力的度

---

① 沈慧.公共体育服务体系建设与标准化研究[D].武汉：武汉体育学院，2016.

量标准和相关要素的有机组合，是对服务提供者质量和效率的反馈机制。这个体系不仅评估服务提供者是否达到设定的服务标准，而且更注重评估服务接收者的感受和满意度，从而提供一个全面的评估视角。这个评价体系的重要性在于：它提供了一个反馈机制，以了解公共体育服务在实施过程中的效率和效果。通过对服务提供者的绩效评价，我们可以确定他们在服务提供中的强项和弱项，这对于确定需要改进的领域，以及设定新的目标和标准至关重要。

同时，绩效评价体系强调了服务接收者的感受和满意度。这个评价方式让我们了解到，服务是否满足了接收者的需求和期望，或者哪些方面需要改进以提高服务质量。通过这种满意度调查，我们可以更加深入地了解公众对公共体育服务的需求和期望，从而使服务更加贴近公众的需求。

二、个案分析——以武汉市"江城健身 e 家"为例

（一）"江城健身 e 家"项目概况

1."江城健身 e 家"项目背景

武汉市"江城健身 e 家"项目是一个国家体育总局科研项目课题，该项目以建设科学健身示范城市为总目标，落实《国家体育事业"十二五"发展规划》和《全民健身计划（（2011—2015 年 ） ）》[①]。2014 年，汉阳江堤店成为该项目的首个示范点。在运作模式上，该项目采用了政府购买服务的方式。市和区体育部门为项目提供了器材和体质检测设备，社区和单位提供了所需场地，日常的运营管理则由武汉传奇康达健身管理有限公司负责。该项目的目标是建设一个面向全社会的社区体育服务中心，提供包括居民体质检测、健康风险评估、科学健身指导等在内的服务。

---

① 张丽莉.武汉市政府购买公共体育服务的实证研究 [D].武汉：武汉体育学院，2016.

作为中国首个科学健身示范点，"江城健身 e 家·汉阳江堤店"的主要目标是构建市级健身示范中心主站和区级（社区）健身示范中心集群，其中包括体质检测中心和群众锻炼健身中心。该示范点依托专业化运营管理团队、先进的服务理念、网络信息技术以及软硬件产品，推动国民体质监测和健康管理事业的发展。自开业以来，"江城健身 e 家·汉阳江堤店"取得了显著的成绩。"江城健身 e 家"项目是武汉市通过科学和系统化的方式提高市民健康和体育素质的重要举措。通过政府、社区和企业的紧密合作，项目能够有效地服务于社区居民，满足他们的体育健身需求，同时推动全民健身事业的发展。

2. "江城健身 e 家"经营模式

"江城健身 e 家"在经营模式上，体现了与政府简政放权、职能转变相呼应的特色①。其主要特征是以政府为主导，对全民健身基础设施进行建设和配备体质监测站，进而通过开展大型全民健身活动，发挥示范引领作用。武汉市科学健身示范城市建设则是以市场需求为导向，按照"引入市场机制，政府购买服务，突出公益导向，普惠百姓健身"的构想和模式，创建了集科学健身、科学检测与咨询、宣传与教育、体育健康管理和信息化成"五位一体"的社区体育服务中心，详见图 5-2。在这种模式下，市、区体育部门投入健身器材和体质检测设备，社区提供场地，引入专业体育公司进行运营，形成了可复制、可推广的科学健身综合体②。这种模式充分利用了政府、社区和市场的优势，实现了公共体育服务的普惠化，同时也提高了服务的专业性和科学性。这种模式具有很强的推广价值和实践意义，对于提升全民健身水平，推动我国体育事业的发展具有重要作用。同时，它也为其他城市提供了一种新的全民健

---

① 何艳君.试析武汉市社区科学健身服务综合体——"江城健身 e 家"项目 [J].体育科技文献通报，2018（8）：3.

② 徐文琦.全民健身战略视域下科学健身示范区服务模式的实证研究 [J].山东体育学院学报，2016（1）：6.

身服务模式和经验，对于推动我国全民健身事业的发展具有重要的参考价值。

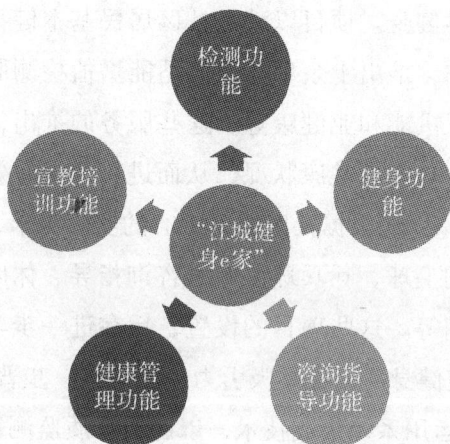

图 5-2　"江城健身 e 家"的功能图

"江城健身 e 家"的首家实体店自 2014 年 5 月建成以来，凭借其独特的运营模式和公益导向，赢得了社会各界的广泛好评。包括国家体育总局、省市相关部门、科研单位在内的各级政府领导和团体，对其实地参观并进行了深入了解，均对其高度评价。"江城健身 e 家"项目的关键在于其可持续性，它是体育科学研究和市场需求的有效结合，也是具体的体育科技惠民工程。总结来看，"江城健身 e 家"的模式可以概括为以下五个方面：

（1）创新和构建了一套可复制、可持续的科学健身公共服务体系。该体系紧密围绕科学健身市场需求，充分整合政府部门、企业、体育组织、科研院所等优势资源。它突出了体育公共服务的公益性，运用创新的运作模式，有效地解决了当前我国群众体育发展的瓶颈问题。这种模式的成功实践不仅解决了当下我国群众体育发展的一些瓶颈问题，而且还为其他城市的公共体育服务建设提供了可借鉴的模式，推动了我国公共体育服务的发展和创新。

（2）立足市场需求提供服务产品。在市场需求的指引下，"江城健身e家"项目不断优化服务产品，秉承着"每天一元钱"的服务理念，鼓励广大市民参与科学健身。项目以满足社区居民基本健身需求为起点，进一步拓宽服务范围，推出十余项体质体适能增值检测服务，包括人体成分、骨密度、血管机能和亚健康等。这些服务的推出，旨在促进社区居民更加深入地了解自己的健康状况，从而进行科学有效的健身活动。此外，"江城健身e家"还根据社区健康中心的实际需求，提供多样化的体育活动，如室内羽毛球、乒乓球、专家咨询指导、休闲茶吧、室外儿童戏水池、少儿培训等。这些项目的设置，旨在进一步丰富社区居民的健身方式和选择，使健身活动更具吸引力。为了进一步普及科学健身理念，"江城健身e家"运用系统集成技术，以区级体质监测数据为基础，面向社区居民进行科学健身的教育和宣传，构建起全民科学健身的宣传体系。同时，针对有更高健身需求的居民，提供高水平的健康咨询、营养处方和运动处方有偿服务，构建了一套高层次的全民健身市场化服务体系。

（3）政府主体引导下的多元参与机制。"江城健身e家"项目在实施中体现出政府主导下的多元参与机制。在现代社会结构中，政府、企业和民间组织构成三大重要支柱。解决全民健身需求与政府供给之间的矛盾，必然要扩大参与主体范围。在武汉市初期阶段的50个科学健身示范集群区的构建和持续运营中，无论是人力资源、物质资源、经营管理，还是宣传推广，都需要多元主体的参与以改变政府单一、直接提供服务带来的供应短缺。具体实施中，充分发挥市场和社会力量，结合政府的主导作用，形成政府、市场、公众和社会组织等全社会广泛参与的模式①。这种模式实现了各主体资源的充分整合和高效利用，也调动了各方面的积极性，有助于全民健身事业的发展，同时也解决了政府供给不

---

① 徐文琦.全民健身战略视域下科学健身示范区服务模式的实证研究[J].山东体育学院学报，2016（1）：6.

足的问题。这一模式具有一定的参考性和推广价值，对于推动我国全民健身事业发展具有重要意义。

（4）建立科学健身云数据平台。"江城健身 e 家"的运营中，其中一项显著的特性就是应用现代信息科技和物联网技术。通过构建一套科学健身管理系统、云数据平台、个性化信息载体及定制推送服务的综合性管理平台，该项目成功地为社区居民建立了一套持续、全面的电子健康档案。基于这样的档案系统，项目实现了对每一位社区居民的健康指标进行定期、长期、连贯的监测和检查，评估其健康状况，并实时监控和高效反馈，提供了及时且准确的健康信息服务。这一创新的做法，不仅充分运用了现代科技，提升了服务的效率和精准度，也让居民能够获得更加个性化、定制化的健康服务，体现出科技对全民健身事业的巨大推动作用。

（5）市场化运作流程推动发展可持续性。"江城健身 e 家"采取市场化的运作流程，通过政府采购的形式，由武汉市体育局体科所聘用专业的管理团队来对市级健身示范中心和约 40 个区（社区）科学健身示范中心进行专业化管理，以推动其可持续发展。

这种专业化管理的优点在于：有效地发挥市场机制，实现资源的有效配置，使各种检测设备和健身锻炼设施的利用率最大化；有效地对科学健身进行宣传和推广，起到示范效应；充分激励管理团队的积极性，使其服务更具人性化和亲民性；提供多层次的有偿服务，包括基础的有偿服务、特色有偿服务和高端有偿服务，满足不同人群的需求。通过这种市场化的服务，可以降低政府采购的投入成本，进而推动科学健身示范区集群的可持续运营和发展。这种模式不仅提升了服务质量和效率，也符合国家鼓励和支持社会力量提供公共服务的方针，可以为未来健身服务行业提供可借鉴的经验。

（二）"江城健身 e 家"标准化服务体系

"江城健身 e 家"服务体系呈现出一种高度集成和统一的结构。在这个体系中，服务产品被置于核心地位，周围则由五个关键支撑体系围绕，共同形成一个完整、协调的整体。详见图 5-3。

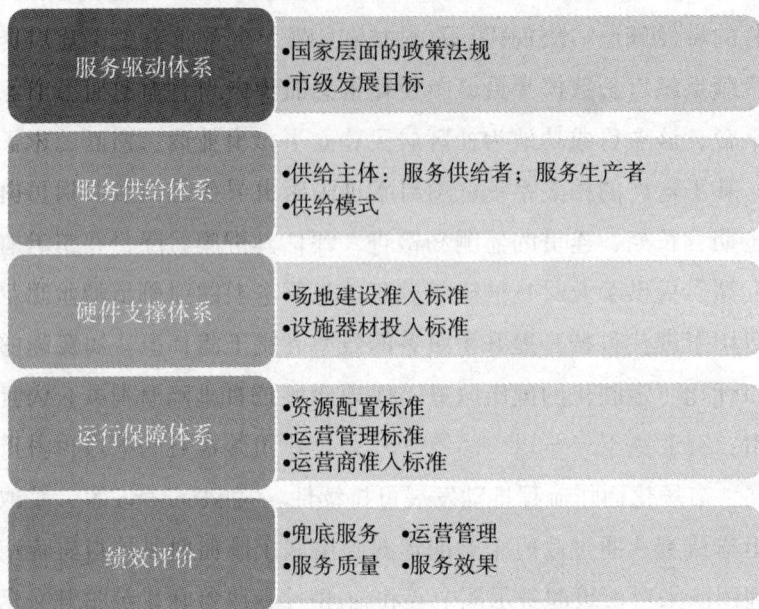

服务驱动体系	•国家层面的政策法规 •市级发展目标
服务供给体系	•供给主体：服务供给者；服务生产者 •供给模式
硬件支撑体系	•场地建设准入标准 •设施器材投入标准
运行保障体系	•资源配置标准 •运营管理标准 •运营商准入标准
绩效评价	•兜底服务 •运营管理 •服务质量 •服务效果

图 5-3 "江城健身 e 家"标准化服务体系

1. "江城健身 e 家"服务产品

"江城健身 e 家"所构建的服务体系可分为三个核心部分：公益服务、标准服务以及增值服务。该架构充分体现了健身服务的多元化需求和市场导向[①]。详见图 5-4。

———

① 沈慧. 公共体育服务体系建设与标准化研究 [D]. 武汉：武汉体育学院，2016.

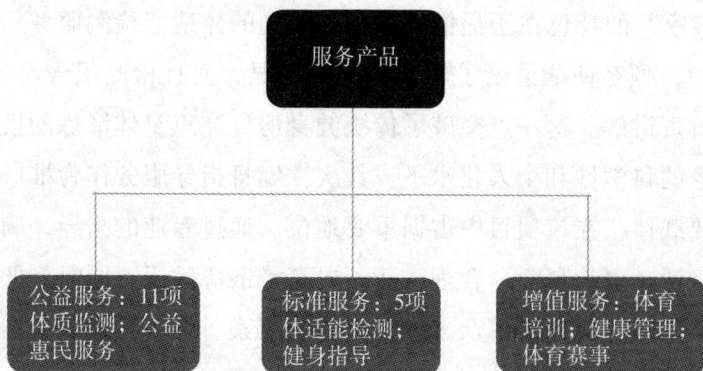

图 5-4　"江城健身 e 家"服务产品内容

（1）公益服务。"江城健身 e 家"的公益服务构成了该项目的基石，并以完全免费的方式为公民提供了 11 项体质监测服务。这一服务的实施不仅直接满足了居民对基本体质测量的需求，使他们能够及时了解自身的健康状况，而且还具有更广泛的社会价值和科学意义。通过免费提供体质测量服务，降低了居民参与健康管理的门槛，有助于提高全民健身的普及率。这一措施不仅关乎个人健康，更是全社会健康水平提升的重要手段。此项服务所收集的体质数据被用于统计、上传、分析和比对。这一过程不仅有助于了解地区居民体质的变化趋势，也为有关部门提供了决策支持。通过对大量数据的分析，可以更准确地评估健康促进政策的效果，以及全民体质的整体状况。此外，这一公益服务还具有长远的战略价值。所收集的数据能够充实和完善国家体质监测数据库，从而为未来的健康政策制定、科学研究以及国民健康状况的全面评估提供可靠的基础。

（2）标准服务。"江城健身 e"家的标准服务由五项体适能检测及健身指导服务组成，作为政府补贴项目的一部分，具有半公益性质。该服务的主要目的在于惠民利民，且不仅关注"健身"，更注重"健康"。

首先，该标准服务强调了健康和健身的结合。相比普通健身房，"江城健身 e 家"的特色在于提供了快速、准确的体适能检测服务。在短短几分钟内，顾客便能清晰了解自身健康状况，而且检测报告简单明了，有专人负责讲解。这一点突破了传统健身房仅注重身体锻炼的模式，提升了服务的科学性和个人化水平。其次，健身指导服务作为推广科学健身的重要载体，在该项目中占据重要地位。通过专业的指导，确保了顾客的健身活动更为科学、合理，从而提高了锻炼效果。同时，低廉的惠民健身卡价格也成为吸引众多顾客的重要因素。最后，该服务在实施过程中还充分考虑了健身房的器材配置。借鉴了不同健身俱乐部的经验，总结出了投入运营需具备的最低器材配置。这些器材分布在有氧区、固定器械区、自由力量区，全方位满足了不同居民的健身锻炼需求。

（3）增值服务。增值服务在"江城健身 e 家"中起到了丰富体育和健康服务内容的关键作用。通过政府特许经营的模式，该服务集体育培训、健康管理、体育活动组织等多方面于一体，体现了健身服务的多元化和个性化特点。第一，体育培训方面提供了丰富多样的课程选择。不同于传统的健身服务，"江城健身 e 家"还涵盖了羽毛球、瑜伽、乒乓球、游泳等多项培训，旨在满足不同年龄、兴趣和体能水平的顾客需求。这一多元化的培训模式有助于促进全民参与体育运动，增强人们的身体素质。第二，健康管理服务为有需要的顾客提供了全方位的健康干预和个人健康管理计划。通过了解顾客的疾病史、生活作息、膳食等情况，"江城健身 e 家"能有针对性地进行干预，如自行设置运动方案和运动类型等。这一服务不仅提高了健康管理的针对性和效果，还有助于提升居民的健康意识和自主管理能力。第三，体育活动组织进一步丰富了服务内容和形式。依托社会体育指导员和社会体育组织，"江城健身 e 家"可以举办或承担各类社区、街道群众性体育赛事与活动。这不仅增加了体育文化的内涵和外延，还增强了社区凝聚力和文化活力。

2."江城健身 e 家"驱动体系

（1）国家层面相关政策、法规。"江城健身 e 家"项目的驱动体系受到国家层面相关政策、法规的深刻影响，其建设路径和发展方向得到了宏观层面的引导和规范。

在顶层设计方面，体育总局下发的《体育总局科教司关于在科学健身示范区试点单位加强科技成果应用推广的函》（体科字〔2013〕183号）强调了科学健身示范区的建设和科技成果的应用推广，包括但不限于利用高新技术，如健身物联网、云计算机等。这些指导方针为"江城健身e家"项目的信息化建设和市民科学健身与健康管理服务体系的构建提供了方向。国务院发布的《关于加快发展体育产业促进体育消费的若干意见》（国发〔2014〕46号，下文以《意见》代指）也对项目产生了深远影响。此文件提出了政府对于事务性工作的放权，调动市场的参与性和积极性，从而引导和规范市场竞争环境。这一号召促使"江城健身e家"项目积极实行政府放权，鼓励社会力量参与公共体育服务供给。同时，通过外包给专门的运营管理公司，增强了项目的管理效率，推动了现代化管理理念的实施。此外，《意见》中提出的关于调动社会积极性与创造性、提供丰富体育服务产品、倡导健康生活等理念，同样促进了"江城健身e家"项目的多元化发展。不仅增加了产品种类，满足了居民多样化的体育活动需求，还推动了全民健身的进程，并将健身提升至健康的层面，倡导了现代化、科学的健身理念。"江城健身e家"项目的实施还遵循了国务院《关于做好政府向社会力量购买公共文化服务工作的意见》（国发〔2015〕37号）的相关要求。通过明确购买主体、规范购买流程、加大投入力度等手段，确保了项目的公益性和公共性，为公共体育服务提供了更多的选择和空间。

（2）市级具体发展目标。武汉市体育局在2014年对"江城健身e家"项目的建设与管理提出了明确的实施意见，发布《"江城健身e家"建设与管理实施意见（试行）》，该文件描绘了一种引入市场机制的新型体育服务模式，强调政府购买服务的重要性，以及公益导向和普惠百姓健身的核心价值。通过这一政策的发布和启动，项目的投建工作得到了有效推动，市级的具体发展目标也随之明确。项目的实施不仅依托于政府的指导，还采取了边建设边探索的发展理念。在这一过程中，武汉传奇健身管理有限公司作为受托方，依据门店初期的建设实践，精心编制了一系列有关"江城健身 e 家"项目的手册和标准，如《"江城健身 e 家"形象手册（VI）》《场地功能设计标准》《"江城健身 e 家"运营与管理服务标准》。这些文件涉及项目的形象设计、场地功能设计以及运营与管理服务标准等方面，为项目的进一步建设与运营提供了科学的参考依据。武汉市体育局在 2015 年进一步完善了与"江城健身 e 家"项目相关的体育设施投建与购买服务的实施意见，制定了更为详细的建设与运营服务标准，包括《"江城健身 e 家"体育设施投建与购买服务的实施意见（试行）》《"江城健身 e 家"建设与运营服务标准》。这一系列文件的发布，不仅为项目的具体实施提供了法规支撑，也对未来的运营与管理起到了积极的指导作用。

3. "江城健身 e 家"供给体系

（1）供给主体。"江城健身 e 家"供给体系的构建涉及一系列复杂的组织协调和分工。该体系由武汉市体育行政部门直接掌管，通过标准化建设的方式，整合了多个职能部门的力量，旨在创建一个高效、良性运转的项目供给体系。

供给体系的主体分为服务供给者和服务生产者两个方面。在服务供给者方面，市体育局通过统筹领导各职能部门，明晰了职责分工。其中，群体处主要承担着国民体质监测数据指标的规划工作，负责器材设备的采购和招标，以及项目的选点工作等。经济处的角色主要集中在项目资金的筹措和招标工作的制度设计等方面。产业中心涉及项目的标准制定、门店的建设和宣传工作、专家团队的组建、科学健身知识的推广等多个领域。体科所主要负责国民体质的数据统计和报告工作。区文体局则关注辖区门店的拓展、审查和日常监管工作。服务生产者主要由项目的运营商承担，其工作职责涵盖了门店的经营管理、科学健身的指导与服务、国民体质监测与体适能检测项目的推广等方面。

（2）供给模式。"江城健身 e 家"在其运作过程中展现了两个显著的供给模式，均具有自身的特点和适用场景。第一个模式被称为"区文体局——项目运营商模式"。在这一模式下，与区文体局签约的项目运营商须取得"江城健身 e 家"资质认证。双方就场地使用、固定资产投入等方面达成协议，共同确保项目的顺利推进。其中，区文体局作为直接的运营主体，对运营商进行了监督与管理，保证了项目的正常运行。第二个模式则被定义为"大型企事业单位—项目运营商—产业中心模式"。这一模式下的大型企事业单位不同于通常的供给方或服务生产方，更接近于一种"供给合作方"的角色。例如，在"江城健身 e 家·党校店"中，大型企事业单位提供了场地，并成了店面的直接运营主体，而由产业中心进行管理。项目运营商在此模式下亦须取得相关资质认证，且受大型企事业单位的直接监督与管理。

这两种供给模式在项目申办阶段都高度重视固定资产的转移手续，确保了体育资产的保护。此外，通过运营商绩效考核与实施奖惩机制，有助于激励和规范运营商的行为，促进项目的健康发展。

4. "江城健身 e 家"硬件支撑体系

（1）场地建设的准则和标准

第一，场地选址。在市体育局的监管下，各区文体局项目申报后，组织专家遵循"场地达标、公益便民、市民需求"的原则进行了实地考察。"江城健身 e 家"项目的店面选址更是考虑到了多个方面的因素。首先，选址必须与周边环境高度协调，能够充分融入所处的社区背景。其次，它必须远离任何潜在的危险源，避免给居民带来潜在的安全风险。其中涉及的危险源包括但不限于有毒物质、高噪声区域、交通要道等。还需确保不会对周围居民造成扰乱，不给当地社区带来不便。同时，必须排除那些存在安全隐患的项目，例如那些受众面窄、流通不便或与周边环境格格不入的选址。这一阶段的工作是极其严谨的，涉及多方面的综合考量，每一个细微之处都不能忽视。符合选址要求的项目还需要经过进一步的程序，这包括填写工程建设申报表，详细记录项目的各项情况，进而提交给市体育局进行认真的审查。只有在市体育局的严格审查和批准下，这一选址方案才能最终敲定。

第二，场地面积与功能区域划分。"江城健身e家"项目在确定门店室内面积的规划时展示了其精准的战略眼光：标准店的最低限度为500平方米，而社区店则为300平方米。这一设定不仅满足了居民的健身需求，而且考虑到了场地的合理利用和未来可能的扩展。功能的划分则进一步展示了该项目的全面性与前瞻性。主要功能区包括健身中心、体质检测中心和宣传教育区，这三者分别满足了公众的锻炼需求、健康监测需求以及健康知识的普及需求。与此同时，附属区域如大厅、休息等待区、卫生间、会员储物间、工作人员办公室等的设置，使得整个场地能够更好地服务于顾客，也提高了工作人员的工作效率。该项目在投建之前，就进行了长时间的前期论证。与此相关的是，对每套健身设备的使用范围进行了精确预估，并规定了每套设备安全使用及预留活动空间的总和标准为10平方米。这一措施确保了设备使用的安全性，也提高了设施的使用效率。

第三，形象标识的规范。在构建任何品牌或项目的整体形象时，标识规范化是一个至关重要的环节。对于"江城健身e家"项目而言，这一环节的重要性尤为凸显，因为该项目涵盖了大量的后期网点，从而增加了保持一致性的挑战。《"江城健身e家"形象手册（VI）》的编制是对这一挑战的精确回应。手册涵盖了从LOGO到标准色、从辅助色到标准字及其制作规范，再到字体组合比例、建筑物墙体标识、招牌设计规范、工作证、胸牌、会员卡、基础广宣物料等一系列细致的规定，体现了项目的专业性和全面性。手册的存在不仅确保了每个网点在视觉效果上的一致性，而且还为店面装修施工过程提供了积极的规范和引导。通过遵循手册的准则，可以保持整个项目的连贯性和一致性，同时也强化了品牌的识别度和公众的信任感。

（2）设施器材投入标准。"江城健身 e 家"项目作为一项全面的公共体育服务计划，深入挖掘了健身与体育的多维需求，对设施器材投入实施了严密的规划与标准。第一，通过引入国民 11 项体质检测设备，如身高、体重、肺活量、坐位体前屈等，有助于全面掌握市民体质现状，反映了国家对增强人民体质的重视，同时也丰富了国民体质监测系统和数据库。第二，体适能检测设备的引入强调了科学健身的需求。投入的设备包括自动血压计、人体能量监测仪、血管机能检测仪等，更多地聚焦于对人体运动风险的评估，不仅可以预测心脏病、骨折、肌肉损伤的风险，还具备了诸如心血管疾病、脊柱疾病的早期检查功能。这样的检测作为科学健身工作的重要一环，可以针对性地为不同人群提供适宜的运动方案。第三，健身器材的配置反映了全方位的锻炼需求。根据店铺面积与投资规模，所配置的器材覆盖了有氧运动、力量训练、自由力量和伸展练习等多个方面。无论是进行有氧运动、锻炼心肺功能，还是针对全身各部分肌肉的训练、塑形，均可在此得到满足。第四，配套设备的标准化建设彰显了项目的综合服务意识。通过对体适能检测项目配备对应电脑、打印机、音响系统、视频终端设备等，确保了数据的精准分析和服务的多元化，同时也增强了项目在公益社区惠民活动中的功能性和效果。

5."江城健身 e 家"运行保障体系

（1）资源配置标准。"江城健身 e 家"项目的资金由市体育局从市、区体彩专项资金中统筹，每个网点的投资范围约在 120 万至 200 万元。这一资金覆盖了店面装修、健身器材、专家系统、检测设备等方面的投入，同时也涵盖了运营过程中的器材更新、维护或调整的费用。通过市、区体育部门统一招标配备，确保了资源的合理分配和使用。以"新洲店"为例，其建设资金投入 200 万元，具体分配为：装修费用 30 万元、健身器材 50 万元、软件系统与电脑设备 20 万元、检测设备 100 万元。这一分配体现了项目的重点关注领域，即在确保场地和环境的基础上，强调了健身器材和相关检测设备的配置。新洲店的年度运营成本预计为 80 万元，其中政府购买服务占 22 万元 / 店、水电补贴 10 万元 / 店，其余 48 万元由运营商通过市场化服务和增值服务经营获得。这一结构揭示了政府与市场的互动关系，既体现了政府的支持和推动，又强调了运营商的主动性和市场化运作。社区在提供近千平方米的运营场所的同时，引入专业团队进行市场化运营，构建了一种政府、社区和市场共同参与的合作模式，有助于项目的健康、可持续发展。

（2）运营管理标准。"江城健身 e 家"项目依托物联网技术，将"江城健身 e 家"打造成一个集数据管理、健康管理与专家服务于一体的现代化平台。数据管理系统是基础支撑，可以实时反馈国民体质检测数据，动态了解整体国民体质状况；健康管理系统则是每个会员的个人健康管理中心，提供信息推送与个人健康测评；而专家服务系统则提供了针对会员健康、健身问题的专业化、多层次的指导服务；从业人员的专业素质直接影响到顾客的体验感受。因此，"江城健身 e 家"对从业人员实施了一套职业资格认证标准，并通过一定学时的岗前培训确保人员素质。"江城健身 e 家"的门店运营规范体现了对现代化运营管理和地域特色的深刻理解与全面整合。虽然在项目建设初期已经设立了基本的运营管理规则，但考虑到门店数量的增长以及各区域店面的特殊性，一个更为全面和完善的运营规范正在积极制定中。该运营规范强调的不仅仅是店面的工作时间和服务流程的标准化，更重要的是对地域特色和顾客需求的灵活适应。例如，针对中心城区与远城区、现代化商业区与老居民区的不同客户群体，门店的开放时间和运营方式需有针对性地进行调整。在老年人较多的社区，可适当提早开放，满足老年人的晨练需求；在年轻人较多的商业区，可适当延迟营业时间，符合上班族的生活和运动规律。此外，还采用了"两班倒"的形式以保证服务的连续性和全面覆盖。"江城健身 e 家"还在借鉴大型连锁商店运营经验的基础上，编制了详细的《"江城健身 e 家"服务规范》。这一规范不仅针对服务流程进行了精心设计，还对从业人员的服务话术和服务技巧做出了具体的要求。这种细致入微的规范使得整个服务过程更加专业、规范和人性化，提高了顾客满意度，也有助于进一步塑造品牌形象和提升行业影响力。

（3）项目运营商准入标准。"江城健身 e 家"项目运营商准入标准是一个复杂且严密的体系，突出了专业性、合法性和质量保证。

其一，项目运营商资质认证标准确保了参与者必须具备合法和专业的条件。运营商必须是合法注册的企业法人，具有独立的民事责任能力，并且具备一年以上的健身和健康管理经验，有过成功的运营管理案例。项目负责人和团队的专业资质也是必需的，包括有资质的健身教练、健康管理师等。此外，还需具备完善的财务管理体系和良好的社会商誉。其二，项目运营商的进入流程分为资质认证、招投标和协议签订三个主要环节，详见图5-5。资质认证过程中，市体育局对运营商进行了严格的标准化审查。整个过程涵盖了材料提交、初级审查、实地考察、专家团队评审和审查审批等环节，确保只有合格的运营商才能进入下一阶段。招标过程通过公开透明的方式，确保了最优价格和最高质量的对接。这一过程由区文体局或大型企事业单位委托专业招标公司进行，避免了"暗箱交易"，提高了政府购买服务的效率。协议签订过程则是在申请单位中标后，与相应机构详细商定店面委托工作和后期营运细则。这一环节旨在明确合作双方的责任和权益，为项目的顺利实施提供法律保障。

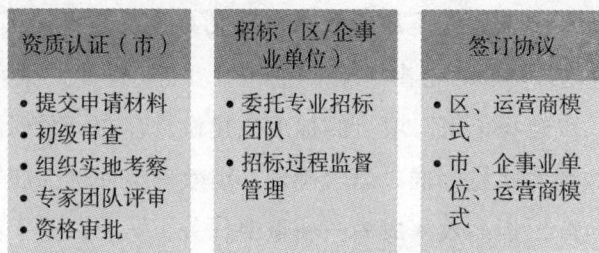

资质认证（市）	招标（区/企事业单位）	签订协议
• 提交申请材料 • 初级审查 • 组织实地考察 • 专家团队评审 • 资格审批	• 委托专业招标团队 • 招标过程监督管理	• 区、运营商模式 • 市、企事业单位、运营商模式

图 5-5 "江城健身 e 家" 项目运营商进入流程

6."江城健身 e 家"绩效评价体系

（1）评估方式的构成。绩效评价体系在"江城健身 e 家"项目中占据核心地位。该评价体系由市体育局和体育产业中心共同组织领导，并委托第三方专业评估机构和专家团队进行。

（2）评估内容。第一，兜底服务。该方面的评估集中于年度兜底服务指标的完成情况，包括"江城健身 e 家"公共服务数量方面的提升。此部分的核查关注基础公共体育服务项目的提供，例如政府购买的国民体质指标、体适能检测服务完成情况等。此外，还考察了惠民健身卡办理、店面接待次数、专家在线咨询等方面。第二，服务质量。通过对店面会员及附近居民的满意度调查，审查店面各项服务的完成质量，包括人本导向、与"江城健身 e 家"标准化模式的一致性、服务完善与创新等。涵盖店面环境、顾客运动体验和服务人员素质等多个方面。第三，服务运营管理。这一部分是对运营商店面运营情况的深入审查，包括基本管理能力、人力资源管理和服务项目多样化设置。从运营商的体育信息发布、年度财务状况、管理制度执行、场地安全防范等方面进行深入分析。第四，服务效果。此部分通过调查问卷形式对年度公共体育服务效果进行评估。评估"江城健身 e 家"项目的推进情况，包括群众认知现状、科学健身理念的推广、生活方式的改善等。还涉及了公众满意度、社会影响和社会效益的全方位探查。

（三）"江城健身 e 家"服务体系标准化建设发展建议

1.软硬件建设标准的完善

针对"江城健身 e 家"项目的标准化建设，存在一系列涵盖范围广泛的内容，如场地建设标准、运营规划、绩效考核评价标准等。将理论迅速应用于实际，提高效率成为一项重要任务。第一，鉴于涉及的内容繁多、领域广泛，可以考虑通过发布市级课题来组建专项课题组。该组织将由高校专家和社会力量参与，集中解决场地建设标准、运营规划、绩效考核评价标准、购买机制及运营商的选择申报资格等课题。第二，为确保课题组研究成果的科学性和准确性，在研究成果出稿后，政府部门可组织专家学者对其进行详细的论证。这一环节至关重要，涉及最终确定具体内容的科学性和合理性。第三，标准制定和完善之后，为确保透明度和公正性，有必要以"管理条例"的形式向社会进行公示。"江城健身 e 家"的标准化建设是一个复杂而全面的过程，涉及多个层面和环节。改进这一过程不仅需要明确和具体的方案，还需要多方参与和协同工作。从组建专项课题组到专家论证，再到以管理条例形式公示，这一系列步骤旨在确保标准的科学性、合理性和透明度，为项目的长期健康发展奠定坚实基础。

2. 创设"动态购买"机制及运营商支持体系

（1）"动态购买"机制的确立。在"江城健身 e 家"项目的推动过程中，现有的资金投入机制和购买机制显得不够灵活和精确，需要更精细地考虑每个网点所在地区的实际情况。固定的购买办法可能导致资源浪费或运营商承担过重的运营成本等问题。因此，建议实行一种"动态购买办法"，即根据每家店面所处周边社区的经济消费水平、人口密度、人口年龄分层等因素，进行详细的前期调研，并由行业专家预估购买份额，再通过专家组讨论分析，以确立政府购买的公共体育服务数量和价格。

（2）运营商扶植体系的构建。"江城健身 e 家"项目作为一个公益性、低盈利的项目，存在运营商的生存空间问题。仅依靠政府每年的水电补贴及购买服务费用来维持店面的良性运转，具有一定的困难。因此，有必要构建一个有效的运营商扶植体系，以助力项目的持续健康发展。此体系可以通过多方面实现，例如扩大经营范围、增加增值服务产品种类等，从而努力实现店面运营的自给自足。政府的引导作用在此至关重要，可定期安排提供项目运营商与成功商业健身俱乐部学习交流的机会、开展运营管理讲座等。另外，针对那些由于所处地区的自然、人文环境劣势而运营困难的店面，还需加强扶植资金的投入，以促进其转型和发展。

3. 实施多元化监管体系的构建

信息透明度在监管体系中占据重要地位。通过不断完善信息公开，使得各个利益方，包括第三方机构、社会组织，甚至普通市民，都能够参与监管过程。这种参与式的监管有助于体现民主、增强公信力，能及时发现并解决问题。加强体育资产的监管，保障服务数量、质量和效果的实现，是确保"江城健身 e 家"项目运营的关键环节。例如，可以通过建立消费者投诉机制，借助店面意见反馈箱、微信官方平台和武汉全民健身网等多渠道，实时掌握运营商在实际运营过程中的问题，以便政府部门协调解决。实地考察与暗访是监管体系的重要组成部分，它能实时掌握"江城健身 e 家"各门店的基础服务、标准服务施行情况、增值服务项目开展情况及收费情况。对服务项目硬件设施损坏、服务质量不达标、私自乱收费行为等问题应进行重点监管。

"江城健身 e 家"模式采用了"政府购买、市场运作"的形式，但在实际发展过程中，常常忽视了社会体育组织的积极作用。市场在提供服务时可能存在追逐利益的局限性，社会体育组织的加入能使武汉市购买公共体育服务的承接主体多元化，促使不同承接主体间相互制约、相互监督，从而提高公共体育服务的质量。

4. 项目品牌塑造

"江城健身 e 家"项目处于关键的品牌建设时期，加强宣传活动的重要性愈发凸显，如何让更多的人了解和参与其中成为紧迫的课题。制定全面的宣传工作计划是核心战略之一，包括但不限于宣传片拍摄、媒体宣传、门店宣传等方面。在这一过程中，广告、策划等专业人才的招募、宣传资料和脚本的精准编写以及拍摄过程的周密筹备，都是决定性的因素。此外，通过报刊、电视和网络媒体的多元化宣传，使得信息的传播更为翔实和广泛。例如，报刊可以开设专栏进行"江城健身 e 家"的深入推广。所有这些活动的实施都需要对宣传经费进行充分预估，并确保适当投入。适当的资金支持不仅确保了宣传工作的顺利进行，而且提高了项目在社会各界的认知和参与度。

"江城健身 e 家"项目的品牌建设不是一个孤立的任务，而是一个涉及多方面、需要协同工作的复杂过程。通过精心的策划、多元化的媒体宣传和适当的资金投入，有助于促进项目在社会各界的广泛认知和参与，从而推动项目的成功实施。此方案不仅能增加项目的可见度，还可能激发整个社区对健康和体育活动的兴趣和参与，进一步推动社区的整体健康发展。

第三节　公共体育服务体系实现路径探索

一、公共体育服务体系发展的典型模式及经验总结

（一）公共体育服务体系发展的典型模式

我国人口众多、地域广阔，公共体育服务体系的发展充满了挑战与机遇。由于地区间的经济、文化、自然环境的差异，各地公共体育服务的发展模式各具特点。

1.以建设公共体育服务示范区的江苏无锡模式

江苏无锡市公共体育服务体系的构建，作为全国全民健身示范城市的先行探索，为整个国家的公共体育服务体系提供了借鉴。该体系以"10分钟体育健身圈"为载体，依托政府主导，强调全面覆盖、服务基层、保障质量和注重效率。在这一体系中，无锡市以体育设施为基础、以体育活动为载体、以体育组织为桥梁、以健身指导服务为重点，全方位推动公共体育服务的发展。通过促进社区街道体育设施的建设和标准化，实现了社会体育资源共享，学校体育设施对外开放，并具体制定了开放、补偿和考核机制。该体系还强调了体育与其他公共部门的发展机

制的融合，尤其是在公共设施建设中与其他部门沟通协作，为体育设施建设留出空间，参与公共设施的建设评估。这一整合性的方法促进了体育与社区生活的紧密结合，提高了体育设施的使用效率。另外，无锡市通过建立由社会体育指导员和志愿者组成的体育设施监督和监测体系，保障了体育设施的正常运行和安全使用。鼓励体育社团组织的建设，以体育为纽带，增强社区凝聚力，同时积极提供多元化的健身指导和服务，满足不同居民的需求。

2. 依托雄厚的经济基础发展的广州市模式

广州市的公共体育服务模式是在该地区丰厚的经济基础上构建的。这一模式的发展受益于一系列综合法规和政策的支持，这些法规和政策从全国、区域和地方的层面确立了公共体育服务的目标和方向，并通过体育法等基础法律、区域性总体政策法律和专门的区域性政策法律进行具体规范。该市在场馆设施建设方面也做出了努力，为公共体育服务提供了硬件支撑。与此同时，由于不同区域在地理、文化、经济和对体育服务理解方面的差异，广州市的体育场地设施系统呈现出网络化、环境化和渗透化的特点。

此外，广州市还构建了一套多层次的人员和组织结构网络，包括静态的组织网络和动态的人员管理网络，并基本形成了密集渗透的公共体育服务网络。地方政府在这一体系中起到了管理、统筹、主导和组织的核心作用，并成功举办了许多深受居民欢迎的地方特色运动项目，例如与岭南文化有关的水上项目。广州市的这一模式还体现在通过供给主体、服务形式和服务产品的多样化来满足居民的公共体育需求。该市提供了组织多样化的体育活动服务、科学系统的体育指导服务、全面准确的信息咨询服务、准确全面的体质监测服务等内容。此外，该模式的经济基础得到了政府投入为主、社会筹集为辅的资金形式的保障。

3. 依托区域自然环境优势发展的湖南张家界模式

湖南张家界的公共体育服务模式是以该地区丰富的自然和民族资源

为基础的。作为国内知名的旅游景点，张家界的山水资源和多元民族文化是其公共体育服务建设的核心优势。自然资源的得天独厚和国家政策的支持促使体育旅游在该地区快速发展。此地的体育服务主要集中在以山水资源为中心的体育旅游项目和以民族传统体育运动为主题的特色活动。例如，以中国舞蹈的古老源头之一被认可的茅古斯舞，还有一些依托地理优势开展的体育旅游项目，如登山、漂流和高空走钢丝等。这些活动充分利用了张家界独特的自然和民族优势，为该地区的体育旅游业增添了特色和魅力。

（二）公共体育服务体系发展的经验总结

1.公共体育服务体系的建设必须要有良好的经济水平保障

公共体育服务体系的建设与地区的经济水平密切相关。一个良好的经济水平保障可以为公共体育服务体系提供必要的资源和支持，从而促进其健康和持续的发展。首先，经济水平的提高通常伴随着人民生活水平的提升。当基本生活需求得到满足后，人们对更高层次的精神需求，包括对体育活动和健康生活方式的追求，将逐渐增加。这样的需求推动了公共体育服务的发展，而充足的经济资源可以确保这些服务得到合理的投入和支持。其次，公共体育服务体系的建设需要投入大量的资金用于体育设施的建设、运营和维护，以及体育活动的组织和推广。这包括体育场馆、设备、教练员、管理人员等的费用。没有足够的经济支持，很难实现这些资源的有效整合和运用。最后，公共体育服务不仅包括硬件设施的建设，还涉及软件服务的提供，如体育教育、培训、咨询等。这些服务需要专业的人才和技能，以及一定的资金投入来保障其质量和效果。

2.公共体育服务体系的建设是一个持续进行的系统工程

在多学科交叉的背景下，公共体育服务体系涉及政治经济学、社会学、建筑学、人体科学等多个领域。这意味着其建设不仅需要不同学科的专业知识和技能，还需要多学科之间的协调和整合。每个领域都会为体系的建设带来独特的视角和挑战，因此需要细致地规划和灵活地管理。公共体育服务体系的建设要与时俱进，根据经济政策和民生需求的变化进行调整和优化。这需要一种动态的发展视角，不仅关注当前的实际需求和现实条件，还要预见未来的趋势和挑战，使体系具有足够的灵活性和适应性。此外，体育活动作为体系的核心载体，需要与民族风俗和地方特色相结合，以确保服务的多样性和针对性。这涉及对当地文化和社会环境的深入理解和尊重，也需要不断地探索和创新，以确保体育服务既具有广泛的普遍性，又有独特的个性化。

公共体育服务体系与其他公共服务体系之间的渗透和交融关系也是一项重要任务。这涉及多个部门和领域之间的合作和协调，需要精心地组织和有效地沟通。处理好这些关系不仅可以实现资源的优化利用，还可以提高服务的效率和效果。

3. 公共体育服务体系建设中需发挥政府的关键作用

在公共体育服务体系建设中，政府起着关键作用。该作用涵盖了公共体育服务体系的各个方面，展现了政府在体系发展和运作中的中心地位。

（1）政府是公共体育服务政策的主要制定者。通过明确的法规和政策，政府为体育服务体系的建设、运作和监管提供了明确的指导和框架。这些法规和政策不仅确保体育服务的质量和普遍性，而且促进了体育服务与其他政府目标和价值观的一致性。

（2）政府是公共体育服务的重要供给者。这一角色体现在为公众提供体育设施和程序的能力，以及在确保所有社会成员都能访问和享用这些服务方面的作用。通过政府的资助和组织，体育服务可以更好地达到社会公平和包容性的目标。

（3）政府是公共体育服务资金的主要提供者。资金投入对于体育设施的建设和维护以及体育项目和活动的成功开展至关重要。通过适当的资金分配和管理，政府能够确保资源的有效利用，并促进体育服务的长期可持续发展。

（4）政府是公共体育服务秩序的维持者。通过监管和执法，政府确保了体育服务的合规性和诚信度，保障了公众的权益和安全，促进了整个体系的健康和稳定运作。

4. 公共体育服务体系的实现路径要从自身实际出发

公共体育服务体系的实现路径必须考虑各地区的特定条件和情况。在体育服务体系的设计和实施过程中，每个地区的人文环境、经济条件、环境优势等因素都具有独特的影响和价值。地域性特色是公共体育服务体系实现的重要考虑因素。各地区的文化、历史和自然资源为体育服务提供了丰富的内容和形式。例如，在广州模式中会采用具有地方文化特色的水上项目，使体育服务更具吸引力和意义。经济条件是决定体育服务体系可行性和可持续性的关键因素。不同地区的经济状况可能会导致对体育服务供给和需求的不同评估和选择。有限的资源可能需要更精确的分配和利用，以确保服务的效率和公平。此外，环境优势和劣势也应纳入体育服务体系的设计和实施考虑范围。自然和人造环境为体育活动提供了场所和机会，但也可能带来一些限制和挑战。例如，环境保护和可持续性可能是体育设施和项目选择的重要指导因素。

二、公共体育服务体系的实现路径选择

（一）依托区域内雄厚的经济基础支撑

依托区域内雄厚的经济基础，公共体育服务体系的建设可以实现全方位的支撑和推动。通过推动体育产业发展战略，优化体育资源分配与配置效率，增强体育市场响应与适应能力等措施，不仅可以促进体育产业与地区经济的融合发展、提高体育资源的使用效率，还能提升体育市场的活力和创新能力，从而为公共体育服务体系的健康、可持续发展创造有利条件。

1. 推动区域内体育产业发展战略

体育产业作为现代经济的重要组成部分，具有显著的社会效益和经

济效益。依托区域内的经济基础，通过制定和推动体育产业发展战略，不仅可以增强体育产业的核心竞争力，还能促进区域经济的协同发展。一方面，有助于体育产业与相关产业的深度融合，通过多元化的合作方式，实现资源的高效利用和产值的最大化；另一方面，促进体育产业与地方政府、企业、高校等多元主体的合作，共同推动体育科技、人才培养、市场拓展等方面的全面提升。通过整合和动员各方资源，打造具有地区特色的体育产业集群，从而为公共体育服务体系提供坚实的支撑。

2. 优化体育资源分配与配置效率

有效的体育资源分配和配置，是确保公共体育服务体系顺利运行的基础。区域内雄厚的经济基础为优化体育资源分配与配置提供了可能。体育资源的合理配置不仅涉及体育场馆、设施、人才等硬件资源，还包括体育文化、组织管理、市场运作等软件资源。因此，需要根据地区的经济发展水平、人口结构、文化传统等因素，科学合理地分配和配置体育资源，使其与社会需求相匹配，进而提高公共体育服务的满足度和效益。此外，还需要完善体育资源配置的法规体系，加强体育资源的监管，确保其合规、高效、可持续地运作。

3. 增强体育市场响应与适应能力

体育市场作为公共体育服务体系的重要组成部分，其响应与适应能力的增强，有助于体育服务的精准供给和持续创新。区域内的经济发展为体育市场的繁荣提供了有利条件，但同时也带来了市场需求的多样化。因此，需要构建灵活的市场机制，提高体育市场对新需求、新趋势的敏感度和响应速度。通过市场调查、大数据分析等手段，洞察市场变化，及时调整体育产品和服务，确保其与消费者需求的高度契合。此外，还要加强体育市场的规范化建设，提高其适应复杂环境的能力，为公共体育服务体系的长远发展提供坚实保障。

（二）依托区域内自然环境优势

区域内自然环境优势为公共体育服务体系提供了独特的资源和机遇。

通过与体育项目的和谐结合，推动生态可持续性，以及与体育旅游的协同发展，自然环境优势可以为公共体育服务体系的建设和发展提供强有力的支撑。这有助于提高体育服务的质量和普及率，促进人们的健康和幸福，也为地方经济和旅游业的发展注入新的活力。

1.促进自然环境与体育项目的和谐结合

自然环境的优势为公共体育服务体系提供了丰富的资源和选择。地方政府和相关部门可以借此推动公共体育设施的建设，满足不同人群的需求。例如，通过开展山地徒步、湖区划船等体育活动，使公共体育服务更加多元化和个性化。在设计和规划体育设施时，要充分考虑地域的自然特色，确保与自然环境的和谐共存，提高公共体育服务的质量和吸引力。

2.提升体育活动的生态可持续性

在公共体育服务体系的建设和运营中，生态可持续性是一个不可忽视的方面。通过合理规划和管理，可以使体育活动与自然环境相得益彰。例如，通过采用太阳能照明、雨水回收等环保技术，降低体育设施的运营成本和环境影响。此外，通过宣传和教育，引导公众采取绿色出行方式参与体育活动，也有助于减少碳排放。这些措施有助于实现公共体育服务体系的长期可持续发展，符合全社会的绿色发展目标。

3.强化体育旅游与自然环境的协同发展

体育旅游是连接体育与旅游的桥梁，也是公共体育服务体系的重要组成部分。利用自然环境的优势，可以推动体育旅游项目的发展，如山地自行车、沙滩排球等。政府和企业可以合作，将体育旅游融入地方旅游发展战略，推动体育旅游产品的创新和多样化。同时，体育旅游的推广也有助于提高当地人民的体育参与率，增强体育公共服务的覆盖面和影响力。

（三）依托区域内体育主题活动

依托区域内体育主题活动的公共体育服务体系实现路径选择，强调了地方特色、经济效益和教育推广的综合作用。这一路径不仅符合公共体育服务体系的目标，即促进社区居民健康和增加福利，而且提供了一种灵活、可持续的实现机制。通过强调与地方文化的连接、经济的带动作用和教育的社会影响，这一路径为公共体育服务体系的长远发展奠定了坚实的基础。

1. 构建主题体育活动与地方文化的联系

主题体育活动能够有效反映地方特色和文化，从而使公共体育服务更具吸引力和参与度。通过将体育活动与地方文化结合，公共体育服务体系可以更好地满足社区的特殊需求和兴趣，从而增强对地方居民的吸引力。例如，岭南地区的龙舟赛等民俗体育活动的举办，可以吸引更多的居民参与，促进居民身心健康，也有助于弘扬和保护地方文化传统。

2. 激发体育赛事对地区经济的带动作用

主题体育活动可以作为地方经济增长的催化剂，直接和间接地推动相关产业的发展。此类活动通常涉及广告、媒体、酒店、交通等多个方面，可有效刺激当地消费。政府可以通过提供场地、资金支持等，推动主题体育活动的成功举办，进一步促进公共体育服务体系的可持续性和多样性。

3. 拓展体育科普与教育的社会影响

主题体育活动可被用作推广体育科普和教育的平台。公共体育服务体系不仅关注体育活动本身，还致力于提升公众对健康生活方式的认识和接受度。例如，主题马拉松赛事可以配合健康讲座，教授公众如何正确锻炼、饮食等，从而提升全民健身意识。

（四）依托体育文化传统

体育文化传统是各个地区和民族独特的文化资源。通过挖掘和运用这些资源，可以为公共体育服务体系增添独特的色彩和价值，进一步推动全民健身运动的普及和发展。

1. 深化体育文化与民族认同的整合

体育文化传统通常包含了民族、地区的文化特色和价值观。将这些元素融入公共体育服务体系，不仅可以促进民族文化的传承，还能增强人们对于体育活动的兴趣和参与度。例如，推广民族传统体育项目，可以吸引更多的当地居民参与，增强民族认同感和归属感。

2. 挖掘体育文化资源与地区特色的结合点

不同地区的体育文化传统有各自的特色，这些特色可以成为公共体育服务体系的独特资源。通过分析地区的自然环境、历史背景、人民生活习俗等，可以找到与体育文化资源结合的点，从而设计更符合当地特色的体育服务项目。例如，在海滨城市推动水上运动，可以更好地与当地自然环境和文化传统结合，提供更多元化的体育服务。

3. 推动体育文化的创新与地方文化的融合

虽然体育文化传统源远流长，但它并非僵化不变的。结合现代科技和管理手段，推动体育文化的创新和发展，可以使其更好地服务于现代社会。同时，与地方文化的融合可以使体育文化与日常生活更紧密相连，提供更加丰富多彩的公共体育服务内容。例如，通过结合当地音乐、舞蹈等文化元素，为传统体育项目增添现代魅力，使之更具吸引力。

第六章　公共体育服务供给模式与市场化运作

第一节　公共体育服务供给模式

一、公共体育服务供给模式的基本概述

（一）公共体育服务供给模式的元素

供给模式在公共体育服务领域是一组复杂的概念，它涉及多个方面的综合考虑。供给，这个概念在公共产品供给理论中，可以理解为提供和生产的综合过程。但根据不同的供给主体，供给有时可能仅指提供，有时则等同于生产。这种区别可以根据具体的环境和需求进行解读。模式，则是一种标准化的形式或范例。在某些背景下，它可能被理解为某种事物的标准形式或可以供人们照做的样式。结合以上理解，公共体育服务供给模式可以被定义为公共体育产品提供和（或）生产的标准样式。这一模式涵盖了供给主体、供给渠道、供给方式这三个核心元素。

1. 供给主体

公共体育服务的供给主体在我国具有丰富的历史背景和多样化的发展轨迹。直接参与公共体育服务提供或生产的实体部门经历了从高度集中的计划经济体制到市场化、社会化的转变。自中华人民共和国成立到

改革开放之前，政府占据了公共体育服务供给的绝对主体地位。在这个时期，体育服务的提供完全由政府来控制和组织。随着改革开放的推进，社会经济的快速发展开始打破政府的绝对主导地位。在此阶段，公共体育服务供给模式逐渐走向市场化、社会化，开始涉及更多的供给主体。在 21 世纪以后，市场化、社会化得到了快速发展，多元主体广泛参与。不仅政府机构，还有企业和非政府组织也开始涉足公共体育服务的提供。这个发展过程提出了新的问题和挑战：如何促进公共体育服务的良好发展，并最终满足人民群众对体育产品和服务的需求？答案可能在于构建一个多主体供给模式，统一联合政府、市场和社会三者的合作。这样的模式需要政府扮演引导和监管的角色，同时鼓励企业和非政府组织积极参与。它不仅可以提供更多样化的体育服务，还能增强效率和响应度。

政府在公共体育服务供给中从单一主体到政府主导的多主体供给模式的角色转变，标志着我国公共体育服务体系的进一步成熟和完善。在过去，政府一直是公共体育服务的唯一提供者，担负着全部体育供给任务。然而，随着社会经济的快速发展和人们生活水平的提高，人们对体育服务的需求也变得越来越多样化。单一的政府供给已经无法满足这些需求，因此，政府逐渐从烦琐的公共服务中脱离出来，将一些非关键的公共体育服务职能放权于社会，形成了政府主导多主体的供给模式。在新的供给模式下，政府不再直接生产和提供所有的公共体育服务，而是转变为引领者和协调者的角色。政府仍然保留对基础和关键部分的供给，确保公共体育服务的公平和普及，同时通过决策和监管措施来保证公共体育服务在大环境中能够良好运行。这一变化不仅提高了公共体育服务的效率，还有助于满足人们不同的体育需求。政府主导多主体的供给模式还为企业和非政府组织提供了更多的机会和空间，促使它们成为公共体育服务的重要参与者。市场和社会力量的介入不仅丰富了体育服务的形式和内容，也推动了体育产业的发展和创新。

企业作为公共体育服务的新的参与主体，可以为体育服务的差异化供给提供强大的支持。不同于政府的统一和标准化服务，企业更倾向于提供个性化和多样化的服务，以满足不同人群的需求。企业通常具有灵活的运营机制，能够迅速响应市场变化，因此可以在服务的创新和优化方面发挥重要作用。此外，企业还可以通过合作与竞争，与其他企业、政府和非政府组织形成良性互动，共同推动公共体育服务的提质增效。这种多元化的供给模式，不仅能够减轻政府的负担，还有助于形成更加开放、透明和负责的公共服务环境。

非政府组织作为公共体育服务供给体系中的一股中坚力量，以其独特的自主、自愿和公益性特点，对政府和市场起到了重要的补充和平衡作用。非政府组织的多样化和灵活性为公共体育服务带来了新的活力和创新。在公共体育服务的供给中，非政府组织包括体育社团、体育民办非企业单位、体育基金会以及草根体育组织等，这些组织在为广大人民群众提供公共体育服务方面具有独到的优势[①]。它们通常更接近社区和基层，因而能更好地了解和满足不同人群的体育需求。非政府组织还能够为公共体育服务引入新的资源和合作机会。与传统的政府和企业相比，非政府组织通常更加灵活，更能够发挥专业化和个性化的优势。它们能够整合社区资源，激发社会参与，推动体育服务的本地化和社区化。同时，非政府组织还有助于弥补政府主导公共体育服务的不足，特别是在低效和服务缺陷方面。通过引入非政府组织，能够更好地平衡各方利益，实现服务供给的多元化，从而提高公共体育服务的质量和效率。

2. 供给渠道

公共体育服务的供给渠道涵盖了资金和产品的来源渠道。在当前的环境下，供给渠道的多元化体现了政府、市场和非政府组织多元主体合

---

① 陈秀娟.我国群众体育的性质与供给机制研究[J].体育科学，2009（1）：85-91.

作的混合供给模式。这样的模式不仅增加了资源的获取途径，也提高了服务的灵活性和效率。

政府作为公共体育服务的主要供给渠道，依托购买服务、专项资金等方式，支持和推动体育事业的发展。体育行政部门不仅负责体育事业的管理，还必须作为服务的供应商来满足公众需求。为了拓宽体育供给渠道，政府需要利用多种途径实现有效供给，包括合理分配专项资金、购买民间体育服务、与非政府组织合作等。

市场在公共体育服务供给渠道中起到了关键作用。收费的方式形成了一种可持续的市场运作机制，不仅为公共体育服务提供了资金来源，还促进了体育服务的商业化和市场化。通过市场运作，体育产品和服务能够更加灵活地满足不同人群的需求，从而推动公共体育服务体系的创新和发展。

非政府组织在公共体育服务供给渠道中也扮演了重要角色。这些组织通过投资、捐助和福利等方式，不仅为政府减轻了负担，还为公共体育服务的多样化和深化提供了可能性。与政府和市场相比，非政府组织通常更接近社区和基层，能够更好地理解和响应人们的体育需求。它们的参与有助于形成更加公平、开放和透明的供给渠道。

3. 供给方式

公共体育服务的供给方式不仅是一个实现目标的手段，更是体现服务理念和价值取向的方式。它涉及了如何组织、实施和管理公共体育服务的全过程，是连接供给主体、供给渠道和用户需求的重要环节。在多元化的供给主体和渠道的背景下，公共体育服务的供给方式也逐渐走向多元化。这种多元化不仅体现在方法和手段的多样性上，更反映了对不同人群和区域的需求的精准识别和有针对性地满足。

政府在公共体育服务供给中的角色十分关键。通过多种方式来组织服务供给，政府不仅确保了基本的公共体育服务水平，而且促进了体育服务的普及和平等。政府可以通过建设体育场馆、公园和其他基础设施来直接为公民提供体育服务。这不仅可以满足广大人民群众的基本体育需求，还能通过体育设施的普及推动全民健身运动的发展。政府还可以与企业和社会组织合作，购买一些特定的体育服务。例如，政府可以与专业体育机构合作，为农村、边远地区和弱势群体提供专业的体育培训和指导，从而实现体育资源的更广泛和平等的分配。政府还可以通过补贴方式鼓励和支持体育服务的供给。例如，对体育社团、草根体育组织和特殊群体的体育活动提供财政支持，或者为企业提供税收优惠，促使它们更多地投入公共体育服务。

市场和企业在公共体育服务供给中的作用也逐渐凸显。通过商业化、品牌化、会员制等方式，它们能够满足不同消费者的个性化和差异化需求。这些供给方式的应用允许更灵活和多样化的服务提供。商业化意味着更多的专业化和个人化，有助于创造更具吸引力和特色的体育产品和服务。品牌化可以通过创建可信赖的品牌来增加用户的忠诚度和满意度。会员制则能通过提供特权访问和独家优惠来促进消费者的长期参与。

非政府组织在公共体育服务供给中起到弥补政府和市场不足的作用。通过志愿服务、社区参与、合作项目等方式，非政府组织能推动体育服务下沉到基层和弱势群体。例如，非政府组织可以组织和协调志愿者为乡村和社区提供体育教育和培训。这种基于社区的参与有助于确保体育服务更具包容性和可达性。合作项目，特别是与国际组织和民间团体的合作，可以引入新的观念和资源，促进体育服务的创新和多样化。

（二）公共体育服务供给模式的相关理论基础

1. 新公共管理理论

新公共管理理论是当前不断成长的一种新的管理理论，是现代公共管理变革的关键理念，其对于公共体育服务供给模式的影响非常深远[1]。

---

① 刘静.新公共管理理论评析[J].湖南税务高等专科学校学报，2017（3）：35-37.

该理论倡导的新思维与方法，对于解决体育服务中的一些传统问题提供了新的路径，其中主要表现在以下几个方面：

首先，新公共管理理论赋予了公共体育服务供给一个全新的理论基础。传统公共行政模式强调政府的直接介入和官僚体制下的运作，而新公共管理则强调经济效率和市场机制的引入。这在公共体育服务供给上体现为对供给方向和方式的重新审视和塑造，将公共体育服务从政府主导逐渐引向多元化、市场化的方向。其次，新公共管理理论强调政府的"掌舵"作用而非"划桨"作用①。在公共体育服务中，这意味着政府不再直接介入服务的具体提供，而是作为政策制定者和监管者，确立战略方向，设置规则，监督执行。这种转变使得政府可以更加集中注意力于体育政策的制定和整体规划，同时允许更多的社会力量参与体育服务的提供。再次，新公共管理理论鼓励竞争和效率的提升。在公共体育服务供给中，通过引入市场竞争机制，可以促进服务提供者之间的竞争，激发其提供更优质、更具效率的服务。这与传统公共管理中强调的平等、公正有所不同，但却能够更好地满足人们多样化、个性化的体育需求。最后，新公共管理理论强调客户导向和结果导向。在公共体育服务供给上，这意味着更加关注人们的体育需求和体育服务的实际效果。与传统的以规程和程序为中心的管理方式相比，新公共管理更强调以人为本、以服务效果为导向，这有助于提高体育服务的满意度和实效性。

2. 多中心治理理论

多中心治理理论的核心是借助多个权力中心和组织体制治理公共事务，以强调参与者的互动过程和能动创立治理规则、治理形态，其中自发秩序或自主治理是其基础。这一理论最早由奥斯特罗姆夫妇（Vincent Ostrom and Elinor Ostrom）在对发展中国家农村社区公共池塘资源进行实证研究的基础上提出。在政治学视野中，多中心治理理论聚焦于政治管

---

① 李璇. 新公共管理与新公共服务研究 [J]. 青年与社会，2014（9）：293-293.

理的过程，涉及权威、资源管理和政治事务的处理方式。在公共行政学领域，它强调了一种多元、民主、合作的非意识形态化公共行政，倡导国家与公民社会关系的重新塑造。

在多中心治理中，国家与社会关系的重塑，国家和公民社会关系的重新调整，成为现实与理论关注的焦点①。多中心治理突出政府与社会的分权、权力回归民众、民间社会的兴起，也倡导培育和提升公民的自主管理能力。这一理论强调主体的多元化，除政府和机构外，还涵盖市民社会、各利益集团及部门间协商等。这有助于克服国家和市民社会能力的局限性，形成国家与市民社会间的互动网络。治理的本质是权力流行机制不是线性单向单中心的，而是双向互动、多中心流通的，它主要通过合作、协商、认同等方式实现对公共事务的管理。多中心治理在公共体育服务供给模式上的应用能够实现权力的分散化和参与性的增强，这有助于更加精准地满足公众需求。打破单一中心体制下权力高度集中的格局，形成多个权力中心承担公共产品供给职能，能有助于解决搭便车问题和政府成本攀高的困境。多中心治理体制通过竞争和协作形成自发秩序，减少搭便车行为，提高服务的效能水平，从而克服公共事务治理的困境。在体育领域，多中心治理能够推动公共体育服务的创新和发展。政府、企业、社区和个人共同参与体育服务的供给，形成了多元化、互动化的体育服务网络。这不仅提高了体育服务的效率和满足了不同人群的需求，而且促进了社区和个人的积极参与，增强了社会的凝聚力。

---

① 周俊.治理结构中的全球公民社会与国家[J].中共浙江省委党校学报，2007（5）：7.

二、公共体育服务供给模式类型

（一）政府主导型供给模式

1.政府策划与组织体育服务项目

在政府主导型供给模式下，体育服务不仅是促进民众身体健康的手段，更是一项社会公益事业，涉及全民健身、国民素质提升、社会和谐等方面的深远影响。

首先，政府通过策划与组织体育服务项目，促进了体育活动的普及和推广。不同年龄、性别、职业的人们都能在政府组织的体育项目中找到合适的参与方式，享受体育带来的乐趣。例如，学校体育、社区体育、职工体育等，都是政府通过不同层级的资源整合，为不同群体提供体育服务的体现。其次，政府主导的体育服务项目有助于弥补市场在体育服务供给方面的不足。某些体育项目可能由于投资回报不高，难以吸引私人资本的投入，如农村地区的体育设施建设、残障人士的体育活动等。政府的介入能确保这些特殊群体和地区的体育需求得到满足，进而实现体育服务的公平与普及。再次，政府的策划与组织也是体育文化建设的重要手段。通过组织大型体育赛事、社区体育活动等，政府可以传播健康、积极的体育价值观，培育国民的集体荣誉感和民族自豪感。例如，通过举办全民健身日，可以提高人们对体育锻炼的重视，推动健康生活方式的普及。此外，政府主导的体育服务项目还与国家战略和社会发展紧密相连。通过体育项目的推动，可以实现国家战略目标，如体育强国建设、全民健身计划等。同时，体育服务项目也能促进地区经济的发展，例如，通过举办国际体育赛事，可以带动旅游、酒店、餐饮等相关产业的发展。

2.公共资金投入与体育设施建设

政府主导型供给模式下的公共体育服务，通过政府的有力干预，确保了全民健身和体育文化普及的基础设施和资源得以有效分配和利用。

体育设施的投入不仅涉及了硬件设施的建设，还体现了公共体育服务理念的推广和深化。

政府的资金投入在促进体育设施的平等和普及方面起到了关键作用。在城乡、学校、社区等不同层面，政府通过体育资金的投入和体育设施的建设，让更多人能够方便、免费或低成本地参与体育锻炼和活动。这一过程不仅为普通民众提供了更多的体育锻炼机会，还有助于培育和传承体育文化，使之成为民众日常生活的一部分。通过公共资金的投入，政府也在推动体育产业化、市场化的过程中起到了引领和推动作用。通过政府的资金支持，可以促进体育产业链的发展，包括体育赛事、体育培训、体育器材等。这一过程不仅有助于体育产业的发展，还可以通过商业化运作，进一步丰富和拓展公共体育服务的内容和形式。政府的体育设施投入也体现了对特殊群体和边缘地区的关注和支持。通过公共资金的有针对性投入，可以确保农村、边远地区、残疾人等特殊群体的体育需求得到满足。这一过程体现了公共体育服务的普惠性和公平性原则，确保了体育服务的基本公共产品属性得以体现。

3. 体育政策与法规的制定与执行

体育政策与法规的制定与执行是公共体育服务供给的关键环节。在推动全民健康和体育事业发展的大背景下，政府通过相关政策和法规确立了公共体育服务的目标、方向和任务，形成了规范公共体育服务的整体框架。

其一，通过明确政府的职责和义务，设立体育基金、鼓励社会投资等措施，有力地推动了公共体育服务在全社会的广泛覆盖。这不仅满足了不同人群的体育需求，也为增进人们的身心健康、提高生活质量作出了贡献。其二，通过规范体育资源的分配和利用，保障特定群体如儿童、老人、残疾人等的体育权益，体育政策与法规确保了每个人都能享受到合适的体育服务。其三，体育政策与法规通过引导和监管，提高了公共体育服务的质量和效率。通过设立体育服务标准、质量评价体系等，政府推动了体育服务的专业化和规范化发展。这有助于提高公共体育服务的满意度和接受度，也为促进体育产业的健康成长打下了坚实基础。其四，通过支持体育文化项目、鼓励体育交流活动等方式，政府有力地推动了体育文化的繁荣和多样性。这不仅丰富了人们的精神文化生活，也为增强民族凝聚力和社会和谐作出了积极贡献。

（二）市场化运作型供给模式

1.企业与社会机构的参与

在市场化运作型供给模式中，企业与社会机构的参与为公共体育服务带来了一系列深远的影响。将企业和社会机构纳入体育服务供应链，既满足了公众多元化的体育需求，也增强了体育服务的专业水平和效率。

不同于政府主导型供给模式，市场化运作模式注重消费者需求的多样性和个性化。商业健身俱乐部、体育培训机构、体育用品零售商等，都以其独特的服务和产品满足了不同年龄、兴趣和收入层次的人群的体育需求。不同的体育机构在市场竞争中不断创新服务内容和方式，提高服务质量和效率，从而更好地满足了消费者的体育需求。同时，市场竞争也有助于淘汰低效和低质量的公共体育服务供应者，保证了公共体育市场的健康运作。此外，企业与社会机构在市场运作中的合作与竞争也促进了公共体育产业的发展和创新。例如，通过企业间的战略合作，共享体育资源和技术，共同开发新的体育服务产品，从而推动了公共体育产业的整体竞争力。通过各类公共体育活动、赛事、培训等，体育文化得以在社会各阶层广泛传播，不仅增强了人们对公共体育的认识和兴趣，还有助于培养全民的体育习惯和意识。

2.体育项目与服务的商业化运作

体育项目与服务的商业化运作是市场化运作型供给模式的关键特征之一。在此模式下，体育项目和服务不再仅作为社会福利的一部分，而是成为具有市场价值的商品。这种转变不仅为公共体育服务的发展提供了新的动力，也为消费者带来了更加丰富和个性化的选择。

首先，商业化运作改变了体育项目和服务的供应逻辑。在政府主导的供给模式下，体育服务往往以普及和社会效益为主，而商业化运作则强调效益和市场需求的平衡。例如，通过引入赞助商、广告商等，体育赛事可以获得更多的资金支持，从而提高赛事的水平和吸引力。同时，商业运作还促使体育机构更加注重服务的质量和效率，以满足消费者的不同需求。其次，商业化运作促进了体育服务市场的专业化和细分。体育机构可以通过产品差异化来满足不同消费者的个性化需求。比如，针对不同年龄、性别、健康状况的人群提供定制化的健身课程和服务，从而更精准地满足他们的体育需求。这样的细分和专业化不仅提高了体育服务的满意度，还有助于提高体育服务的利用率和效益。再次，商业化运作也为公共体育产业的创新和发展提供了空间。通过市场竞争和合作，体育机构可以不断探索新的服务模式和产品，以适应不断变化的市场需求。例如，通过与科技公司的合作，体育机构可以开发智能健身产品，为消费者提供更加便捷和个性化的体育服务。最后，商业化运作也促进了体育文化的传播和价值观的形成。商业体育赛事和活动成为人们交流和娱乐的平台，也为人们提供了积极健康的生活方式和价值观的参照。

3. 消费者需求与市场竞争的引导

这一模式的核心是将消费者的需求置于中心位置，并通过市场竞争来激发体育服务提供者的创新和提高。

消费者需求的引导是市场化运作型供给模式的基础。在此模式下，公共体育服务的提供必须以消费者的需求为导向。这意味着公共体育服务提供者必须通过市场调查、用户反馈等方式深入了解消费者的体育兴趣、健康需求、消费能力等，以便提供更精准和个性化的服务。这一转变突破了以往以供应商需求为中心的服务模式，有助于提高公共体育服务的满意度和使用率。市场竞争的引导是推动公共体育服务创新和改进的关键机制。在竞争环境下，公共体育服务提供者必须不断探索新的服务模式和技术，以满足消费者不断变化的需求。这样的竞争不仅促使公共体育服务提供者提高服务质量和效率，还推动了公共体育产业的整体进步和创新。同时，消费者需求与市场竞争的引导还有助于促进公共体育资源的合理分配和利用。在市场竞争的激励下，公共体育服务提供者会更加注重资源的配置和利用效率，从而更好地满足不同层次和领域的体育需求。此外，市场竞争可以激发体育服务提供者开发更多元化的服务产品，从而满足不同消费者群体的需求。同时，市场竞争也可以降低体育服务的价格，使更多的人能够享受到高质量的体育服务。

（三）社区参与型供给模式

社区参与型供给模式是一种推动公共体育服务更为广泛、有效和人性化的新型模式。在这一模式下，地方社区组织和居民的积极作用得到了强调。公共体育活动和服务的组织不再仅仅依靠政府或商业机构，而是由社区居民自主参与和推动。这种参与方式更加贴近居民的日常生活，有助于确保公共体育服务的实际效用和广泛覆盖。

在社区参与型供给模式下，公共体育服务成了居民共同参与和享受的公共事务。通过社区志愿者组织多样化的体育活动，或者居民参与体育设施的建设和管理，体育不再是少数人的专利，而是所有人都可以参与的活动。无论是社区体育俱乐部的建设，还是街区比赛的组织，都以居民的需求为导向，鼓励更多人参与体育活动的设计与实施。这样的方式更能反映社区居民的真实需求，提高公共体育服务的满足度和享受度。更重要的是，社区参与不仅提升了公共体育服务的效果，还促进了公共体育文化的传播和价值观的培育。例如，倡导健康的生活方式、弘扬团队精神和公平竞争的体育精神，这些都成了居民日常生活的一部分。通过公共体育活动，居民之间的相互理解和信任得到了增强，社区凝聚力得到了提升。与政府主导或市场化运作不同，社区参与型供给模式更强调居民的主体地位和公共体育活动的实用性。它突破了传统的体育服务框架，真正将公共体育服务与居民的日常生活紧密结合。这一模式不仅有助于提高体育服务的覆盖面和满足度，还在推动公共体育文化的传播和社区凝聚力的增强方面发挥了重要作用。最终，社区参与型供给模式为公共体育服务的创新和发展提供了有力的支撑，有助于实现体育服务的普及化、多样化和人性化目标，是现代社会公共体育服务的重要组成部分。

（四）混合型供给模式

混合型供给模式在公共体育服务中的应用体现了现代社会对体育服务多元化需求和资源合理配置的追求。这一模式超越了单一的政府主导、市场运作或社区参与模式，构建了一个更为灵活和综合的体育服务供给体系。

首先，混合型供给模式将政府、市场和社区的优势集结到一起。政府在体育服务中的主导地位确保了体育服务的基本保障和公平性，而市场化运作则为体育服务提供了更高效、更灵活的运作方式。与此同时，社区参与确保了体育服务更贴近人们的日常生活，更有助于体育文化的传播和价值观的培育。例如，政府可以通过财政补贴等措施鼓励企业参与体育服务的提供，社区则可与企业合作共建体育设施，形成了一种协同合作的局面。其次，混合型供给模式促进了体育服务资金的多元化筹集。除了政府的直接投入外，还可以通过企业投资、社区筹资、赞助等方式共同筹措资金。这种多元化的资金来源不仅有助于提高体育服务的财务可持续性，还为体育服务的创新发展提供了更广阔的空间。最后，混合型供给模式在体育服务的提供中强调灵活性和综合性。不同的体育服务可能需要不同的供给方式，混合型供给模式提供了更多的选择和可能性。通过综合运用政府主导、市场运作和社区参与等不同类型的供给模式，体育服务能够更全面、更多样，更能满足现代社会不断变化的需求。混合型供给模式为公共体育服务的提供开辟了一条新路。这一模式突破了传统供给方式的限制，将政府、企业和社区的资源和优势有效结合，形成了一个更为灵活、综合和可持续的体育服务供给体系。它反映了现代社会对体育服务的全面、多样化需求，同时也为体育服务的创新和发展提供了有力的支撑。混合型供给模式无疑是公共体育服务领域的一项重要创新，具有广泛的实用价值和深远的社会意义。

第二节　公共体育服务政府监管

一、公共体育服务政府监管概述

（一）公共体育服务市场化中政府监管缺失的风险及必要性

公共体育服务市场化中的政府监管涉及一系列复杂的机制和流程，旨在确保公共体育服务的有效、高效和公平提供。在现代经济体系中，市场化被视为一种能够促进效率和资源配置的有效手段，但这并不意味着政府可以完全放弃其在公共体育服务领域的监管责任。

1. 公共体育服务市场化中政府监管缺失的风险

公共体育服务市场化进程意在刺激市场竞争通过增加供给主体，以提升供给效率和质量，进而增进社会公共福利和满足广大民众对体育的需求。然而，这一过程并非毫无缺陷，特别是在政府监管责任缺失或未得到有效落实的情况下，可能会引发一系列风险和问题。

一方面，市场化改革尽管能够打破传统的行政垄断，但实际上它可能产生新的市场垄断风险。过去，公共体育服务的供给大多由政府垄断，由于诸如行政效率低下、财政负担沉重等问题，这一模式难以满足公众的体育需求。政府引入市场主体力量可以提高服务效率和减轻财政压力。然而，部分地方政府可能过于强调解决财政压力，将市场化改革作为减压的工具，从而忽视了其服务的责任。在这种情况下，公共体育服务的供给可能从行政垄断的一个极端走向市场垄断的另一个极端。以市场化中的特许经营为例，政府赋予民营企业经营体育场馆的资质，这是一种对市场主体力量的引入。但如果政府监管缺失，民营企业可能凭借其经营权排除其他市场竞争者，形成对体育场馆经营的新型垄断。无论是原来的政府行政垄断还是新形成的市场垄断，服务质量和供给效率的问题仍然可能存在。另一方面，政府在市场主体提供体育服务的过程中的监管缺失也可能导致服务走向过度商业化和市场化的风险，从而使得普通公民的体育权益难以得到保障。正如"天下熙熙，皆为利来；天下攘攘，皆为利往"所言，便揭示了市场主体追逐私利的天性①。以大型公共体育场馆民营化为例，政府监管的缺位可能促使市场主体为了追求私利而擅自更改运营项目和内容，这与公益性的要求相悖。例如，可能会出现将公共体育资源和空间完全私有化，用于投入盈利空间较高的非公益行业，如餐饮、酒店和娱乐业等。此种现象可能导致公共体育场馆转型专门为高收入和高消费者服务，普通公众则被排斥在外。场馆收费水平过高，免费或低收费服务项目稀缺，使公益性难以体现。而这样的收费定价也可能使普通民众无法承担其消费成本。

政府监管在公共体育服务市场化过程中的缺失，不仅可能影响服务质量和公平性，还可能诱发权力腐败和安全事故的风险。权力腐败的风险表现为监管缺失降低了进行不正当交易的成本，增加了不正当行为的可能性，例如，市场主体可能通过非法手段与政府官员达成私下协议，以获得政府定价或政策优惠等，从而获取高额利润；政府与市场主体之间可能存在勾结现象，如低估体育设施、场馆等国有资产的真实价值，低价出售或转移经营权，从而谋取私利；在事后的服务评估环节，政府作为主导一方，可能为行政人员进行不正当交易提供了机会，如市场主体为了获得较高绩效评估而向行政人员行贿。此外，政府监管缺失还可能导致安全事故的风险。公共体育服务涉及的活动和器械使用安全是一个重大问题。尽管各地政府增加了体育设施、场所服务的资金投入，但在实践中，安全隐患排查往往被忽视。例如，私人运营的游泳馆可能缺

---

① 武向阳.思利及人，谈判的哲学之道 [J].销售与管理，2014（10）：60-61.

乏必要的安全评估和日常检查，从而频繁出现安全事故，如溺水等。

综合考虑上述各方面，政府在公共体育服务市场化过程中必须强化监管职能。从权力腐败到安全事故，监管缺失所可能带来的风险都凸显了政府职责的重要性。只有加强监督和管理，方能确保公共体育服务的质量、公平和安全，同时防止和减少不正当行为出现的可能性，保障公众的权益和生命健康。

2. 公共体育服务市场化中政府监管的必要性

市场化改革进程在放松对经济行为的规制的同时，强调政府在监管方面的责任并未减轻。特别是在公共体育服务市场化的环境下，政府的作用转变为更多地通过监督来承担保障性责任。这一必要性主要涉及三个方面的考虑。

（1）保障公共体育利益。约翰·洛克（John Locke）的观点强调政府责任，以人民的"公共福利"为目的[1]。公共利益被视作政府合法存在的基础，它指导政府实施行政行为。在市场监管中，政府作为公共利益的守护者，其责任不容回避。政府必须采取行动以确保社会共享的公共利益。虽然政府的无私性在实践中常受质疑，但为实现公共利益的目的而进行监管的合理性并未因此动摇。政府监管的核心目标在于，在公共体育服务供给主体由政府转为市场时，确保公众体育权益不受损。这要求政府在监管过程中不仅需要摆脱以效率为唯一目标的观念，还要优先考虑难以量化的公益性因素，更需提升对公共体育服务的公平性、可获得性及价格可承受性的监管，以确保公众能享受高质量、低价格的服务。此外，政府还需采取激励措施以平衡维护公共体育利益与市场主体追求私利之间的关系，促使双方共同发展。

（2）塑造健康、和谐的公共体育服务市场的要求。在公共体育服务的市场化进程中，政府监管扮演着重要的角色。引入市场主体，目的在

---

[1]　洛克.政府论两篇[M]，赵伯英，译.西安：陕西人民出版社，2004：204.

于激活市场竞争机制，从而提高服务的效率和质量。然而，市场的自发运行并不一定导致最有效率的结果。实践中常常出现不正当竞争、过度竞争等问题，甚至无法保障服务供给的社会公平。尤其在政府缺乏监管的背景下，恶性竞争和垄断竞争现象可能进一步破坏公共体育服务市场化的有序运行和健康竞争秩序。为解决这些问题，政府监管成为促进市场健康和谐运行的关键因素。现代公共服务型政府的建设应着眼于为市场主体创造平等竞争的环境和提供服务。这包括建立一个机会公平、规则公平以及权利公平的良性竞争环境。具体而言，它要求确保公共体育服务市场化不破坏市场原有的良性竞争格局，同时需要监管市场的不当竞争，以防止不良竞争的负面效应。通过必要的监管手段，政府可以塑造一个健康、和谐的公共体育服务市场。在市场竞争日益激烈的环境下，政府监管的重要性不容忽视，其目的不仅是为了促进市场的有效运作，更是为了确保公众利益的实现和对社会公平的维护。因此，政府监管不是市场自由竞争的障碍，而是保障公共体育服务市场健康、有序、和谐运行的有力支撑。在追求效率和效益的同时，政府应兼顾公众的体育权益，确保市场主体的合法权益不受侵犯，从而推动公共体育服务市场朝着更加成熟、完善的方向发展。

（3）国家担保责任的考量。政府在公共体育服务市场化的过程中的监管职能转化为一种特别的担保责任。该责任涉及一个核心观点，即虽然某些特定任务可能由私人和社会组织执行，国家或其他公法实体必须确保这些执行的合法性，并积极推动它们符合公共利益和增进公共福祉的责任。这一观点进一步强调，政府在这一过程中不一定亲自执行任务，但其职能必须围绕维护和增进公共福祉。正如法国学者狄骥（LéonDuguit）所言："任何因其与社会团结的实现与促进不可分割而必须由政府加以规范和控制的活动，就是一项公共服务……"① 因此，在公共

---

① 狄骥.公法的变迁[M].郑戈，译.北京：商务印书馆，2013：49.

体育服务市场化的背景下，政府的监管不仅仅是职能，更是一项重要的担保责任。这一责任强调政府不可推卸的角色，即在保障社会团结和促进社会公益方面的不可推脱的保障责任。无论是通过直接执行还是间接监管，政府都必须确保私人和社会行为符合公共福祉的目标，以实现公共体育服务的和谐、有序和有效发展。

政府在公共体育服务市场化中的担保责任具有多重性质，并侧重于维护和促进公共利益。笔者将这一责任归纳为保持服务的连续性、维护并促进竞争、确保持续的合理价格与服务质量、对现有员工的安置担保，以及人权保障和国家赔偿责任。在公共体育服务市场化的具体实施中，这些担保责任可以进一步明确为以下几个方面：（1）监督义务。政府必须关注市场主体行为和服务质量的监督，以确保市场主体的供给责任与公共利益之间的平衡。（2）最终保障责任。政府需要确保公共体育服务的广泛普及，并维护服务的连续性和稳定性。（3）接管责任。在突发事件导致市场主体无法正常提供服务的情况下，政府必须基于社会公共利益的需要，暂时接管服务供给。（4）赔偿与补偿责任。一方面，政府若因监管失职或其他违法行为造成相关人士利益受损，应承担行政赔偿义务。另一方面，即使在监管无过错的情况下，若造成相关人士利益损失，政府亦需基于信赖原则提供适当补偿。通过这样的框架，政府的担保责任在公共体育服务市场化中的角色和重要性得以明确。这不仅要求政府在操作层面上精心执行，还需要在制度设计和法规层面上进行全面规划，以确保市场化进程既符合效率要求，又不损害公共利益的全面实现。

（二）公共体育服务市场化中政府监管基本原则

在公共体育服务市场化的背景下，政府监管的基本原则具有至关重要的作用。法律原则不仅是一种规范，而且是确保法律利益在可能范围内最大化实现的诫命。这样的原则规范在政府监管活动中占据核心地位，特别是在塑造监管的基础框架时。基本原则可以视为一种基础性规范，成为推导具体规则和规范的出发点。这些原则凝聚了政府监管的核心价值取向，贯穿监管的整个过程，为政府行为提供了指导和规范。在公共体育服务市场化的环境中，政府必须遵循这些监管基本原则，以适应市场化的运作模式，并确保公共体育利益的全面实现。这些原则不仅强调了监管的合法性、透明度和公正性，还为如何平衡市场效率与公共福利提供了方向，使政府能够在保持市场竞争力的同时，确保社会公平和公共利益的实现。

1.依法监管原则

在公共体育服务市场化中，政府监管基于依法原则展开，突显了现代法治行政的基本理念，即依法行政、依法办事和依法治理。这一原则不仅规范了监管的过程和结果，也赋予了法律最高的权威地位。依法监管原则首先突出了法律的至上性。法律是社会共同意志和利益的体现，因此，尊重和执行法律等同于维护人民利益。此外，法律作为一种规范性工具，为公共体育服务市场化提供了基本的运作框架和导向。其次，依法监管原则要求执法机构实现执法平等。这不仅确保了市场主体的合法权利得到保障，而且有助于维护社会公众权益。通过坚持执法平等，监管机构可以平衡不同利益方的需求，从而促进公共体育服务的公平和公正。最后，依法监管原则对权力进行了规范和制约。这一点体现在监管机构必须向人民负责、为人民谋利。通过法律手段对权力进行限制，可以防止权力滥用和权力走向异化。

（1）依法监管体现在监管职权的法定化，这一原则对公共体育服务市场化中政府监管机构的行为提出了严格要求。根据该原则，监管机构的职权必须在法律规定的范围内，即依法行使，不能超越或者忽视。一方面，法律对于政府监管行为的合法性提供了依据。所有监管活动都必须遵循"法无明文规定不可为"的原则。如果监管行为超越了法定职权范围，那么该行为在法律上将被视为无效。既确保了法律的权威和公平性，也保护了市场主体和公众的合法权益。另一方面，监管机构还必须全面地、尽职尽责地行使职权。监管不作为也将被视为违法行为。这样的要求不仅增强了监管的有效性和可操作性，而且有助于预防和纠正市场失灵和不公平现象。通过持续的、有力的监管，可以促进公共体育服务市场的有序运作，确保市场规则的执行和公共利益的实现。

（2）依法监管的原则在公共体育服务市场化中的政府监管环节占据着至关重要的地位。其精髓不仅包括对实体规则的遵循，还包括对程序规则的尊重和实施。在实体规则方面，政府监管的范畴广泛涵盖体育服务的多个层面，从服务质量、标准与价格，到财政资金使用、绩效评估，再到国有资产的监管等。这些都对监管机构提出了精确的要求，即在具体行为的实施过程中，必须严格遵循现有法律法规的指引。任何未获法律授权的监管行为，均被视作非法的监管行政行为，故而监管机构的职责便是坚守法律的界限，不偏离其赋予的路径。至于程序规则，则可视为政府监管合法性的另一重要构成元素。该规则不仅是追求实体规则效果的通道，而且是确保结果公平正义的基石。政府监管行为必须沿着法定程序的轨道展开，不得逾越或忽略法律所规定的程序步骤与方式。例如，在体育服务的定价过程中，举行听证会、公开相关信息、明确具体定价理由等，都是合法监管不可或缺的程序环节。概括而言，依法监管原则以其精致的结构和精确的指引，在公共体育服务市场化的监管过程中发挥着不可替代的作用。其实体规则和程序规则共同构建了一套完备的法治体系，引导监管机构沿着合法、公正的道路前行，确保体育服务市场的健康、有序发展，同时维护公共利益和市场主体权益的平衡。

（3）依法监管在公共体育服务市场化的背景下，对政府监管的自由裁量权的规范与控制显得尤为重要。由于市场化进程中的复杂性和动态变化，法律规定可能难以完整涵盖所有监管内容，因此赋予政府监管机构一定的自由裁量权似乎成为一种必要。诚如哈特穆特·毛雷尔（Hartmut Maurer）所言："裁量并没有给予行政机关自由或任意，'自由裁量'是不存在的。"①所以，这种所谓的"自由裁量"，实际上并非完全自由或任意的，而是在法律的约束下进行的。

事前的实体规范是限制自由裁量范围的重要工具。通过对政府行为的依据进行明确界定，实体规范为政府监管提供了相对明确的边界，有效防止了自由裁量范围的无序扩张。事中的程序规制有助于确保裁量的公正性。这一层次的控制可以避免政府监管的随意性，保障决策过程的合法性和公平性。事后的监管救济机制，如行政复议、行政诉讼等，为纠正政府滥用裁量权的行为提供了有效途径。这一救济途径不仅对监管机构的行为进行了有力的约束，还有助于维护市场主体的合法权益。政府监管的自由裁量权在公共体育服务市场化中并非无边界的自由，而是受到多重法律约束的合理行使。通过实体规范的事前规制、事中的程序规制和事后的监管救济，形成了对政府监管自由裁量权的全方位控制体系，既保障了市场化进程中的灵活性和适应性，又维护了法治的严密性和公正性。这一复杂的监管体系，在确保公共体育服务市场的有序、健康发展的同时，也反映了现代法治精神的深刻内涵。

2. 公开性原则

公开性原则，也被称为透明性原则，在行政法领域具有关键地位，标志着政府行政过程的透明化。这一原则不仅是民主政府的现代发展趋势，也是市场化改革的重要条件。特别是在公共体育服务市场化背景下，公开性原则的重要性更为凸显。透明化的监管过程可以促进民营部门投资者的参与和信任。若规制范围模糊不清、运作不透明，便可能引发投资者的犹豫和不信任，从而阻碍市场化改革的成功推进。因此，政府必须在公共体育服务市场化的过程中坚持监管透明化、公开化。这一原则所涵盖的透明化不仅包括政府决策的公开，还延伸到整个监管过程的公开化，涉及法规的公示、政策解释、监管实施等多个方面。这种全方位

---

① 毛雷尔.行政法总论[M].高家伟，译.北京：法律出版社，2000：129.

的透明化使得社会公众和媒体能够充分了解政府的政策方向和执行情况，从而实现对政府行为的有效监督。

政府监管过程的公开化具有多方面的优势和价值。其一，这一过程有助于减轻信息不对称问题，从而降低监管机构进行权力寻租和腐败的可能性。监管过程中可能存在的信息不对称现象，如公众难以全面了解政府监管决策、市场主体的运作情况等，可能导致监管机构滥用职权，损害公众体育利益。通过透明化和公开化的监管机制，可以使监管过程更透明，从而降低这种风险。其二，公开化有助于提高政府监管的可问责性，进而增强政府监管责任感的培养。透明的监管信息可以让公众了解政府是否尽职尽责、是否存在监管不力等情况，确保问责机制的实施，提高政府的公信力和效率。

此外，政府监管过程的公开化应成为一种主导方向。除了涉及国家秘密、商业秘密的特殊情况外，监管信息应主动向社会公开。这些信息包括但不限于监管决策、法律依据、服务定价过程、评估标准、资金使用情况等方面。全过程的公开化不仅有助于确保监管的合理性和合法性，还能让社会公众对服务提供的整体情况有更清晰的认识。

3. 主动监管原则

在公共体育服务市场化的过程中，主动监管原则成为一项关键理念。这一原则的核心在于政府主动介入，通过前瞻性的管理手段来预防和控制潜在的市场风险。市场失灵是一种复杂现象，很难通过市场自身的调整来解决。特别是在公共体育服务领域，由于市场化带来的风险具有隐蔽性和复杂性，因此需要政府以主动的姿态来预防和控制。一旦风险发生并失去控制，将会增加监管的难度和成本。主动监管的实质是政府对潜在问题的及时发现和解决。通过前瞻性的分析和监测，政府能够及时识别可能的市场失衡和风险因素，从而采取必要的措施来防范和纠正。主动监管不仅可以规避市场风险，还有助于确保公共体育服务的正常供给。

政府在公共体育服务市场的监管应强调主动性，这并不等同于盲目干预，而是强调及时与有效的干预措施。在这个观点中，及时性和有效性是关键概念。及时性要求政府在风险发生之前进行干预，并着重于事前的风险评估。在问题发生后的监管可视为监管的失败，甚至可能导致政府监管的怠惰。因此，及时性成为有效监管的先决条件，需要在风险发生之前设立监管节点，并进行深入的风险评估。有效性则侧重于监管措施的适当实施和显著效果。政府虽然可能关注公共体育服务供给过程中的风险控制，但事前的风险评估容易被忽略。而缺乏准确的事前风险评估，监管就可能失去其根基，甚至增加监管失灵的可能性。学者沈岿提出，风险评估作为一项科学过程，为监管的决策和执行提供科学依据。这样的观点强调了风险评估在整个监管体系中的核心地位。缺乏准确的事前风险评估，政府监管可能变得毫无依据，甚至可能失去效力①。

政府主动监管在公共体育服务市场中的实施并不等同于过度监管，而是追求适度的监管平衡。过度监管可能导致更大的监管权力、更广泛的监管范围和更严格的手段，但这并不一定能有效解决市场失灵的问题。反而可能导致市场无序与过度监管的恶性循环。这说明公权力不应被视为目的，而应被视为必要的治理手段。尽管行政权具有强制性和不可处分性，但这不应成为侵犯市场主体自主治理权的理由。政府监管应以维护和保障市场主体的私权利自主治理为目的。政府监管必须尊重市场主体的独立地位和自由行动能力。政府以行政干预的方式强行支配市场主体时，可能会破坏资源配置的自由选择，从而削弱市场的功能。此外，政府还必须充分尊重市场主体内部的人事权、财产权和决策权等管理权限。

4. 社会效益原则

社会效益是一种复杂的概念，不仅关联到经济效益，还涉及更广泛

---

① 沈岿.风险评估的行政法治问题： 以食品安全监管领域为例 [J].浙江学刊，2011（3）：19.

的层面，如公众的心理、精神等方面的积极效应。它强调的不仅是短期收益，还关注长期的社会正向影响和作用。在公共体育服务市场化中，服务的公益性赋予了其特殊的价值取向。这一领域的效益不应仅限于市场主体所产生的经济利润，而应追求满足社会公众的体育需求。一方面，政府在监管过程中的主要任务不是追求经济利润产出，而是确保公共体育利益的最大化。其中的核心目标是保障供给的公平性和提高供给的效率。另一方面，政府必须将追求公共体育服务的社会整体效益作为优先选项。这意味着政府监管不仅关注服务提供的质量和效率，还要确保服务满足广泛的社会需求，促进社会福利的增长。

在公共体育服务市场化的背景下，政府监管需要强调和实施社会效益原则。这一原则涵盖了供给公平性的扩展、市场主体供给效率的提升和监管措施的最优化等方面。供给公平性是体育服务的一个核心方面，因为它的受众不局限于运动员、教练和裁判等特定群体，而是所有公民。这就要求公共体育服务必须强调一种"包容性"价值观，关注服务机会的平等、制度的公平以及服务的增长。这也意味着政府在监管过程中需要确保所有公民都有平等享受和参与体育服务的机会，要在公众能承受的消费成本范围内设定合理的价格。同样重要的是市场主体供给效率的提升，因为市场化改革的依据之一就是解决政府供给效率低下的问题。此时，政府需要采取激励性监管措施，实现市场主体追求私利与提高服务供给效率的有机结合，以确保体育服务的公益性。社会效益原则还要求监管措施的最优化。在政府资源和精力有限的情况下，必须在监管措施的成本与社会效益之间找到平衡，选择最有利于实现公众体育利益的方式。

社会效益原则是衡量政府监管成功与否的重要标准。它不仅关注公共体育服务的效率，更强调了公平、人权和公益的保障。在追求实际效益时，政府既不能过分强调绝对的公平，也不能一味追求效率。维持并增进难以量化的公共性应该与效率化的公共性一起考量，从而不忽略行政追求公益的本来目的。这一原则的实施为公共体育服务市场化提供了有益的指导和约束。

二、公共体育服务政府监管的监管手段与问责机制

（一）公共体育服务市场化中政府监管的监管手段

政府监管手段主要分为两个类别：传统的刚性监管和新兴的柔性监管。从监管选择的角度分析，选择正确的监管工具需要充分了解每一种工具的特征、优势和局限性，以及考虑其适用的具体情境。无论是传统的刚性监管还是新型的柔性监管，都有其适用的场景和优势。因此，选择合适的监管手段不仅要基于监管目标和环境，还需要综合考虑多个因素，以确保监管效果的最大化。

1. 刚性监管

传统的刚性监管通常包括一系列规则和法规，其实施通常较为严格，并常常涉及法律约束。这种监管形式依赖于明确的规定和执行机制，可能涉及具体的法律责任和义务。刚性监管在公共体育服务的市场化过程中展现为一种强制性的手段，具有明确约束力。

（1）禁止。禁止作为一种监管手段，涉及通过法规、规章或规范性文件的形式，对市场主体在提供如体育场馆运营服务、开展高危型体育活动服务等方面，强制性地规定不得进行某些商业性质的活动，也不得以歧视性的方式提供服务。这种禁止的目的在于防止公共体育服务的过度商业化和市场化，从而确保其公益性。它依赖于明确的法律规定和执行机制，旨在确保服务提供的公平性和正当性，限制可能损害公共利益的商业行为。

（2）命令。命令则是一种针对特殊情况的监管手段，常表现为政府监管机构对市场主体在服务提供方面的直接干预。通过政策声明或强制令的形式，监管机构可以强制市场主体采取特定的行为方式，例如规定服务供应的具体方式或采取何种供给方法。命令作为监管手段的优势在

于能够针对具体情况做出迅速的决策和干预，使监管更为灵活和具有针对性。

（3）处罚。对于不规范行为的市场主体，监管机构通常会施加处罚。这样的处罚措施可能包括一系列的手段，例如警告、限期改正、罚款、财产或设施的没收、扣留，甚至撤销许可或刑罚。这些措施的目的是确保市场主体遵循既定的规则和标准，如果有违反，将承担相应的法律责任。通过制定和执行这些处罚措施，监管机构能够有效地确保公共体育服务的质量和公平性。

（4）特许。特许作为一种监管手段，涉及监管机构通过许可的形式，控制市场主体在公共体育服务领域的进入或退出。这种特许可能通过各种证书，如许可证、特许证、批准证等来实现。特许的主要目的是对市场结构进行控制，避免资源浪费和竞争过度导致的行业失衡和膨胀。因此，在授予市场主体特定许可权时，应以公共体育利益为标准，主要评估市场主体所提供的公共体育服务的质量和服务水平是否符合公众体育需求。例如，在游泳馆运营和大型体育赛事举办等体育服务中，监管机构通常通过预先审查市场主体的资质和能力，决定是否颁发经营许可证或批准举办体育赛事等。

（5）价格控制。价格控制是政府监管的核心组成部分，表现为通过制定和调整价格的机制来实现监管目的。该方法的实施涉及多个因素的综合考量，包括但不限于服务成本、服务质量、行业平均利润水平、公众消费能力以及国家的相关优惠政策。服务成本在确定公共体育服务价格方面起主导作用，它与整体服务的供应链有关，涵盖了生产、分销和运营各个阶段的花费。同时，服务质量的不同层次同样会对价格产生显著影响。高质量的服务往往意味着更高的成本投入，从而导致更高的价格水平。行业的平均利润水平是保障市场主体可持续运营的关键。合理的利润空间不仅有助于市场主体收回成本，还能激励他们持续提供服务。与此同时，公众消费水平的差异也需要纳入考量，以确保价格制定既能反映服务价值，又不会超出大部分消费者的承受范围。国家有关的优惠政策，如财政补贴或税收减免政策，可能会对价格形成过程产生直接或间接的影响。政府在通过这些政策激励市场主体时，需细致分析其对整体价格结构的影响。在整体定价模式方面，可能涉及成本收益法、价格上限定价、公正报酬率定价等多种方式。这些模式均需要根据具体情境灵活运用，以实现公共体育服务的可及性、质量和持续性。这一过程不仅需要兼顾多个经济和社会因素，还必须在政府、市场主体和消费者之间取得平衡，从而确保公共体育服务的普及和长期可持续发展。

2. 柔性监管

柔性监管体现了一种相对灵活、开放的监管理念，其核心在于与市场主体建立合作关系，通过激励、协商和合约等方式实现公共体育服务供给的优化。

经济激励式监管是柔性监管的一种重要形式，它通过税收和补贴等经济手段，引导市场主体作出符合监管目标的行为。这一方式的核心在于通过激励机制，调整市场主体的经济利益，使其与公共体育服务的正常供给相一致。然而，在实际操作中可能存在监管机构对不同类型企业的区别对待问题，可能导致市场竞争失衡。协商式监管则着重于通过对话、协商等非强制手段，实现监管目的。这种方式强调的是监管双方之间的合作关系，比如在违反安全规定时，通过协商达成的承诺代替直接处罚。这不仅有助于缓解潜在的矛盾和冲突，也有助于提高监管效率。合约监管则进一步发展了协商式监管的理念，通过与市场主体签订合约，明确双方的权利和义务，来达到监管目的。这种方式强调双方的信任和合作，在合法范围内提供了相对广泛的灵活空间，使得监管过程更具针对性和效率。柔性监管在公共体育服务领域为监管机构和市场主体提供了更为灵活的合作空间，有助于在保障服务质量和效率的同时，维护市场的公平竞争和创新活力。不过，它的实施也需谨慎考虑如何避免潜在的不公平竞争现象，确保公共体育服务的广泛可及性和持续性。

（二）公共体育服务市场化中政府监管的问责机制构建

在公共体育服务市场化的过程中，构建有效的政府监管问责机制是确保市场健康运行和公共利益保护的关键。

1. 广泛的问责主体

问责机制的核心在于责任主体的确立。在传统的监管体系中，问责主要集中在行政层级之间，即上级对下级的问责，这种结构往往难以形成实质性的制约。反之，一个更为广泛的问责主体，能够对政府监管机构形成更为合理的问责，从而推动其积极履责。广泛的问责主体不仅包括监管机构内部的层级关系，还涵盖了人民代表大会、司法机关、社会舆论和公众等多元化的参与者。其中，人民代表大会和司法机关的参与有助于实现法律和程序的监督，确保监管过程的合法性和正当性；社会舆论和公众的参与则能增强监管过程的透明度和公众信任，促进监管决策的民主化和公众参与。学者陈国权等人的研究也支持了广泛问责主体的重要性。他们认为，只有当具有影响力的问责主体能够对政府进行实质性问责时，政府才能真正体现责任原则[①]。

基于此，在公共体育服务市场化的问责机制中，问责主体的广泛性不仅包括行政监管层面的问责，而且涉及了人民代表大会、司法机关、社会舆论和公众等多元化的问责主体。人民代表大会通过立法监督，确保了公共体育服务市场化过程中的法律合规性。司法机关通过司法审查，为市场主体和公众提供了法律救济的途径，保障了法律的公正执行。监管机构内部则需建立健全的内部监管和问责制度，以确保监管决策的合理性和执行的有效性。社会舆论和公众的参与则赋予了监管过程更高的透明度和民主性。通过公开透明的决策流程和公众参与，可以确保监管决策更加贴近市场和公众利益，同时也有助于提高公众对政府监管的信任和支持。因此，构建一个涵盖人民代表大会、司法机关、监管机构内

---

① 陈国权，李院林．论责任政府的基本属性[J].社会科学战线，2008（2）：6.

部、社会舆论和公众等多元化问责主体的问责机制，不仅有助于强化政府对公共体育服务市场的有效监管，也是确保市场健康运行、保护公众利益、促进社会公平正义的重要途径。

2.明确的问责对象

在公共体育服务市场化的问责机制构建中，明确问责对象成为一项关键任务。这一方面涉及监管机构的责任划分，另一方面还要对个体工作人员的责任进行明确界定。

其一，监管机构作为公共体育服务市场的主要监管者，其行为和决策对市场的健康运行起着决定性作用。对于监管机构的问责，不仅要关注其执行职责的效率和效果，还要关注其是否符合法律、道德和社会公平正义的要求。因此，对监管机构的问责要全方位、多角度地进行，涉及其组织结构、决策流程、执行效果等多个方面。其二，对于监管机构内部的工作人员，其问责要具体、细致到个体层面。工作人员主要可分为领导人和执法人员，其职责和责任有所不同。领导人主要负责监管方针、政策的制定和组织实施，对于监管机构的整体运行和市场化进程的方向、目标负有重要责任。执法人员则主要从事具体的监管执行工作，其行为规范、执法公正、效率等都应纳入问责范围。为了有效实施问责，还需要建立完善的监督和评估机制，将问责对象的责任和权利合理匹配，并制定具体的考核、激励和惩罚措施。只有这样，才能确保监管机构及其工作人员真正履行其职责，推动公共体育服务市场的健康、有序发展。

3.合理的问责原则

合理的问责原则为公共体育服务市场化中政府监管提供了一个重要的方向和原则指导。通过对不同层级的监管人员采取不同的责任标准，有助于确保市场监管的严密性和效率，同时也保障了公共体育服务市场的秩序和稳定。

对于监管机构的问责，强调的是严格的过错原则。即监管机构一旦在主观上犯有过错，就应当承担相应的责任。这种原则反映了对监管机构应有的严肃态度和公共体育服务市场化过程中对其职责的高度期望。与此同时，对于监管机构的领导人，则适用责任行为原则。该原则强调领导人应当因其实施的法定责任行为而承担相应后果。这与其在监管决策中所享有的权利相对应，强调了权责一体的原则，体现了领导人在市场供应秩序中的关键作用和责任。在执行层面，过错推定原则成为主要依据，旨在确保执行人员的审慎监管，以防止任意行为。通过这种原则，监管执行人员将被要求对其行为负责，从而有助于实现公共体育服务市场的有序运作。

4. 科学的问责依据

在公共体育服务市场化的背景下，科学的问责依据作为政府监管的核心组成部分，是实现公共利益和市场公平竞争的必要条件。科学的问责依据是指根据确凿的证据和合理的标准，对市场主体的行为进行评估和判断，以便在必要时追究其责任。

科学的问责依据应以法律和相关准则为基础。明确体育服务市场的法规、行业标准和社会公约等，并使其与现行法律体系相协调。这样不仅可以确保问责的合法性，还能保障问责过程的公正、透明和可预见。此外，问责的过程必须基于充分、准确的证据，并通过科学的分析方法来确立责任。这要求监管机构具备足够的专业能力，对市场主体的行为进行深入调查和分析，并以此为基础进行公正的判断。科学的问责依据还要求在保障公共利益与保护市场主体权益之间找到平衡点。这意味着监管机构在追究责任时，需要考虑到不同的利益关系，避免过度干预市场运作，从而保护市场的自主性和创新活力。

5. 有效的问责手段

有效的问责手段是指那些能够实现监管目标、确保市场公平、保障消费者权益的方法和工具。有效的问责手段应以公共利益为核心导向，确保市场主体的合规行为。有效的问责手段包括制裁和激励两个方面。制裁意在对违规行为进行惩罚，激励则旨在促进良好行为。监管机构需要根据市场主体的具体情况，灵活运用不同的手段，以达到监管目的。透明和公正是有效问责手段的基本特点。监管机构需要在问责过程中保持公开透明，确保所有利益相关方都能了解问责的标准和程序。同时，公正的处理也有助于维护市场主体的信任，促进整个市场体系的健康运作。有效的问责手段还需要多部门之间的协同与协调。例如，税务、卫生、消费者保护等部门需要在监管体育服务市场时共同努力，确保整体战略的连贯性和一致性。持续监测和评估是确保问责手段有效性的关键。这不仅要求监管机构定期对市场主体进行审查，还需要对问责手段本身进行评估和反馈，以便不断改进和适应市场变化。

第三节　公共体育服务市场化运作

一、市场化运作的理论基础

（一）市场化在公共体育服务中的理论导向

市场化运作作为公共体育服务的一种现代化管理模式，具有深远的理论意义和实践价值。其核心理念是将市场的竞争机制引入公共体育服务领域，通过市场主体的自主运作和竞争，促进资源的有效配置。

首先，市场化运作有助于公共体育资源的高效利用。在传统的体育服务体系中，资源配置往往由政府主导，可能存在一定的不合理之处。而市场化运作则能使资源配置的决策更加灵活和精准，根据市场需求的变化迅速调整，从而实现资源的最优化配置。其次，市场化运作能够提高公共体育服务的质量和效率。在市场竞争的激励下，体育服务提供者将更加注重服务质量和客户满意度。这不仅有助于提升公共体育服务的专业水准和效率，还能进一步推动体育事业的创新和发展。再次，市场化运作强调民众参与和需求响应。市场机制能更好地反映和满足不同社会群体的体育需求，形成多样化、个性化的体育服务产品。这有助于扩大体育服务的覆盖面，使更多人享受到合适的体育服务，从而促进全民健身运动的普及。最后，市场化运作还有助于促进公共体育服务体系的透明化和公正化。市场竞争可以促使体育服务提供者更加注重自身的信誉和形象，遵循市场规则和道德规范。政府的角色则转变为监管和引导，通过制定公平的市场规则和标准，确保市场的公正运作。

（二）市场与政府的协调机制及其实施

政府与市场在公共体育服务中的协调机制及其实施是一项复杂而重要的任务，涉及多个层面和环节的相互作用和平衡。

其一，政府在政策制定方面起到关键作用。通过出台合理的法规和政策，政府可以为市场化运作提供明确的方向和稳定的环境。例如，可以通过设立市场准入门槛、确定服务标准、提供税收优惠等方式，鼓励有实力的企业和非营利组织参与公共体育服务的供给。这样既能确保服务的质量和安全，又能激发市场活力和创造力。

其二，政府需要扮演有效的监管者角色。市场化运作虽然能提高效率，但也可能带来一些潜在问题，如不合理竞争、价格操纵、服务质量下降等。政府需通过强化监管，设置和执行明确的监管标准，确保市场的公平和透明运作。例如，可设立专门的监管机构，定期检查和评估体育服务的质量和安全，及时纠正市场的不正当行为。

其三，政府与市场之间的合作机制需要灵活多样。政府可以与不同类型的市场参与者合作，如企业、社区组织、志愿团体等，以适应不同地区和群体的体育需求。例如，政府可以通过合同或招标方式，将某些体育设施和项目外包给具有专业能力的组织运营，或与社区组织合作，推动体育文化的传播和全民健身活动的组织。

其四，政府还需积极推动信息公开和透明。市场参与者需要准确、及时的信息来做出决策，如市场需求分析、政府政策解读、竞争对手情报等。政府应通过建立公开的信息平台，主动公布与公共体育服务相关的各类信息，如政策法规、项目招标、服务评价等，从而增强市场的预见性和可信度。

其五，政府与市场的协调还涉及更深层次的价值取向和社会责任。市场化运作不应仅仅追求经济效益，还需关注社会效果和公益目标。政府需引导市场参与者树立正确的价值观和社会责任感，通过奖励、评估、公示等方式，激励其为社会公益做出更大贡献。

（三）经济效益与社会效果的评估方法

第一，经济效益的评估主要关注公共体育服务的成本效率和收益分析。这涉及资金的投入、人力资源的配置、设施设备的利用、运营管理的效率等多个方面。一个合理的经济效益评估体系能够明确各项开支的去向，评估服务的性价比，优化资源的配置。例如，可以采用成本效益分析、投资回报率分析等工具来评估项目的经济可行性和长期效益。

第二，社会效果的评估则更多关注服务的普及、满意度、公平性、可持续性等因素。这些因素虽不容易量化，但对于评估公共体育服务的长期影响和社会价值有着重要意义。例如，可以通过问卷调查、深入访谈、大数据分析等方式来评估不同社区、年龄、性别等群体的体育服务需求和满意度。此外，还需要关注服务的公平性，确保弱势群体和偏远地区的体育需求得到满足。

第三，评估方法需要兼顾定量和定性的分析。定量分析有助于精确衡量和比较不同项目和政策的效益，通过数据和统计来支持决策。定性分析则有助于揭示更深层次的社会影响和文化价值，通过案例研究、访谈、观察等方式来捕捉复杂的社会现象和人们的主观感受。

第四，评估体系的建立需要多方参与和持续改进。政府、企业、研究机构、社区组织、公众等都应参与评估体系的设计和实施。通过不断的反馈和调整，可以使评估体系更加适应不断变化的社会需求和市场环境。此外，应倡导公开透明的评估过程和结果，以增强评估的可信度和影响力。

第五，评估不仅是一种技术过程，还是一种价值判断和道德选择。在评估经济效益时，应注意避免过于追求短期利润，忽视长期的社会责任和公益目标。在评估社会效果时，应关注弱势群体的权益，推动体育服务的普及和平等，以促进社会的和谐和进步。

经济效益与社会效果的评估是公共体育服务市场化运作的复杂而重要的任务。需要建立一套综合、科学、灵活的评估体系，结合定量和定性的方法，参与多方的协作，注重长期的视角和公益的价值。通过精细的评估和分析，不仅可以推动公共体育服务的优化和创新，还可以提高其社会影响和公信力，从而更好地服务于全民健身和社会发展的大局。

二、市场参与者在公共体育服务中的角色

（一）政府在市场化运作中的引导与调控

政府在公共体育服务的市场化运作中起到引导和监管的核心作用，构成了整个体育服务体系的重要支柱。

政府通过制定体育政策、发布市场准入标准，为市场化运作提供了清晰的方向和框架。这一过程不仅确保了市场的公平竞争，而且反映了社会的体育需求，促进了体育的普及和精英体育的发展。政府通过有效的监管机制，维护了市场秩序，促进了体育服务的健康和可持续发展。这包括对商业行为、服务质量、安全、环保等方面的规范，以及对不合规行为的惩罚和纠正。政府还通过财政支持、土地供应、税收优惠等手段，影响了体育资源的配置。这有助于促进公益性强、市场供应不足的体育服务的普及和质量提升，也支持了体育产业的发展和创新。政府还承担着保障体育服务公平和普及的重要责任。这需要在政策、资源和监管上采取积极措施，确保体育服务对所有人开放，无论年龄、性别、收入、地域等差异。政府通过多种方式响应和引导社会需求，推动体育产业的发展和创新。这涉及了体育产业与科技、教育、文化、旅游等领域的融合和创新，以及对公众的开放和透明沟通。

政府在公共体育服务的市场化运作中，充当了多重角色，涵盖了指导、监管、支持、保障和引导等多个方面。这一过程是复杂而细致的，需要政府以高度的责任感和专业能力，确保市场化运作的合理、有效和公正进行。政府的作用不仅限于法规的制定和执行，还涉及了对市场发展趋势的把握、对社会需求的满足、对体育文化的传播和推广等更为广泛和深入的方面。这一过程既考验了政府的智慧和能力，也关系到公共体育服务的质量和效益，以及体育事业的整体进步和社会和谐。

（二）企业与非营利组织的参与和贡献

企业和非营利组织在公共体育服务的供给中起着关键作用。这些市场参与者不仅增强了体育服务的多样性和创新力，还有助于实现体育服务的普及和优化。

企业作为营利组织，在体育服务市场化运作中具有明显的推动力。通过创新的商业模式，企业为消费者提供了丰富多彩的体育产品和服务，例如健身会所、体育培训、体育赛事等。这些产品和服务不仅满足了人民日益增长的体育消费需求，还有助于推动体育产业的发展，创造了大量的就业机会。与此同时，企业还可以通过品牌推广、赞助合作等方式，为体育文化的传播提供支持。非营利组织则主要通过社会责任投入和公益活动，丰富了体育服务的内涵和形式。与企业相比，非营利组织更关注社会效益，如体育普及、体育教育、体育康复等领域。他们通常侧重于服务弱势群体和偏远地区，提供更加公平和包容的体育服务。通过与政府、企业、社区等多方合作，非营利组织能够整合资源，推动体育服务的社会化和人性化。

企业和非营利组织的协同作用形成了公共体育服务的多元化供应体系。他们分别从商业和社会责任的角度，推动了体育服务的发展和创新。企业的市场化运作为体育服务提供了活力和竞争力，促进了体育产业的壮大；非营利组织的社会责任投入则有助于实现体育服务的公平和普及，缩小了体育服务的地域和群体差异。企业和非营利组织是公共体育服务体系中不可或缺的部分。他们通过多样化的供给和创新的实践，丰富了体育服务的内容和形式，也为体育产业的持续发展提供了重要动力。这一过程既符合市场规律，也体现了社会责任和公共利益的均衡追求。这些因素共同构建了一个既有活力又有温度的公共体育服务体系，满足了不同人群的体育需求，促进了体育文化的普及和发展。

（三）公民与社区组织的协作与互动

公民和社区组织在公共体育服务中扮演了独特的角色，他们的参与和协作不仅增加了体育服务的参与度和覆盖面，而且促进了服务的精准和有效性。这一角色涉及多个方面的重要内容和实践。

公民作为体育服务的最终受益者，其需求和反馈对于服务的方向和质量具有决定性影响。通过公民的积极参与，可以确保体育服务更贴近人们的实际需求，更有针对性地解决问题。例如，社区居民对于附近体育设施的需求、对于体育课程内容的建议等，都能让体育服务提供者更精准地定位服务内容和方式。社区组织是连接政府、企业、非营利组织与公民之间的重要桥梁。他们通常更了解本地社区的特色和需求，能够有效地整合各方资源，推动体育服务的实施。比如，社区志愿者组织的运动俱乐部、居民自治组织的体育赛事等，都能为居民提供丰富多样的体育活动选择。

公民和社区组织的协作与互动形成了一种良性的社会监督机制。公民的体育服务体验和满意度，成为衡量服务质量的重要指标。他们的反馈和建议，可以让服务提供者及时发现体育服务中存在的问题，促使服务提供者不断改进和提高。同时，社区组织可以协助政府进行监管，确保体育服务的公平、公开、透明。

三、公共体育服务中市场化运作的风险管理与合规机制

（一）风险识别与防控策略在公共体育服务中的应用

风险识别与防控策略在公共体育服务的市场化运作中扮演了关键

角色。这一过程不仅涉及对可能风险的预见与识别，还包括了有效防控措施的设计与实施。在公共体育服务的市场化运作中，风险的存在是不可避免的。这些风险可能源于各个方面，如服务质量下降、市场失灵、合规问题、资金风险等。因此，识别这些风险并及时应对成了重要任务。

首先要明确的是，风险识别不仅是一个持续不断的过程，还需要具备全局视野。通过与各方利益相关者的沟通、市场调研、历史数据分析等方式，可以从多个层面和角度来识别风险。如此，能够及时发现可能的隐患，并有针对性地采取措施。其次，风险防控策略的制定与执行也是一个复杂且重要的过程。这不仅需要对风险进行准确评估，还需要有针对性地制定控制措施。例如，为防止服务质量下降的风险，可以通过设立服务标准、定期检查、客户反馈等方式进行监控和管理；对于市场失灵的风险，则可能需要通过政府监管、市场调查、竞争机制优化等手段进行干预。此外，风险管理还涉及一种动态平衡。这意味着，在追求体育服务效益的同时，还要关注可能带来的风险。这一过程需要各方参与者的共同努力和合作，形成有效的风险管理体系。

风险管理在公共体育服务的市场化运作中通过有效的风险识别和防控策略，可以确保体育服务的稳定和可持续。这不仅有助于提高体育服务的质量和效益，而且能够促进体育市场的健康发展，增强公民的体育福利。在这一过程中，政府、市场参与者、社区组织等多方利益相关者的共同参与和努力，是推动风险管理成功实施的关键因素。

（二）合规机制的构建和市场监管的实施

合规机制的构建和市场监管的实施在公共体育服务市场化运作中不仅确保了公共体育服务的健康有序发展，也是保障市场公平、透明和可持续性的基础。

合规机制的构建涉及多个方面，包括法律规范、行业标准、道德规范等。在公共体育服务的市场化运作中，合规机制能确保所有市场参与者，无论是政府、企业还是非营利组织，都能够按照法律和规定行事。法律规范是合规机制的基础，涵盖了体育市场的入场规则、竞争法则、消费者权益保护等。通过明确的法律规范，可以为市场参与者提供清晰的行为指导，使其在合法、合规的基础上推动体育服务的创新与发展。行业标准是对体育服务质量和效率的具体规定。通过制定和实施行业标准，可以确保体育服务的一致性和可靠性，也有助于促进市场竞争的公平性。道德规范则更注重市场参与者的社会责任和道德底线。例如，在推动体育服务的商业化过程中，不仅要追求经济效益，还要关注服务的普及和公民体育福利的提升。

市场监管的实施是合规机制得以落地的关键环节。政府在此过程中起到了核心作用。通过加强监管力度，及时发现和纠正市场失范、不正当竞争等问题，确保市场的公平和透明。此外，公民和社区组织的参与也是市场监管的重要组成部分。他们可以通过反馈、监督等方式，促进体育服务的精准对接和质量提升。

合规机制的构建和市场监管的实施是公共体育服务市场化运作成功的关键因素。通过法律规范、行业标准和道德规范的有机结合，形成有效的合规体系，并以政府、公民和社区组织的共同努力，确保监管的有效实施，可以为公共体育服务的健康发展提供坚实保障。这不仅有助于提升体育服务的质量和满意度，还能促进体育产业的可持续发展，增强体育文化的社会影响力。

（三）不合理竞争与价格操纵的预防与干预

在公共体育服务市场化运作过程中，不合理竞争与价格操纵是可能出现的重要风险之一。这些现象不仅损害了消费者的权益，降低了市场效率，还可能破坏体育产业的健康发展。因此，如何有效地预防和干预这些现象，维护市场秩序，成了公共体育服务市场化运作中的一项重要任务。

不合理竞争是指市场参与者通过违反公平竞争原则的手段，如虚假广告、排他性合同、滥用市场支配地位等，来获取市场优势。在公共体育服务领域，这可能导致服务质量的下降、市场的混乱甚至可能排挤出有价值的服务供应者。价格操纵则涉及市场参与者通过非正当手段操纵价格，以获取超额利润。这可能包括垄断定价、串通投标等行为。在公共体育服务市场中，价格操纵可能会导致服务价格的虚高，限制了普通民众的参与，削弱了体育服务的普及效果。

为了有效预防和干预不合理竞争和价格操纵的现象，政府可以在以下几方面采取措施：（1）完善法规政策体系。通过明确法律法规，规范市场参与者的行为，例如制定关于公平竞争、反垄断、消费者权益保护等方面的法律法规。（2）加强监管力度。通过设立专门的监管机构，加强对公共体育服务市场的日常监管，及时发现并制止不合理竞争和价格操纵的现象。（3）推动信息透明。通过公开市场信息，例如服务价格、质量标准等，增加市场透明度，降低不合理竞争和价格操纵的空间。（4）鼓励社会监督。鼓励消费者、社区组织和媒体等社会力量参与监督，形成多元化的监督体系。（5）及时处罚违法行为。一旦发现不合理竞争和价格操纵的行为，应迅速予以查处，依法进行处罚，以起到震慑效果。（6）促进公共体育服务多样化。通过支持多元化的服务供应体系，鼓励不同类型的市场参与者进入，增加竞争，有助于降低不合理竞争和价格操纵的风险。

第七章 公共体育服务供给主体多元发展

第一节 公共体育服务多元供给的内在机理

一、公共体育服务的多元供给主体

公共体育服务的多元供给主体涉及政府、市场、社会等多个参与方，他们共同参与公共体育服务供应的各个环节。在此体系中，政府的角色并非唯一的供应方，而是作为一个监管者和组织者，确保自身的职能和责任得到强化，同时引入市场竞争机制，将部分公共体育服务职能转交给私营部门和非营利组织来承担。多元主体供给的重要性在于它解决了公共体育服务供应中的某些困境。在一些情况下，政府可能由于财政或能力限制，无法单独提供足够的公共体育服务。在这样的背景下，市场和社会的介入成为一种必要的补充。通过不同供给主体的相互补充和协调，可以形成一种合力，更好地满足人民群众对体育服务的多样化需求。

（一）公共体育服务供给主体——政府

在公共体育服务的多元供应体系中，政府占据着中心地位，成了公共体育服务的主要供应者。此地位源于政府的特殊职能，即代表广大人民群众的利益，促进社会体育权益的最大化实现。政府的体育行政部门作为公共体育产品和服务的提供者，肩负着为全体公民提供优质、低价、充足的公共体育服务的责任。这一角色的重要性不仅体现在政府在公共体育服务制度演变过程中的主导地位，更源于市场在提供公共体育服务方面可能出现的失灵现象。正是基于这些理由，政府成了公共体育服务的"最大供给者"。政府的供应手段多样，涵盖了征税、财政拨款、体育彩票等多个方面。通过这些手段，政府能够筹集资金，以财政支出的方式，向公众提供广泛的公共体育服务。政府在公共体育服务中的主导地位并非偶然，而是源于其能够动员和利用大量的社会资源。通过合理调控和优化分配，政府确保了公共体育服务的普及和平等。在此过程中，政府不仅是资源的配置者，更是社会公平和正义的捍卫者。

（二）公共体育服务供给主体——市场

作为公共体育服务的另一重要供给主体，市场充当了一个不可或缺的角色。市场机制下，多样化的商业实体如企业、合作伙伴等通过竞争和合作，参与公共体育服务的生产和分配。在现代社会中，政府的资源和能力是有限的。市场的引入，不仅有助于弥补政府在体育服务供给方面可能出现的空缺，而且能够进一步提高服务的效率和质量。市场化的运作模式能够推动体育服务的创新，使之更加个性化和多元化。

市场在提供公共体育服务方面采取了多种方式，将体育事业与商业元素相结合，增加了公共体育服务的多样性和灵活性。

1. 契约外包

此方式通过将某些公共体育服务功能外包给专业的服务提供商，以实现资源的高效配置和服务质量的提升。例如，某市政府可能将公共体育馆的清洁、维护等日常管理工作外包给专业公司进行。

2. 特许经营

特许经营是一种将公共体育服务交由私人企业经营的模式。政府仍然保留监管和质量控制的职能，但运营和管理交由具备专业能力的商业实体。这不仅能够引入企业的运营经验和效率，还有助于提升服务的创新性和多样性。表 7-1 为特许经营的八种常见具体运作模式 ①。

表 7-1　特许经营的八种常见具体运作模式

模式名称	模式特点
运营和维护的外包或租赁	政府部门拥有基础设施的所有权，并通过与民营部门签订合同的方式，交与基础设施的经营维护工作
合作组织	能承担某些基础设施服务的非营利、志愿性的组织责任
租赁—建设—经营	民营企业利用自己的资金经营扩展现有的基础设施，并且被授予了长期的合同
建设—转让—经营	基础设施融资和建设由民营部门的发展商负责
建设—经营—转让	政府授权的特许权下，民营部门可以为基础设施建设融资并可以用以建设和经营
外围建设	民营部门可以投资兴建现有公共基础设施的附属设施，然后在规定期限内进行经营
购买—建设—经营	现有设施被出售给有能力的民营部门
建设—拥有—经营	民营部门的开发商对基础设施负责经营并有所有权

3. 内部市场

通过内部市场化的方式，将公共体育服务的供应和需求相匹配。这种模式下，不同的服务提供者在相对平等的竞争环境中提供服务，使得资源得到更加合理和高效地分配。

4. 用者付费

迪克·尼特森（Dick Netzen）指出，用者付费是企业、家庭、其他私营部门在实际消费政府提供的服务和设施时，所交纳的费用。此方式强调公共体育服务的使用者应支付一定费用，以实现服务的可持续供应。这种方式能够提高公共体育服务的效率，有助于引导人们合理消费体育

---

① 萨瓦斯.民营化与公私部门的伙伴关系[M].周志忍，译.北京：中国人民大学出版社，2002：256-258.

资源，并鼓励服务提供者提供更高质量的服务。

5. 补贴

政府或其他社会机构通过补贴方式，对特定的公共体育服务进行支持和推动。例如，对某些重要或具有特殊意义的体育赛事、体育教育项目等进行财政补助，以保证这些项目的顺利进行和成功实施。

（三）公共体育服务供给主体——社会

社会组织在公共体育服务体系中占据重要地位，充当着政府与市场之间的桥梁。这些组织通常以非营利为形式，植根于社区，致力于推广体育活动，提供各类公共体育服务。

公共体育服务的社会供给，其核心理念是以社会需求为导向，通过灵活多样的方式满足人民群众的体育需求①。这种供给模式打破了政府作为唯一供给主体的传统观念，强调了多元化的参与，涵盖了非营利组织供给、社区供给和个人自愿供给。在这一框架下，非营利组织，如慈善或体育志愿组织、社会体育团体、行业体育协会等，开始兴办公益事业，参与社会服务，提供公共体育产品和服务。这些组织通常与社区紧密相连，能够提供更符合当地文化和习俗的体育项目。同时，社区的居民也被鼓励参与体育活动。通过社区供给的模式，强调了社区成员的共同责任和合作精神，不仅提高了体育服务的使用率，还促进了社区的凝聚力。此外，个人自愿供给的模式强调个人的自主选择和自发参与。人们可以在自己感兴趣和擅长的体育领域内为社区作出贡献，无论是作为教练、志愿者还是组织者。这种供给模式的实践都改变了政府和社会关系的传统认识。政府不再是唯一供给公共体育服务的主体，公民享有更多的选择权和参与权，甚至可以直接影响政府的行政效果。

---

① 韦伟.我国公共体育服务绩效综合评价体系构建与实证研究 [D].苏州：苏州大学，2014.

二、公共体育服务供给主体多元模式

公共体育服务供给主体多元模式是一种现代化的体育服务供给机制，强调了不同主体之间的合作与互补。这一模式突破了传统的单一供给方式，将政府、市场、社会等多个主体整合到公共体育服务供给的不同环节中来。这一模式的实施有助于公共体育服务的优化与高效，增加了公众的参与度，也为体育事业的可持续发展提供了坚实基础。

（一）政府为主的合作供给模式

政府主导的合作供给模式涵盖了计划、融资、生产、提供和监控等关键环节。此模式首先需要从公众对公共体育服务的需求出发，精心规划和设定合作供给的具体路径。其合作供给方式多样，包括政府自行安排供给与直接生产、政府安排供给后委托生产、政府安排供给并通过合同外包实施，以及政府安排供给并采取特许经营等形式。在该模式下，选择合作方通常采用招投标的方式，旨在确保公平竞争和最优选择。合作双方将共同签署合作协议，并整合各方资源进行资金筹集。在对公共体育服务现状与公众需求的综合分析基础上，结合经济社会发展态势，形成完善的规划设计图。生产环节按照预定计划推进，所有过程都需要政府加强监督。项目完成后，必须经专家组验收并确认合格，方可交付给有关管理部门，并投入试运营阶段，同时还可以以免费或低价的形式提供给公众使用，如承办与开展各类赛事、文艺演出、会议展览、全民健身活动等。同时，还需定时或不定时地进行反馈调查，通过收集数据和统计分析，最终对整个供给过程进行全面评价。整个政府主导的合作供给模式在逻辑流程、操作实施以及效果评估等方面展现了严密的组织性和科学性，为公共体育服务的有效供给提供了有力保障。详见图7-1。

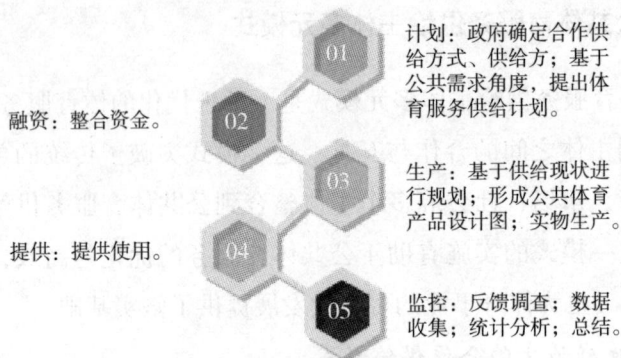

计划：政府确定合作供给方式、供给方；基于公共需求角度，提出体育服务供给计划。

融资：整合资金。

生产：基于供给现状进行规划；形成公共体育产品设计图；实物生产。

提供：提供使用。

监控：反馈调查；数据收集；统计分析；总结。

图 7-1　政府为主的合作供给模式图

广州天河体育中心便充分展示了政府在公共体育服务供给方面的主导作用。通过与私人企业和体育俱乐部的合作，实现了公共体育设施的多元化使用，不仅满足了广大市民的体育需求，还促进了体育事业和体育产业的融合发展。天河体育中心的创建初衷是为了举办 1987 年第六届全国体育运动会。广州市政府为此投资超过 5 亿元，选择在天河机场原址进行修建。该体育中心包括了体育馆、体育场、游泳馆、室外篮球场以及全民健身路径等多功能设施。自建成以来，天河体育中心不仅已成为广州市的城市名片，还成为广州市民全民健身的首选之地。每天有数以千计的市民前往体育中心锻炼，特别是室外篮球场，吸引了大量年轻人前来锻炼和交流。这一现象使天河体育中心成了公共体育服务政府供给的代表性实例。天河体育馆作为一个功能齐全的场所，除了承接大型国际国内赛事、文艺演出、会议展览外，还常年开展各类全民健身活动，受到广大市民的热爱。此外，天河体育场是第六届全运会的主会场，曾承担开幕式、闭幕式以及田径运动项目比赛。2011 年广州恒大淘宝足球俱乐部将天河体育场定为主场。2016 年，广州市体育局与恒大俱乐部签订承租合同后，恒大俱乐部投入大量资金进行场地翻新和改造，使场地硬件达到亚洲一流水平。

（二）市场为主的合作供给模式

市场为主的合作供给模式在公共体育服务领域展现了特定的机制与原则。该模式遵循"谁投资、谁收费、谁受益"的规则，转变了传统政府与市场供给主体之间管制与被管制的关系，构建了基于公共体育服务利益的新型公私合作伙伴关系。在该供给模式下，政府的作用仍然不可忽视，其一，政府通过制定强制性的制度对公共体育产品与服务的产权进行保障，以吸引私人企业和社会民间资本的参与。激励措施可能包括特许权、补助、税收减免、投资信贷优惠、资产的无偿转让或优先处理权、长期性的政府购买合同等。这些措施旨在促进公共体育服务市场化，增强其吸引力和竞争力。其二，由于市场化供给过程可能因信息不对称或市场合同不完备而导致社会公平、公共利益价值目标的缺失，政府有责任在供给或生产环节进行必要的介入和规制。这包括确保公共体育服务供给符合公益性、均等性、回应性以及质量和安全等方面的要求。

市场为主的合作供给模式呈现了一个由计划、融资、生产和监控组成的复杂体系。在这一体系中，私人部门的逐利特性对市场需求高度敏感，能迅速响应公众对公共体育服务的需求。计划阶段，公共体育服务的供给基于对公众需求的深入分析和理解。在政府的主导下，确定了合作供给的方式，可以是市场供给与公共生产相结合、政府供给与非公共生产相结合、混合供给与非公共生产相结合，或者市场供给与非公共生产相结合等四种主要合作供给形式。在融资阶段，资金主要由私人部门筹集，这一环节中，私人部门的动态性和灵活性起到了关键作用。生产阶段，则是根据规划设计图的指引，结合公众需求和政府法规，有序进行。这一阶段涉及多方面的资源整合和协调，包括政府、社会公众和媒体的参与。监控阶段主要由政府承担，包括组织专家进行验收，合格后将其交付有关管理部门或自主经营，并投放市场。公共体育服务按市场价格对公众开放，并进行定期或不定期的安全检查、反馈调查、数据收集和分析，以便进行总体评价。

（三）社会为主的合作供给模式

在社会为主的合作供给模式中，非营利组织扮演着中心角色。这些组织以强烈的社会使命感为驱动，专注于社会发展中的弱势群体，致力于维护公众享有体育锻炼的权利，旨在更全面地满足公众对多样化公共体育服务的需求，同时平衡公平与效率的关系。政府的作用在于主导并推动相关法规和优惠政策的实施。通过出台针对体育类非营利组织的专项法规，政府不仅提供了必要的法律保障和支持，还促进了非营利组织供给公共体育服务的质量与效率的提升。社会为主的合作供给模式在强调公共体育服务的社会属性和公众福利方面具有独特优势。通过非营利组织的参与，这一模式有助于克服传统市场供给可能忽视的弱势群体需求，促进体育服务的普及和公众体育素质的提升。

社会为主的合作供给模式展示了一个由计划、融资、生产、提供和监控等环节构成的供给结构。在此模式下，非营利组织以其积极主动的公益服务精神，特别是在政府和市场双重失灵的情况下，起到了主导和补充作用，填补了政府和市场失灵造成的空白。公共体育服务的社会供给计划基于公众的体育需求制定，并在政府的主导下选择合作供给方式。主要的供给方式有非营利组织独立提供和生产、非营利组织供给但政府生产以及非营利组织供给但由私人部门生产的三种方式。在合作方共同签署供给协议后，资金主要由非营利部门筹集。非营利组织不仅对公共体育服务的现状进行了深入分析，还针对公众的需求与政府的政策法规综合考虑，形成了规划设计图，并按照计划推进生产过程。在生产环节，政府和社会公众都能参与监督，以确保服务质量。政府组成的专家小组则负责验收，合格后交付有关部门经营，并以优惠或者是免费的方式投放市场，让社会公众使用。监控环节的实施包括政府的定期或不定期的安全检查、调查反馈、数据收集和统计分析，以便做出总体评价，确保公共体育服务的持续改进和优化。

第二节 公共体育服务多元供给的时代背景

一、政府职能转变

服务型政府建设作为中国市场经济体制改革深化的重要方向，已在新一轮政府改革中占据核心地位。在李军鹏的观点中，公共服务型政府被定义为现代政府的一种重要形态，其特点在于满足社会公共需求、提供优质充裕的公共产品与服务，同时确保政府的法治地位、受限的权力、人民根本利益的代表性，以及公平正义的实现①。陈振明则进一步深化了对服务型政府建设的理解，从价值定位、运行逻辑和实践模式三个方面展开分析②。从价值定位方面看，服务型政府的核心目标应是广大人民群众的公共利益，以保证社会公正和公众满意度为评价标准。在运行逻辑方面，公共服务供应与公共产品生产应依据公共权力和效率原则，以及法律和专业技术允许的范围，确保服务内容满足多数公民需求，尊重公民自由选择权，并强调过程透明简洁，实现法治监督和社会公众的舆论评估。实践模式方面的探讨则强调政府应依据公共服务的类别和特征，创新供给机制与方式，以增强政府回应性、代表性和合法性，从而提升执政能力、社会治理能力和公共服务能力。

在现阶段，我国公共体育服务供给所面临的核心挑战在于人民群众对体育需求的持续增长与公共体育服务的供给之间的不平衡和不充分。此一矛盾的存在揭示了深层次的社会需求与现有体育服务体系之间的错位。随着服务型政府建设的推进，体育管理体制的改革和职能的转型成

---

① 李军鹏.公共服务型政府[M].北京：北京大学出版社，2004：8，197.
② 陈振明.公共服务导论[M].北京：北京大学出版社，2011：10，24.

为当务之急。各级政府的角色正在经历一次历史性的转变，由过去以竞技体育的"摘金夺银"为主要目标，转向更广泛、更深入人民生活的公共体育服务供给。这一转变不仅体现了现代政府理念的演进，更揭示了体育在全社会健康、福利和幸福感提升中的关键地位。公共体育服务的重新定位将有力推动体育事业的全面发展，以满足社会多样化、层次化的体育需求，进而促进全民健康和社会和谐的全面提升。

二、经济体制转型

随着市场经济时代的飞速推进，全球发展的潮流使得全面深化改革成为一项不可或缺的选择。在这一宏大背景下，我国的经济体制转型便在多个层面展现了其深刻而复杂的面貌。

首先，政府职能的大转型从过去的计划经济引导逐渐转向市场经济的主导。这一重大变革不仅体现在政府职责的根本改变，从微观干预走向宏观调控，更意味着市场在资源配置中的作用逐渐凸显，引领经济发展的方向和步调。

其次，随着我国国民经济的高速增长，人民群众的收入水平得到了显著提升。这一现象不仅反映了经济发展的活力与潜力，更突出了社会进步与民生改善的紧密联系。收入水平的提高进一步推动了消费升级和生活质量的改善，为未来的可持续发展积累了丰富的人力资本。

最后，经济体制的深度改革揭示了经济组成的多样化趋势。多元化不仅表现在产业结构的调整与优化，更体现在市场主体的多样性和创新活力的激发。多元化为市场竞争注入了新的活力，也为未来的经济增长和社会进步提供了更加广阔的空间。

我国经济目前已经步入高质量发展阶段，正处在转变发展模式、优化经济结构、转换增长动力的关键时刻。以供给侧结构性改革为主线，国家正在致力于构建市场机制有效、微观主体有活力、宏观调控有度的经济体制，以此不断提升国家的经济创新力与竞争力。在经济高质量发展的背景下，公共体育服务所依托的经济基础显得尤为坚实。随着市场经济的推进和经济的迅速增长，民众的生活水平得到提高，健康意识逐渐增强。因此，公共体育服务的需求变得迫切，进而推动体育产业的持续发展。市场主体的成熟程度也在不断提高，对于参与公共体育服务供应的积极性亦逐渐上升。这一现象反映了经济转型对体育产业所带来的积极影响，表明了市场、政府与社会的协同作用在推动公共体育服务发展方面的重要性。

三、文化体制转型

文化，作为国家和民族的灵魂，体现了一个民族的价值取向和精神面貌。在中国，文化创新和文化自信已经成为文化建设和改革的核心主题。作为先进的社会生产力，文化在国家综合实力中占据了不可忽视的地位。

在全面建成小康社会的过程中，社会主义文化的大力发展和社会主义精神文明的建设显得尤为重要。在经济社会转型期，文化体制的改革被视为解放和发展文化生产力的关键手段。其中，文化产业的快速发展，以及如何塑造合格的文化市场主体，成了改革的关键所在。我国政府正在积极推进文化体制的改革，其中转企改制的措施让许多文化企业重新焕发活力，使文化产业逐渐成为地区经济的新增长点。通过转企改制，以现代企业制度为核心，完善法人治理结构，有效地推进了企业和行业的全面发展。目标是打造一系列具有知名度的优质国有或国有控股的文化企业和企业集团。

自中华人民共和国成立伊始，国家的文化价值侧重于强调爱国主义、奉献精神以及平均主义等理念。但是，在市场经济的推动和改革开放的背景下，一系列新的价值取向逐渐凸显，例如经济发展、效率优先和法治等，成为国家强调的重点。这些变化的背后，反映了人们权利意识、法治观念以及竞争意识的觉醒与成熟，这些观念已经成为评价社会进步的重要标准。同时，文化事业和文化产业的发展、公共文化服务体系的完善、文化惠民工程的深入实施，以及群众性文化活动的丰富，都展示了一种多样化和民主化的趋势。在体育方面，全民健身活动的广泛开展，以及群众体育与竞技体育的全面发展，都在积极推动健康中国的建设。在这样的大背景下，公共体育服务供给同样需要紧跟时代的步伐，以民主、文明、和谐、公正和法治为导向，旨在保障基本公共体育服务的均衡发展，同时满足公众多样化的体育需求。

　　文化转型在推动文明法治社会建设方面起到了积极作用。尤其在公共体育服务供给领域，这一转型引导了由"人治"向"法治"方向的重大改变。这一变革不仅仅是程序的转换，更体现了一种深层次的价值取向和社会理念的更新。在过去的"人治"模式下，公共体育服务供给可能受到个人意志、权力关系或地方保护主义的影响，这可能会导致资源分配的不均衡和对公众需求的忽视。而"法治"模式的推动，则强调规则的公正、透明和均衡，确保了每一个人都能在平等的条件下享受到体育服务，无论其社会地位、经济能力或地域背景如何。通过这一转型，公共体育服务不再是少数人的特权，而成了全民共享的公共财富。在这一过程中，体育不仅仅是身体锻炼的手段，更成为社会参与、公民身份和社区凝聚力的重要象征。这种以法治为导向的公共体育服务供给，有助于增强社会的公平感和正义感，为和谐社会的建设奠定了坚实的基础。从这个意义上说，文化转型不仅促进了体育事业的繁荣，更推动了整个社会向更加文明、法治、公平、正义的方向迈进。

第三节　公共体育服务供给主体多元发展的优化选择

一、公共体育服务供给主体多元发展的优化机制

（一）基于公众需求导向的科学民主决策机制

城乡居民的全民健身需求与公共体育设施紧密相连，因此，对这些设施的供给应反映公众的意愿和需求，以确保供需均衡。传统的政府供给模式在体育场馆建设和全民健身设施布局过程中，常常表现为政府的决策垄断，而忽略了公众参与。这一模式通常以行政目标和政绩为导向，而非以满足公众利益和愿望为出发点。此种情况下，政府对体育场馆和全民健身设施的布局和安排可能与真实的公众需求存在偏差。理想的公共体育服务供给模式应是一个科学、民主的决策过程，它要求改变传统的"自上而下"单一流向的供给决策机制，以确保不同利益主体的声音得到充分表达。这一决策机制的构建涉及了多元化的利益表达渠道的开辟，例如引入听证会制度、社情民意的收集等。通过开展听证会等公开透明的方式，可以使公众、专家和相关利益方直接参与体育设施规划和布局的讨论，从而使决策过程更为民主、开放和透明；通过系统地收集社情民意，政府能更准确地了解人民群众的体育需求和期望，从而更好地满足其全民健身的多元化需求。

（二）规划合理的生产提供范围

公共体育服务的供应涉及了复杂的过程，包括生产、提供、监督和管理等方面，各有其可分性。合理规划不同参与主体的生产和供应范围，以及其相应的角色，是确保公共体育服务供应合理有效的关键。基于公共体育服务的公共性特点，政府的作用应主要集中在基本公共体育服务的生产和供应上。具体来说，这涉及城市体育中心、大型体育场馆、体

育公园等的建设，以及全民体质健康测试、全民健身路径设施等的组织和实施。政府在这一领域应承担主导职责，并从建设性财政转向公共性财政。除了政府，市场和社会力量也在公共体育服务供应中起到重要作用。例如，市场（即营利组织）可通过提供差异性公共体育服务来弥补政府供应的不足；社会组织可致力于公益性公共体育服务的供应；社区层面的便捷性公共体育服务可由社区组织负责；个人可通过志愿服务参与公共体育服务的提供。合理的规划涉及政府、市场、社会、社区和个人等多元供给主体的协同工作。这一模式要求明确每个参与主体的比较优势和责任范围，以实现资源的最有效利用。

通过政府的主导作用和市场、社会力量的有机结合，构建多元供给主体的公共体育服务供给模式，不仅可以充分发挥各方的比较优势，还可以实现公共体育服务的多样化供应，满足不同层次和不同类型的需求。这一过程中，合理的规划和分工成为确保供应有效性和合理性的基础，同时也是响应现代社会复杂需求、促进社会公平和谐发展的重要途径。

（三）强化监督与完善公众参与机制

公共体育服务的供应涉及多个主体，包括政府、市场和社会等，这些主体在供应过程中可能出现失灵现象。因此，有必要强化体制内外的监督机制，确保服务的质量和效率。在公共体育服务供应过程中，政府、市场和社会的失灵现象可能影响服务的有效提供。这就需要政府加强其管理和监督职责，充分运用间接和动态管理等方法，确保服务的合理供应。公民在公共体育服务中扮演着双重角色，既是供给者也是消费者。因此，他们应该主动表达自己的需求，并参与公共体育服务的监督。这不仅有助于提高服务质量，还可以增强服务的透明度和公众的满意度。社会媒体也是公共体育服务监督的重要参与者。通过引导社会媒体参与供给决策、大型体育场馆的建设、体育中心运营管理等方面，可以提高服务的透明度，促进公众的参与。

二、强化公共体育服务多元主体供给中政府的责任

（一）公共体育服务合作供给的推动与支持

推动与支持公共体育服务合作供给涵盖了多个方面，包括基本服务的保障、弱势群体的需求保护、市场机制的培育以及法规体系的建立和完善。在基本公共体育服务供给方面，政府需要确保对政策与法律法规、公民体质测试服务、经费投入、社区及农村体育场地与运动设施的规划、建设和服务、中小学生体质健康教育规划等方面的全面支持。此外，公共体育服务合作供给也要注重对弱势群体的需求保护，确保在区域差别和城乡差别的背景下，基本公共体育服务能够正常运转，从而实现均衡发展。与此同时，还需要培育和完善公平竞争和富有效率的市场机制，如招投标制、责任承包制、采购制等。政府需在市场化和社会化领域明确公共体育服务的方向，不再直接经营竞争性产品和服务生产，而是将部分职能推向市场和社会。例如，在暑假期间，政府可通过购买服务的方式，让专业篮球俱乐部或培训公司为青少年提供篮球指导与培训服务。最后，还需要建立和完善公共体育服务的法律法规体系和标准体系，确保市场和社会参与供给的合法利益得到保障。

（二）加强和改善公共体育服务合作供给中的监管

在公共体育服务的合作供给中，监管起着关键的作用，旨在确保服务的质量和效率，同时防止可能的问题和损失。以下是关于强化和改善该领域监管的一些考虑和方法。

首先，政府需要从"直接生产"过程中解脱出来，转而扮演多元供给主体参与供给过程中的监管角色。由于私人部门和非营利组织可能存在逐利性，未经适当监管可能会导致问题的出现。因此，政府应充分运用其得天独厚的优势，通过公开透明的信息，确保公平合作的基础得以奠定。其次，强化和改善监管还需包括建立和完善市场规则。通过明确的市场准则和运作机制，可以为供给主体提供清晰的方向和框架，从而促进合作供给的顺利进行。

此外，通过鼓励多元主体之间的竞争，监管还可以有效避免新的垄断现象的出现。竞争不仅能推动效率和质量的提高，还能进一步促进市场的健康发展。

（三）承担公共体育服务信息及时公开的责任

阳光政府的理念促进了信息化进程的发展，其中，公共体育服务信息的及时公开成为政府应履行的一项重要职责。该信息的公开化不仅涉及服务的质量标准、需求状况、价格等关键因素，还与整个公共体育服务体系的透明度和可靠性有关。在此背景下，政府必须为多元主体提供及时有效的公共体育服务信息。这不仅意味着将相关信息向公众和其他利益相关方公开，还包括确保这些信息的准确性和可用性。透过这一过程，可以促进公共体育服务的公开透明运作，增强社会信任，提升公共体育服务的整体效能。体育服务信息的及时公开还能够鼓励多元主体的参与。通过让所有相关方，包括公民、企业和非营利组织等，访问和利用这些信息，可以增进对公共体育服务需求和供应的理解，从而促进更有效的资源配置和合作。

另外，信息的及时公开还有助于监督和评估公共体育服务的执行情况。相关方可以通过访问这些信息，了解服务是否符合既定的质量标准、价格是否合理，从而起到监督作用，确保公共体育服务的质量和效率。

参考文献

[1]李军鹏.公共服务型政府[M].北京：北京大学出版社，2004.

[2]陈振明.公共服务导论[M].北京：北京大学出版社，2011.

[3]王浦劬，萨拉蒙.政府向社会组织购买公共服务研究：中国与全球经验分析[M].北京：北京大学出版社，2010.

[4]萨拜因.政治学说史[M].刘山，译.北京：商务印书馆，1986.

[5]马振清.中国公民政治社会化问题研究[M].哈尔滨：黑龙江人民出版社，2001.

[6]张宜海，王星源.公民学[M].郑州：郑州大学出版社，2009.

[7]俞可平.治理与善治[M].北京：社会科学文献出版社，2000.

[8]贺小刚，刘丽君.人力资源管理[M].上海：上海财经大学出版社，2015.

[9]黄建春.人力资源管理概论[M].重庆：重庆大学出版社，2020.

[10]陈国宏.人力资源管理[M].北京：北京理工大学出版社，2017.

[11]洛克.政府论两篇[M]，赵伯英，译.西安：陕西人民出版社，2004.

[12]狄骥.公法的变迁[M].郑戈，译.北京：商务印书馆，2013.

[13]毛雷尔.行政法总论[M].高家伟，译.北京：法律出版社，2000.

[14]肖林鹏.我国公共体育服务体系概念开发及其结构探讨[J].天津体育学院学报，2007（6）：472-475.

[15]陈秀娟.我国群众体育的性质与供给机制研究 [J].体育科学，2009（1）：85-91.

[16]刘静.新公共管理理论评析 [J].湖南税务高等专科学校学报，2017（3）：35-37.

[17]李璇.新公共管理与新公共服务研究 [J].青年与社会，2014（9）：293-293.

[18]周俊.治理结构中的全球公民社会与国家 [J].中共浙江省委党校学报，2007（5）：7.

[19]武向阳.思利及人，谈判的哲学之道 [J].销售与管理，2014（10）：60-61.

[20]沈岿.风险评估的行政法治问题： 以食品安全监管领域为例 [J].浙江学刊，2011（3）：19.

[21]陈国权，李院林.论责任政府的基本属性 [J].社会科学战线，2008（2）：6.

[22]刘艳丽，苗大培.社会资本与社区体育公共服务 [J].体育科技文献通报，2005（12）：27-28.

[23]肖林鹏，李宗浩，杨晓晨.公共体育服务概念及其理论分析 [J].天津体育学院学报，2007（2）：5.

[24]周爱光.从体育公共服务的概念审视政府的地位和作用 [J].体育科学，2012（5）：7.

[25]刘亮.我国体育公共服务的概念溯源与再认识 [J].体育学刊，2011（3）：7.

[26]范冬云.我国体育公共服务研究中几个问题的探讨 [J].成都体育学院学报，2010（2）：4.

[27]王静宜，刘璐.国内外公共体育服务概念内涵的比较与启示 [J].云南行政学院学报，2016（5）：4.

[28]戴永冠，林伟红．公共体育服务概念、结构及人本思想 [J]．武汉体育学院学报，2012（10）：6.

[29]冯欣欣．政府购买公共体育服务的模式研究 [J]．体育与科学，2014（5）：6.

[30]郭惠平，唐宏贵，李喜杰，等．对我国公共体育服务社会化改革的再思考 [J]．武汉体育学院学报，2007（11）：6.

[31]刘玉．发达国家体育公共服务社会化改革经验及启示 [J]．西安体育学院学报，2011（3）：294-300.

[32]陈小平，张宗云．建设文化强省的财政政策研究 [J]．福建论坛：人文社会科学版，2007（3）：4.

[33]安义德，李鑫，张欣．论政府购买公共体育服务中主体利益博弈 [J]．体育文化导刊，2023（5）：51-57.

[34]肖雨睛．公共体育服务供给从"碎片化"到"精准化"的逻辑转向 [J]．体育科技文献通报，2023（5）：75-77.

[35]王咏琪，冯俊翔，张佃波．政府购买公共体育服务研究述评：议题、评价与展望 [J]．湖北体育科技，2023（3）：238-243，261.

[36]蔡昌庆，杨闯建．基于 CiteSpace 的我国公共体育服务计量学分析 [J]．兴义民族师范学院学报，2023（1）：34-42.

[37]张奇林，马艺丹．我国省级公共体育服务效率评价及影响因素 [J]．决策与信息，2023（2）：52-61.

[38]李富兵．全民健身背景下农村公共体育服务的治理困境及对策 [J]．文体用品与科技，2023（3）：31-33.

[39]邹俊峰，陈家起，高奎亭，等．公民参与地方政府购买体育公共服务的困境与优化： 基于全过程人民民主视角 [J]．武汉体育学院学报，2023（1）：34-41，91.

[40]张科，王凯 . "互联网+"视角下休闲体育公共服务的特征及系统构建 [J]. 互联网周刊，2022（22）：64-66.

[41]刘新民，田小可，景俊青 . 善治视角下政府购买公共体育服务的责任探析 [J]. 西安体育学院学报，2022（6）：561-564.

[42]黄悦，李燕领 . 体育公共服务协同治理：内涵阐释、现实困囿与纾解路径 [J]. 体育文化导刊，2023（6）：38-45.

[43]苏静，王琳 . 推动社会力量参与公共体育服务的路径探析 [J]. 重庆行政，2023（3）：44-48.

[44]姜官宝，姚绩伟，王秀美 . 多元治理视域下中大型体育场馆公共服务质量提升路径研究 [J]. 辽宁体育科技，2023（3）：38-43.

[45]石伟伟 . 政府购买体育公共服务行为的研究 [D]. 苏州：苏州大学，2015.

[46]王雅雯 . 地方政府购买公共体育服务问题研究 [D]. 南京：南京信息工程大学，2022.

[47]牛瑞新 . 公共体育服务 PPP 项目协同治理研究 [D]. 苏州：苏州大学，2022.

[48]袁新锋 . 公共体育服务质量影响因素与改进策略研究 [D]. 济南：山东大学，2020.

[49]柳畅 . 公共体育服务合同外包中政府责任及其实现机制 [D]. 苏州：苏州大学，2020.